有一种修炼，叫片段教学

何　捷

新教师入职后，将时常与一种特殊的修炼方式"遭遇"。有些新教师会因为这种修炼脱颖而出，获得肯定；有些教师会因为操作不当而表现不佳，让人叹惋。这种修炼，就是——片段教学。

说到片段教学，大家应该不陌生吧。不论在校内的业务考核、职称晋升中，还是在各级的能力测试，特别是近年来各省如火如荼开展的教师技能大赛中，片段教学都是"必考科目"。

为什么要用片段教学作为考核项目呢？它具有三大特色，能够真切地检测出教师的基本功。

其一，具有虚拟性。片段教学考核时，学生不在场，教师一人饰演两种角色——教师和学生。既要教又要学，还要模拟师生间的互动。虚拟的教学场景让教师的表达能力、思维能力、演绎能力等都得到淋漓尽致的展现。

其二，具有全面性。在短短十几分钟的片段教学展示中，教师个人的语文基本能力——听、说、读、写、思等，都得到全面展现。如今，还添加了信息技术一项，即便是现场没有电脑或视频播放设备，也需在片段教学过程中有所涉及和呈现。大容量内涵与短暂的时间构成的反差，让教师教学的基本功充分、集中地呈现。

麻雀虽小五脏俱全，片段教学看起来简单，实则并非想象中的轻松，它检测出来的是教师本人的综合素养。

其三，具有挑战性。挑战就在于"单兵作战"。在日常教学中，我们总是完整地备课、设计、执教，其间还可以和同伴讨论，还有各种资料可以参考，有电脑网络可以查询。而片段教学考核时，一切都只能靠自己。而且，平时教师并不会专项练习片段教学，对片段教学多有生疏感。这无疑是一种挑战。

最闹心的是时间！时间那么短！一个人要面对一切，将教材解读、教学设计、课堂执行这三部分教学核心组合、打包，向评委们和盘托出，将完整的 40 分钟课堂教学内容浓缩在十几分钟内，将教师日常的教学工作展示出来。所以，这十几分钟对于很多老师来说，是很难熬的。

难上加难的节点发生在 2019 年——全国通用统编版教科书。这套教科书有其独特的编撰理念，走的是"人文线"与"语文要素线"双线并轨的全新路线。教材中的新项目层出不穷，含有单元导读系统、助学系统、内容系统这三个系统，涵盖交流平台、泡泡提示语、黄色提示条、批注、资料袋、结构图、思维导图等各种各样的新奇"构件"。

如此一来，对于片段教学而言，就不能走老路啦。原先那种不管什么课，一律"从总述，到分述，再到总述"的套路，用不上了；原先那种"自己读一读，拿起笔写一写，同伴之间聊一聊"的三步走，用不上了；原先那种"从头讲到尾，知识串讲"的方式推进，用不上了……

如何解读统编语文教材？如何设计统编版教材教学？如何实现知识点的螺旋上升？如何在考核中呈现不一样的统编版语文教材专属的片段教学呢？这些问题摆在语文教师的面前。

就在焦虑来袭的时候，我的工作发生了变化，进入师范院校任教，专门进行教学科研工作，执教并指导师范学生。本职工作给了我积累大量教学经验的机会：毕业前的国测指导、面试中的片段教学指导、技能赛中的精细化指导、实习前的模拟演示指导……在无可计数的指导案例中，我梳理出统编版教材片段教学设计与执行的基本规律，发现了应对陌生化内容、提升片段教学质量的操作方法。我将其进一步整合，研制成可供一线教师通用的"基本模式"。

范式产出后，还需要案例来填充、来检验。特别是统编版教科书中编选的那些"未曾谋面的朋友"——原先版本中未曾出现的课文，这些"未曾谋面的朋友"并不简单，于初次遇到片段教学的师范学生而言，对于参与考核的教师考生们来说，都是严峻的挑战。

而我，希望和大家一起解决问题，攻下难关。

这样的信心来自我的团队。他们中有全国素养大赛特等奖获得者，有省级学科带头人，有教育部级优课获得者，有地区级别的优秀教师……无一不是身经百战，参加过各级各类型片段教学考核的优秀人才。就这样，经过一年多的研修与磨炼，我与团队成员一起为教师们提供了这套书，一套专属于统编版语文教材新课文的片段教学实战用书。

我想，必须逐一列举出团队成员的名字，让他们借助文字与思想，在此与大家见面、相伴。他们是：陈瑾、吴爱芳、翁媚、谢樱、游伟、赖艳红、郑玮瑜、张爱萍、王李露子、刘晨霞、陈赛英、蒋伟、谢娟、李明霞、邓倩倩、田丽、林威、林辰靓、薛米、王云琴、刘倩倩、高妍颖、陈学鹃、俞卉、王琼、王剑燕、郑骏姮、何捷。

我们的团队为一线教师选取了统编版教科书中最新出现的篇目，瞄准了这些篇目中极有可能被抽出作为片段教学考核的部分段落，基于语文核心素养的总目标，根据统编版教科书的编撰理念，结合当代教学改革中大家热烈讨论的主要观点，设计了专属于统编版教科书的片段教学方案。

　　提供这些设计，我们拿出的是百分百的真诚。为了让老师们能够在阅读中获益更多、分享更充分，案例采用"实录"的形式呈现，毫无保留地展示了片段教学中的各个项目——如何开场？如何切入话题？如何展开学习过程？如何设置片段教学中的核心教学环节？如何结尾？如何板书？可以说，我们将片段教学的方方面面，都用文字尽可能细致地描述，目的就是让大家一目了然，简单快捷地上手用起来。

　　最让我们骄傲的是，这些实录中的方案，经过团队成员的实战检验，都是可行、可用、可学习的。赠人玫瑰，手有余香。就在写作过程中，团队成员也刷新了自己的认知，提升了实战能力，进行了一场全新的教学苦修，这次修炼的名字就叫——片段教学专项研磨。

　　但愿这样的打磨与尝试，能够给我执教的师范学生以引领，给在职在岗的一线教师们在职称晋升、业务考核中以辅助，给参加片段教学竞赛的同行们以参考。倘若我们的设计能够在大家急需的情况下，给大家带来灵感与启发，哪怕是只言片语的参照，对于团队成员而言，一切的努力就没有白费。

　　片段教学，这样的修炼我们还会继续下去。来吧，阅读这套书，与我们一起同行。

目录

01

统编版三年级上册

《铺满金色巴掌的水泥道》

陈瑾 执教

一、扫描文本

　　《铺满金色巴掌的水泥道》是统编版小学语文三年级上册第二单元的第二篇精读课文，是一篇描写秋天景色的散文。文章语言优美，充满情趣。作者从儿童的视角出发，观察上学路上的风景：天空、梧桐树叶、水泥道，这些看似普通的事物在作者的笔下被描写得生动形象，富有童真童趣。文章运用了比喻手法，展开丰富的想象，为儿童打开了发现生活之美的感官之窗，让他们能够进一步感受大自然的美好，同时也激发了他们关注生活中平凡之美的兴趣。

二、教学速构

（一）教学内容

课文 1~7 自然段。

（二）教学目标

1. 正确、流利、有感情地朗读课文，学写"晶"字。

2. 学习运用多种方法理解难懂的词语，从而进一步理解课文内容。

3. 边读边想象画面，体会语言中的画面美，感受自然的美好。

（三）教学重难点

学习运用多种方法理解难懂的词语，从而进一步理解课文内容。

三、教学流程

（一）词中找画，"问"入题

1. 这节课老师和大家玩个游戏——词中找画（板书：词 画），根据老师出示的词语，谁能快速地说出你在大脑里想象的画面？开始！（板书：想象）

2.（板书：水泥道）

（转述学生的话：①你想到了家门前的水泥马路；②你想到了学校门口那条长长的水泥路。）

3. 继续看，（板书：铺满金色巴掌的）

（转述学生的话：你不知道这是一幅什么样的画面是吗？因为你不

明白，什么是"金色巴掌"。）

4. 到底什么是"金色巴掌"？为什么会铺满水泥道呢？今天，我们就一起走进一篇非常美的写景文，齐读课题——铺满金色巴掌的水泥道。

5. 在阅读的时候，我们经常会遇到不明白的词语，比如刚刚题目中的"金色巴掌"。谁能告诉我，你阅读时遇到不明白的词语有什么好办法？

（转述学生的话：①你说可以查字典；②你说可以请教老师或同学；③你说可以自己继续往下读，寻找答案。）（板书：查 问）

6. 大家真会学习。是的，不明白的词语要看看属于哪一类。像题目中"金色巴掌"这种读得懂，但又不明白它表示什么意思的词语可以继续读，联系文章内容，也许你就能找到答案了！那就赶紧走进课文，一起去寻找答案吧。

【要点提示：此环节为导入环节，用时 1~2 分钟。教师用充满童趣的语言与学生玩游戏，打开学生想象思维的大门。读词语想象画面，这既符合本文的语言特点，又有助于学生走进文本，理解内容，更是学生掌握难理解的词语的妙法，可谓一举两得。】

（二）寻"文"入画，初感悟

1. 自由轻声地读课文，读准字音，读通句子，边读边想：题目中的"金色巴掌"是什么？"铺满金色巴掌的水泥道"又是什么样的呢？

2. 同学们都很认真地把课文读了一遍，还和同桌交流了这两个问题，现在谁来说说？

（转述学生的话：①你读懂了"金色的巴掌"指的是满地的梧桐树叶；②你知道了"铺满金色巴掌的水泥道"是文中的小朋友上学路上看到的梧桐树叶落满水泥马路的景象。）

3. 是啊，在上学的路上就能发现美景。现在请同学们默读课文 1~7 段，边读边画出你眼中看到的美丽的景色。（板书：发现 美）

【要点提示：此环节为过渡环节，用时 1~2 分钟。教师用"问"的方式继续引导学生在阅读课文中思考，整体把握课文内容，再从"发现美"出发，去文字中寻读美的画面，进一步感悟语言。】

（三）解"词"学法，品语言

1. 同学们静静地默读，用心地圈画，找到了不少美景的画面，我们来分享一下，谁愿意有感情地读读你找到的画面？

（转述学生的话：你找到的是"啊！多么明朗的天空。"这句话。）

（1）这里有一个很陌生的词语"明朗"，你知道它的意思吗？

（转述学生的话：你说就是明亮、晴朗。真聪明！用了拆词法，把两个字分别解释之后，就是这个词语的意思。）

（2）同学们，仅仅这样理解不明白的词语还不行，联系上下文看看，你从哪儿发现了"明朗"的天空？（板书：联系上下文）

（转述学生的话：你发现了，在第 4 段中潮湿的地上会有一个亮晶晶的水洼，还映出了一角小小的蓝天。你从"亮晶晶""蓝天"感受到了天空的"明朗"。是啊，"明朗"就是在说"明亮又晴朗的日子"。）

（3）同学们，看这个"晶"字，从这个字形上你就可以很直接地明白它的意思了。是的，三个小太阳组合在一起，那是多亮的光啊！所以，"晶"表示光亮，为什么小水洼会有光亮呢？

（转述学生的话：你说光亮是因为天上太阳光的反射，从太阳我们就知道这是一个晴朗的早上。真会思考！）

（4）和老师一起书写一个"晶"字，注意在田字格里三个日的大小以及位置。（边写边说）上面的"日"字带头，写得稍微大一点，下面的两个"日"比较小左右对齐，分布在竖中线两边，距离适中。

（5）生活中，你还见过哪些会发亮的带"晶"字的词语呢？

（转述学生的话：①你说花瓣上露珠"晶莹透亮"；②你说妈妈的"水晶"项链很漂亮！）

2. 除了"明朗的天空"是一处美景，还有吗？

（转述学生的话：你说"水泥道像铺上了一块彩色的地毯"。这也是一处美景。）

（1）水泥道怎么会像地毯呢，而且是"彩色的地毯"？它是什么样的呢？快找出来读一读。

（出示课件：这是一块印着落叶图案的、闪闪发光的地毯，从脚下一直铺到很远很远的地方，一直到路的尽头……）

（2）同学们，生活中你见过地毯吗？这块地毯和你生活中见到的有什么不一样呢？美在哪儿呢？

（转述学生的话：你说这块地毯很大，比你生活中见到的地毯大多了。）

（3）有多大啊？到路的尽头。哇，这么大的地毯，太神奇了！

（转述学生的话：你说这块地毯的图案是天然形成的，是用落叶铺成的，还会发光。）

（4）落叶铺成，那为什么会"发光"呢？

（转述学生的话：你说前面一段告诉了我们"一片片闪着雨珠的叶子粘在水泥道上"。原来，叶子上的雨珠在阳光的照射下会发光，真漂亮啊！）

（5）你真会学习！已经能用"联系上下文"的方法理解"闪闪发光"在这里表达的意思了。让我们一起走上这条好长好长，闪闪发光的地毯吧！读——这是一块印着落叶图案的、闪闪发光的地毯，从脚下一直铺到很远很远的地方，一直到路的尽头……

3.这块地毯还特别在它"印有落叶图案"，这些图案是什么样的呢？

（出示课件：每一片法国梧桐树的落叶，都像一个金色的小巴掌，熨帖地、平展地粘在水泥道上。它们排列得并不规则，甚至有些凌乱，然而，这更增添了水泥道的美。）

（1）大家读一读，这句话中有没有让你不理解的词语？

（转述学生的话：你说你不理解什么叫"熨帖"？）

（2）同学们，你们瞧——"熨"字下面是个"火"，"帖"字左边是"巾"。猜一猜，你也许会发现这个词语的秘密。

（转述学生的话：你觉得是用熨斗把毛巾之类的物品熨平就叫"熨帖"。）

（3）真厉害！抓住字形，联系生活理解了这个词语的意思。在这里是什么熨帖在了水泥道上呢？

（转述学生的话：金色的小巴掌，也就是梧桐树的落叶。）（板书：联系生活）

（4）（出示课件，展示书中插图）瞧，这就是文中的那条铺满金色巴掌的水泥道，你看到了"金色的小巴掌"了吗？

（转述学生的话：①你看到了有大有小，满地都是。②你也看到了，大的像我们的手掌，小的好像小鸭子的脚掌。③你也看到了一片片平展地贴在地上，有的重叠在一起，有的三三两两地铺在地上。）

（5）你们真会发现，观察特别仔细。你们眼中看到的画面，作者用了一个词语来形容——凌乱。什么是"凌乱"呢？

（转述学生的话：你联系上文找到"排得并不规则"是凌乱。）

（6）排得规则的就不是凌乱，联系生活，你在哪儿见过排列规则的画面？

（转述学生的话：①你说同学们每天做操时排的队伍就是规则的，十分整齐美观；②你说公园里园艺工人修建的花圃的排列也很有规则；③你说班上桌椅摆放得也是很整齐的。）

（7）是啊，孩子们，这样排列得有规则才能体现出美感啊，为什么作者觉得"凌乱"的落叶增添了水泥道的美呢？美在哪儿呀？

（转述学生的话：①你觉得图上的落叶有多有少、有密有疏，更体现出了一种自然美；②你觉得这不是人排出来的，是天然形成的，而且随时会变化，更美！）

（8）好一个"变化"，好一个"自然"，那让我们随着轻快的音乐，带上一份快乐的心情，走上这条美丽的水泥道吧！

（师生接读）

每一片法国梧桐树的落叶，都像……

它们排列得……

甚至有些……

然而，……

（9）走在这条水泥道上，小朋友你想做什么？

（转述学生的话：你想和落叶玩耍，把落叶撒向天空，看落叶从天而降的样子。）

你想做什么？

（转述学生的话：你想捡几片好看的叶子夹进你的日记本里，当作美丽的书签。）

你想做什么？

（转述学生的话：你想拿起一片最大的叶子当扇子。）

【要点提示：此环节为重点段落教学环节，用时10分钟。此环节的演绎中，教师要用变化的语言引导儿童多角度观察、思考、默读，方法多样，引导语语调也需变化，演绎出在教师巧妙的引导下学生很自然地运用各种方法理解词语的教学情境。】

（四）总结"词"法，思延续

1.瞧，（指板书）今天，我们学会了多种方法理解词语，可以用上以前学过的查字典、问一问的方法，还可以用上联系上下文、联系生活的方法，想象词语背后的画面，就能理解词语的意思了。

2.大家不知不觉地被这幅画面所吸引，不知不觉地走上了这条美丽的水泥道，生动的语言感染着我们走进了美丽的画面。

3.文中的这位小朋友他又会在这条水泥道上做些什么呢？我们下节课再学习！

【要点提示：此环节为结课环节，用时1~2分钟。教师回归板书，总结片段过程形成的板书中的学法，从"旧法"到"新法"，从而明确本单元语文要素"运用多种方法理解难懂的词语"在本课教学中的落实。】

四、板书设计

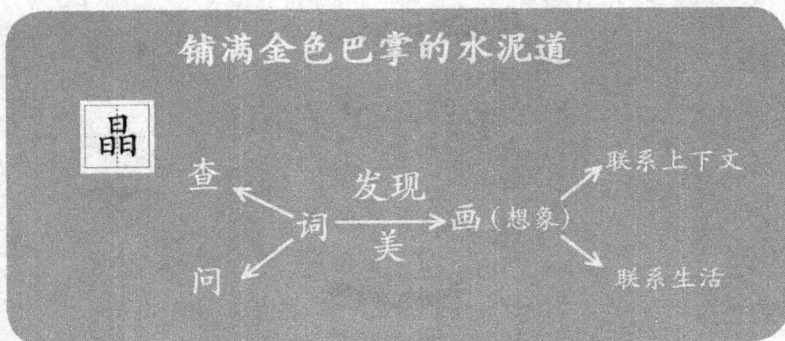

02

统编版三年级上册

《在牛肚子里旅行》

翁媚　执教

一、扫描文本

　　《在牛肚子里旅行》是统编版小学语文三年级上册第三单元的第二篇精读课文。本课是童话单元中的一篇科学童话故事。科学童话是低中年级语文教材中常见的文体之一。它一般以生动有趣的故事，描述一种常见的生活或自然现象，阐述其中的科学道理。本课带领学生梳理牛反刍的科学知识，感受童话故事丰富的想象是重点，可以引导学生通过抓住关键词句，画一画牛肚子里旅行的路线图。

　　鲜明可感的人物形象是童话文本的核心。关注人物的对话和提示语，感受红头和青头的人物形象，读出相应的语气。通过讲故事，边讲边演，感受童话中丰富的想象，为单元习作编写童话奠定基础。

二、教学速构

（一）教学内容

课文 7~21 自然段。

（二）教学目标

1. 能体会青头和红头对话时的心情，分角色朗读课文时能读出相应的语气。

2. 默读课文，能找出证明青头和红头是"非常要好的朋友"的词语，能体会到它们之间的真挚友情。

3. 能画出红头在牛肚子里旅行的路线图。

（三）教学重难点

默读课文，能找出证明青头和红头是"非常要好的朋友"的词语，能体会到它们之间的真挚友情。

三、教学流程

（一）画路线，知"反刍"

1. 同学们，说说你们都经历过什么样的旅行呢？

（转述学生的话：你们经历过①有趣的旅行；②快乐的旅行……）

可是红头的旅行却是——谁能用上"什么样的旅行"来说一说？

（转述学生的话：你觉得是①惊险的旅行；②可怕的旅行……）

2. 请大家默读课文 7~19 自然段，圈出表现红头在牛肚子里位置变化的语句。用上"先—再—接着—最后—"说一说红头的旅行路线吧。

（转述学生的话：你找到了"卷到嘴里""进了牛的肚子""从第一个胃到了第二个胃""从第二个胃回到了牛嘴里""喷了出来"。红头先是在牛嘴里，再进了牛肚子，从第一个胃到第二个胃，接着又回到了嘴里，最后跟草一起喷了出来。）

再请一位同学，也用自己的话来说一说红头的旅行路线，并在白板上画出红头的旅行路线。

（转述学生的话：略）（板书：牛嘴→第一个胃→第二个胃→牛嘴。）

3. 谁能教教大家，怎么写好这个"胃"字。

（转述学生的话：①你想提醒大家，"胃"是上下结构，书写时，上宽下窄。②你还想提醒大家，"胃"字下面的"月"撇要改成竖。③你还知道月字旁也叫"肉月旁"，多与人体器官有关，吞到肚子里其实就是到了胃里。）

4. 请大家仔细观察这幅图，为什么红头能从牛胃里回到嘴里呢？

（转述学生的话：你听说牛肚子里一共有四个胃，前三个胃是贮藏食物的，只有第四个胃才是管消化的！）

你是怎么知道的？

（转述学生的话：你是从第 13 自然段中，青头说的话中知道的。）

你读书很仔细。

（转述学生的话：你还知道牛的吃草方式是先把草吃进肚子里，在休息的时候把吃下去的草再送回嘴里，这时候才细嚼慢咽，这就叫反刍。）

你是怎么知道的？

（转述学生的话：原来你是在课外书中读到的。）

你真是个爱阅读的孩子。

大家说得很好。动物进食经过一段时间以后将半消化的食物从胃里返回嘴里再次咀嚼，这就是反刍。（板书：反刍）

除了牛以外，反刍也出现在羊、鹿、羊驼、羚羊身上，这些动物被统称为反刍动物。

5. 小结：多有趣呀！张之路爷爷能把科学知识融入童话中去，这类童话就被称为"科学童话"。

【要点提示：此环节用时 5 分钟。科学童话具有科学性，教学中把文本的科学性和文学性融合起来，让学生在学习语文基础知识的同时也能了解一定的科学知识。在这一环节中，在整体感知文本的基础上，借助关键词，画出红头在牛肚子里旅行的路线图；并能运用课内外的知识，用自己的语言，说清牛反刍的科学知识，感受童话故事丰富的想象是重点。】

（二）品语言，感形象

1. 红头在这次旅行中，它的心情有什么变化呢？请大家轻声读课文 7~19 自然段，用直线画出文中红头说的话，并联系它的表情、动作读一读，体会一下红头的心情。

2. 我们先来看看，在牛嘴里红头的心情是怎样的。

（转述学生的话：你感受到了红头在牛嘴里非常慌张、害怕。）

你从哪里看出红头慌张、害怕呢？

（转述学生的话：你找到了红头说的话："救命啊！救命啊！""我被牛吃了……正在它的嘴里……救命呀！救命呀！"你感受到它此时很慌张。）

从哪些词看出红头很慌张呢？圈出关键词。

（转述学生的话：你从"救命""拼命"这些词看出它很慌张。）

大家想象一下，如果你是红头，此时心里会想什么？

（转述学生的话：你觉得红头会想：①这下完了，我要被牛吃掉了；②我怎么这么倒霉呀，玩个游戏都会被牛给吃了；③青头青头，快来救我呀！……此时红头很害怕。）（板书：慌张、害怕）

红头说的这句话里为什么有这么多省略号，这里的省略号代表什么意思呢？

（转述学生的话：你觉得这时红头说话断断续续的，可能在努力躲避牛的牙齿。）

是的，这里的省略号表示停顿，我们在读红头的话时也要读出断断续续的感觉。而"救命啊！"这里的感叹号，又代表什么呢？

（转述学生的话：你从感叹号读出了红头很紧张。）

是的，而且"救命啊！救命啊！"连续出现了两次，可以读得稍微快一点儿。（教师示范朗读）谁也能读出慌张、害怕的感受呢？

3. 大家读得很好，读出了红头的慌张害怕。我们在阅读文章时不但要关注人物的语言和提示语，也要注意解读标点符号的作用，这样就可以更好地感悟人物情感，理解语言文字。

4. 接着来到了牛肚子里，此时红头的心情又是怎样的呢？

（转述学生的话：你发现了红头在牛肚子里非常悲哀。你是从第14自然段"红头悲哀地说"这里的提示语中发现的。）

很好，你懂得应用提示语来体会人物的心情。就请你用悲哀的语气来读一读这句话吧。

（转述学生的话：你还找到了第12自然段"红头哭了起来"，从这里的"哭"可以感受到红头很绝望。）

你抓住了关键的动词。就请你也来表演一下这一段的内容吧。

（转述学生边哭边说："那我马上就会死掉了。"）

红头你为什么要哭？你的心里现在在想什么？

（转述学生的话：你想到"我再也出不去了，可能会死在这里，再也看不到我的亲人、朋友了，我很伤心。"）

这里要读出红头的绝望，可以读得慢一点，语气要低沉。（板书：绝望。）

我们一起来读一读红头的这两句话。

（转述学生的话："那我马上就会死掉了。""可是你说这些对我有什么用呢？"）

5.你还从哪儿看出了红头此时的绝望、悲哀呢？

（转述学生的话：你发现红头说"谢谢你！"时声音已经很小很小，快听不见了。）

大家想象一下，在牛肚子里会是什么感觉？

（转述学生的话：①你猜牛肚子里一定是又黏又黑，什么也看不见，非常可怕；②你觉得牛肚子里一定很闷，没有空气，人很快就会窒息，晕过去。）

对呀，这时的红头就置身在这样的环境，它一定感觉——

（转述学生的话：害怕、绝望。）

而且很虚弱的它会怎么说话呢？

（转述学生的话：红头的声音是越来越小了，最后小得几乎听不见了。）

你能来演一演吗？

（转述学生的话："那我马上就会死掉了！""可是你说这些对我有什么用呢？""谢谢你！"）

对呀，这样读才对，声音越来越小了，最后几乎听不见了。我们再来读一读红头困在牛肚子里说的这三句话。

在这么危险的情况下，红头放弃了吗？

（转述学生的话：红头没有放弃，还是咬着牙不让自己失去知觉。）

你感受到红头很——坚强。（板书：坚强。）这都要感谢青头的鼓励呀！

6. 坚强的红头，在青头的鼓励下，支撑到了牛反刍，又回到牛嘴里，甚至看到了光亮。但是此时它已经一动也不能动了。用一个词来形容此时的红头就是——

（转述学生的话：筋疲力尽、心力交瘁、疲惫不堪……）

7. 刚才我们借助关键词句、带着感情朗读语言以及展开想象谈体会的方式，由读到悟，体会了红头的心情变化。带着自己的体会，再读一读这些描写红头的句子吧！

【要点提示：此环节重点体会红头说话时的心情，用时8分钟。教学时，着重在借助关键词句，从红头说的话中，体会它从紧张、害怕到绝望的心情变化过程。朗读课文时，要能读出相应的语气。】

（三）用方法，演对话

1. 这是多么可怕的一次旅行，红头能顺利回来，离不开谁的帮助和鼓励呢？

（转述学生的话：离不开青头的帮助。）

沿着红头的旅行路线，找一找青头是怎样帮助和鼓励红头的，用上刚才的方法，体会心情，读出感情。

2. 同桌合作，分角色朗读青头和红头的对话，能加上表情和动作就更好了。

【要点提示：此环节重点引导学生自主学习，主动探究，将学习红头心情变化时的方法，迁移运用到学习青头的心情变化。此环节用时 1 分钟。体会青头急朋友之所急，遇到危险时沉着、冷静。最后分角色朗读课文时能读出相应的语气。】

（四）默读文，悟友情

1.红头的获救离不开青头的帮助，它们真是一对非常要好的朋友啊！再次默读全文，说说从哪里可以看出青头和红头是"非常要好的朋友"，并联系生活，说说自己的理解和感受。

（转述学生的话：①青头和红头一起玩捉迷藏，可以看出它们是好朋友；②遇到危险时红头拼命向青头求救，可以看出红头对青头的依赖，说明它们是好朋友；③红头的获救离不开青头的帮助，它们真是一对非常要好的朋友啊；④红头被救后流泪表示感谢，看出它对朋友的感激之情……）

2.大家说得都很好，一同玩耍当然是好朋友。当朋友遇到困难和危险时，我们也要像青头这样，给予帮助和鼓励，运用智慧战胜困难。难怪课文中说"它们是一对非常要好的朋友"。（板书：好朋友）

【要点提示：能找出证明青头和红头是"非常要好的朋友"的语句，能体会到它们之间的真挚友情，是这篇课文的重点，也是难点。通过在上一环节中，充分体会人物的心情，然后分角色朗读，感受它们之间深厚的友情就变得水到渠成了。学生能找到两三处，谈谈体会就可以。此环节用时 1~2 分钟。】

四、板书设计

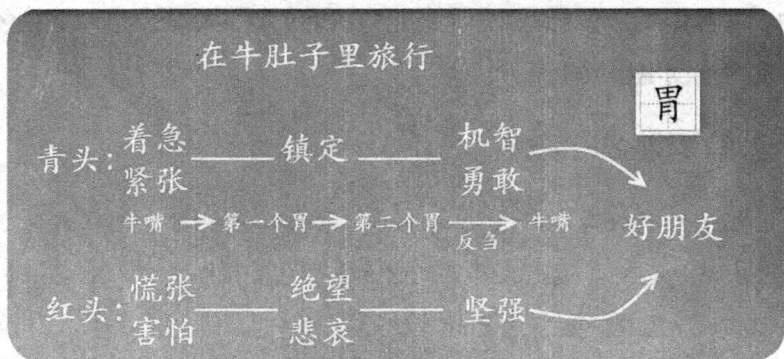

03

统编版三年级上册

《搭船的鸟》

吴爱芳　执教

一、扫描文本

　　《搭船的鸟》是统编版小学语文三年级上册第五单元中的第一篇精读课文。课文以儿童的口吻，描写了"我"在去乡下的路上留心周围事物并细致观察，认识了一位可爱的新朋友——会"搭船"的翠鸟，充分说明了留心观察的好处。文中的"我"观察很细致，并用贴近儿童的语言将情感寄托在每一幅画面中。人与动物自然地交融在一起，营造出一幅人与鸟和谐相处的温馨、美好的画面。

二、教学速构

（一）教学内容

课文 2~4 自然段。

（二）教学目标

1. 正确、流利、有感情地朗读课文。
2. 在阅读中发现作者如何细致观察翠鸟的样子及翠鸟是如何捕鱼的。
3. 初步学习观察和描写事物外形、动作的方法。

（三）教学重难点

体会并学习作者细致的观察，能抓住翠鸟色彩鲜艳的特点，细致描绘翠鸟的系列动作，把翠鸟美丽及敏捷的特点表现出来。

三、教学流程

（一）视频导入，引出观察

1. 同学们，老师带来了一段关于动物的视频，你们瞧（播放动物视频）。留心观察动物的世界，用法国雕塑家罗丹的话说就是——"生活中不缺少美，只是缺少会发现的眼睛"。

2. 这个单元的学习，我们就要开启留心观察的大门，用眼睛，用心认真地观察周围的一切。

3. 伸出手和老师一起写课题，"搭"是我们今天要写的第一个生字，它是什么意思？为它组个词。我们发现无论搭车还是搭船，一般都是人，可今天老师要带领大家一起认识这个搭船的特殊乘客，那是一只鸟。这节课我们就和作者一同去观察这只搭船的鸟。齐读课题。

【要点提示：此环节为导入环节，用时 1~2 分钟。教师播放动物的视频自然引出本单元的语文要素——留心观察，开启了学生留心观察的大门。理解"搭"字的含义，让学生带着疑问带着好奇心走进了文本。】

（二）学习词语，了解观察

1. 听课文录音

2. 出示词语：蓑衣、船篷、橹、船舱

①齐读

②把这些词语送回船的位置

3. 作者在船舱里静静地听，听到了什么？作者静静地看，看到了什么？像这样静静地听，静静地看，就叫观察。（板书：观察）下面就让我们静静地读读课文，静静地观察这只翠鸟吧。

【要点提示：此环节用时 2 分钟以内。教师通过抓住几个难读的词语，不仅学习了新词，还自然地引出船舱，引出观察，让学生产生阅读的兴趣，静静地走进课文。】

（三）品读课文，学习观察

学习外形

1. 请同学们自由读课文 2~4 自然段，想想作者对这只鸟做了哪些细致的观察。

（转述学生的话：①外形在第二自然段；②动作在第四自然段。）

2. 这节课我们就仔细观察这只翠鸟，瞧，它来了。（出示翠鸟道具）说说你对它的第一印象。

　　（转述学生的话：①你看到了一只漂亮的翠鸟；②你看到了一只色彩鲜艳的翠鸟；③你看到了活泼可爱的翠鸟。）

　　3. 那作者对它的第一印象是？（出示句子——）"多么美丽啊！"齐读这句话，它的美惊艳了你，也惊艳了作者。让我们静静地、细细地读第 2 自然段，看看它到底美在哪里？

　　（转述学生的话：颜色很美，特别鲜艳。）

　　是啊，让我们读出翠鸟颜色的多彩与鲜艳吧。

　　4. 像作者这样先说整体，再从羽毛、翅膀、嘴这样一部分一部分的观察，就是从整体到局部有序、细致的观察。（板书：有序、细致）

　　5. 再来读读第 2 自然段，把"鹦鹉"这部分去掉可以吗？（出示鹦鹉道具）让我们也来细致地观察，并用从整体到局部的顺序说一说鹦鹉。

　　（转述学生的话：①鹦鹉那玲珑的身体上长着一身绿色的羽毛，光滑油亮。圆圆的头上镶嵌着一对黑宝石般的小眼睛。它那长长的尾巴就像一把利剑，总是横在它的后面；②这只鹦鹉有一个圆圆的小脑袋，上面嵌着一双黑溜溜的小眼睛，眼睛四周还围着一圈白色，就像戴了一副白色镜框的小眼镜，脑袋下方有一个红红的尖嘴巴；③鹦鹉羽毛的颜色非常漂亮，腹部是浅绿色的，淡淡的，就像一汪湖水。背上的羽毛颜色要深一些，翅膀上的颜色更深，而到了尾巴，则基本就是黑色的了。）

　　6. 同学们真会读书，一下子就观察到鹦鹉的美，还有序地表达出来了！看，鹦鹉都这么漂亮了，可作者却说翠鸟比鹦鹉还漂亮，可见翠鸟有多漂亮啦。这样的写法就叫对比。让我们再次感受翠鸟的外形美。（板书：外形美）

　　现在男生读，女生闭眼想象翠鸟的外形美。女生读，男生闭眼想象。

7. 望着这位美丽的乘客，作者不禁想——引读第 3 自然段。作者就这样静静地观察，默默地思考，再读这段话。

学习动作

1. 作者对这只翠鸟充满了好奇，让我们跟着作者继续观察。请同学们默读第 4 自然段，一边读一边想象翠鸟捕鱼的情景，想想哪个画面给你留下了深刻的印象？

（转述学生的话：看来翠鸟捕鱼动作真快啊！）

2. "吞"和"吃"意思一样吗？是啊，"吞"是鱼一到嘴里马上就到肚子里啊，多快！让我们想象翠鸟"吞"的样子，读出动作的快。

3. 刚才我们通过找动作，想象捕鱼的情景，找到了印象深刻的画面。继续找，还有哪些动作？标画出来（冲、飞、衔、站）。翠鸟真是捕鱼的高手啊，几个动作快、准、狠，三两下就把小鱼吞入腹中。让我们想象翠鸟捕鱼的画面，读出动作的敏捷吧！

4. 同学们读得真不错，尤其是把翠鸟捕鱼动作的快、准、狠的画面读了出来。这几个动作能调换顺序吗？

（转述学生的话：不能，因为翠鸟捕鱼是按照先后顺序来的。）

是啊，作者的观察是多么细致、多么有序啊！

5. 你们想看看翠鸟是怎样捕鱼的吗？想？那就来看看视频吧。老师播放翠鸟捕鱼视频，请同学们认真观察翠鸟是怎样捕鱼的。

6. 同学们看完视频，有什么话想对翠鸟说的吗？

（转述学生的话：①翠鸟，你真棒！动作是那么敏捷，那么迅速；②翠鸟，你真厉害，一下子就能捕到鱼，我钓鱼都要钓半天呢；③翠鸟，你的动作是那么快，那么准，真令人难以相信！）

7. 翠鸟是那么厉害，现在老师也来考考你们厉不厉害，有没有信心。谁能看着"冲、飞、衔、站、吞"这些动作，说说翠鸟捕鱼的情景呢？

（转述学生的话：我正想着，它一下子冲进水里，不见了。可是，没一会儿，它飞起来了，红色的长嘴衔着一条小鱼。它站在船头，一口把小鱼吞了下去。）

8. 现在这只翠鸟又给你留下了什么印象？

（转述学生的话：①这只翠鸟真灵活；②这只翠鸟不仅外形漂亮，动作还如此灵活、敏捷，太棒了！）

让我们再来读读，读出对这只翠鸟的喜爱吧。（板书：动作快）

【要点提示：此环节为重点段落教学环节，用时 10 分钟。"留心观察周围事物，感受世界的奇妙"为本单元的语文要素之一。为落实此训练点，教学中以静静地读、静静地想作为一种阅读策略。用找动作，想象捕鱼的情景，找到印象深刻的画面。在教学中不知不觉地将学生带入语言的情境，想象语言画面，体会翠鸟漂亮的外形和捕鱼时动作的敏捷。】

（四）小结课文，继续观察

1. 小结：哇，真不得了，翠鸟捕鱼的动作都这么快了，作者还看得这么清楚，观察得可真是细致啊。正是有了细致入微的观察，才有了这么多的发现。细致观察是写好文章的第一步。

2. 只要平时留心观察周围的事物，时时处处都会有所发现。大家可以继续用心观察，去寻找郭风爷爷笔下更多美妙的事物吧！

【要点提示：此环节为总结延伸，用时 1 分钟。教师在此环节要总结内容，提炼学法，将留心观察周围事物的方法延伸至课文后半部分的学习，引发学生阅读的热情，继续在阅读中感悟，走进文字、想象画面、体悟观察的快乐。】

四、板书设计

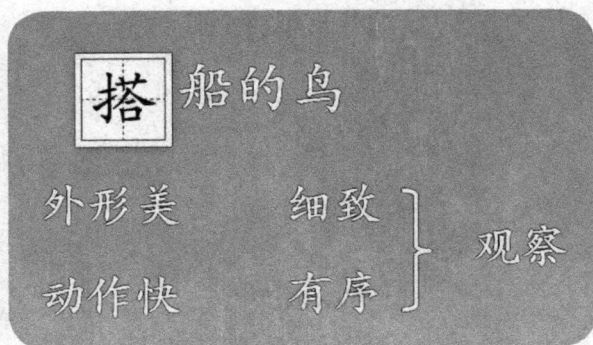

04

统编版三年级上册

《海滨小城》

翁媚　执教

一、扫描文本

　　《海滨小城》是统编版小学语文三年级上册第六单元的第三篇精读课文。本文主要描写了海滨小城的美丽景色，语言清新，字里行间流露出作者对小城的热爱之情。全文共 7 个自然段，主要写了海上、海滩、庭院、公园、街道 5 个场景，先写海滨，再写小城，意在把小城放在海滨这个大背景下，突出小城的美丽。本文文字优美，孩子在阅读到海上、海边、海滩片段时，能注意到作者重点运用棕色、白色、灰色、金黄色等一系列表示颜色的词，来描绘海滨的美，但不易关注到文章是采用从远到近、从海滨到小城的写作顺序，以及动静结合的写作手法来介绍这座城市。

二、教学速构

（一）教学内容

课文 1~3 自然段。

（二）教学目标

1. 正确、流利地朗读课文。学写"滨"字。读准多音字"臂"。

2. 理清文章结构。借助关键词句理解课文。

3. 在多种形式朗读中体会作者由远及近的观察方法和抓住事物的色彩来进行描写的方法。

（三）教学重难点

能说出课文描写的主要景物及其样子。借助关键语句理解段落的意思。

三、教学流程

（一）听声赏景，揭示课题

1. 请同学们闭上眼睛仔细听，你听到了什么，你的眼前仿佛出现了怎样的画面？

（转述学生的话：①你听到了海浪的声音。你看到了一望无际的大海上吹过一阵微微的海风，海面上翻滚着朵朵银白色的浪花；②你听到了小孩子玩耍时的笑声。你看到了灿烂的阳光照射在沙滩上，像铺上一地的金子。在沙滩上有许许多多各种各样的捡不完的贝壳；③你还看到了海水五光十色，瑰丽无比。远处有航行的巨轮，近处有嬉戏的小舟。）

看，蓝天碧海，白鸥沙滩，椰林掩映着座座楼房。今天老师要带领大家一起走进这具有南国特色风光的美丽的海滨小城。

2. 请大家跟随老师一起板书课题（板书：海滨小城）。"滨"字，大家要注意读准前鼻音，书写时左窄右宽。请大家齐读课题——海滨小城。

3. "滨"是什么意思呢？（转述学生的话：滨是水边，近水的地方。）那么海滨就是——（转述学生的话：海边）海滨小城就是海边的小城。你知道这座小城在哪里吗？（转述学生的话：海滨小城在广东。）

大家齐读句子：我的家乡在广东，是一座海滨小城。课文开篇点题，点明了要描写的对象就是海滨小城。让我们赶快走进林遐笔下的广东，一睹这座海滨小城的风采吧。

【要点提示：导入环节，用时 2~3 分钟。在这一环节中，让学生听声音，想象画面，赏美景，引出课题，使学生兴趣盎然地融入教学情境。】

（二）初读课文，整体感知

1. 请大家自由地读一读课文，读准字音，标记自然段。想一想，海滨小城给你的总体印象是什么？用课文中的一句话来总结。

（转述学生的话：这座海滨小城真是又美丽又整洁。）

是的，请同学们画上波浪线。课文正是围绕着美丽、整洁两个特点来赞美海滨小城的。（板书：美丽 整洁）

2. 请几位同学分段读课文，其他同学边听边找，课文描写了海滨小城的哪些地方。把表示地点的词语圈出来。

（转述学生的话：你找到了大海、沙滩、庭院、公园、街道。）

（板书：大海 沙滩 庭院 公园 街道）

根据这些地点，你知道课文的哪些自然段是描写海滨的？哪些自然段是描写小城的？

（转述学生的话：课文1~3自然段描写的是海滨，4~6自然段描写的是小城。）

3. 作者是站在什么位置欣赏到这些美景的呢？你能在图上画出作者的位置吗？想一想作者是按什么顺序来观察的。

（转述学生的话：作者是在街道尽头，从远到近欣赏的。）

4. 小结：课文的第一部分（1~3自然段）写了海滨的景象。由远及近，描写了大海、海滩的景观。第二部分（4~6自然段）写了小城美丽的景色。分别描写了小城的庭院、公园、街道三处景物。突出了小城美丽、整洁的特点。

【要点提示：整体感知，用时2~3分钟。在这一环节中，教师让学生初读课文，提出问题，学生自读课文寻找答案，培养学生从文中搜集信息和合作探究能力。从整体上把握课文内容，理清文章结构。】

（三）把握特点，寻美海滨

1. 浩瀚的大海，金色的沙滩，玲珑小城中美丽的庭院、绿树成荫的公园、细沙铺成的街道……这些都让我们感到海滨小城无处不美。同学们，接下来，我们先来看看海滨，去尽情欣赏、用心感受它的美吧！

2. 默读课文的1~3自然段，标记出作者具体写了海滨的哪些景物。

（转述学生的话：你找到了海、天、机帆船、军舰、海鸥、云朵、贝壳、船队、鱼、虾和蟹、海螺……）

3. 老师这儿有一张图画，可是只有线条没有颜色。你能根据课文的描写给它涂上对应的颜色吗？

（转述学生的话：天空要填上蓝色，大海也是蓝色，机帆船是棕色的，军舰是银白色，海鸥是白色和灰色的，云朵也是白色和灰色的。）

4. 咦？怎么还是不能画上颜色呢？原来同学们没有读出大海的美，你有什么好方法教大家读好这段话呢？

（转述学生的话：①你觉得可以用上轻快的语气；②还可以边读边想象画面；③描写颜色的词语可以读得稍重一点儿……）

谁能试着用上这些好方法读一读？让我们一起读好这段话。

5. 对比没有填色之前的线条画和填色后的大海，你想用什么词语来形容一下这片大海呢？

（转述学生的话：①绚丽多彩；②色彩斑斓；③五彩缤纷……）

（板书：绚丽多彩）

6. 你觉得这片大海还可以是什么颜色的？

（转述学生的话：金黄色。因为早晨，机帆船、军舰、海鸥、云朵，都被朝阳镀上了一层金黄色。帆船上的渔民、军舰上的战士，他们的脸和胳臂上也镀上了一层金黄色。）

7. 这里有一个多音字，请大家读准字音。臂：（bei）胳臂，它还有另一个读音：（bì）臂力。

8. 这耀眼的金黄色是怎么来的呢？课文中用到了一个很特别的词，你发现了吗？

（转述学生的话：你发现了"镀"这个字。）

"镀"是什么意思？这里为什么用"镀"？

（转述学生的话：①你知道"镀"是使一种金属附着在另一种金属表面的化学方法。我们平常说的镀金、电镀，就是这个意思；②你还知道这里指海面上的景物在阳光的照射下变得金灿灿的，像镀上一层金子。）

这样的美景随时都能见到吗？

（转述学生的话：①你觉得不能随时看到，只在早晨才能看到；②你认为只有天气晴朗的早晨才能看得到；③你还知道这美景是被朝阳镀上的金色。）

金灿灿的阳光把美丽的海滨变得更加迷人，谁能把这种奇异之美读出来？老师提示大家，可以用上刚才我们读大海时的方法。

瞧，大家精彩的朗读，也让这幅画镀上了耀眼的金色。

9. 小结：观察景物，首先映入人们眼中的就是景物的色彩。因而，描写景物时，注重景物色彩的描摹，有助于我们把景物描写得更生动。

1、2两段主要抓住了大海的颜色来描写。如果让你用一句话来概括，你会怎么说？

（转述学生的话：大海真是绚丽多彩呀！）

10. 近处的沙滩又有什么特点？自由读第三自然段，想想海滩上的景物分别有什么特点。

（转述学生的话：贝壳很多也很美。还有船队、鱼、虾、蟹、海螺，颜色也很丰富。）

11. 你从哪里看出贝壳多呢？

（转述学生的话：你发现了遍地、各种颜色各种花纹的贝壳）

你的眼前仿佛看到了什么？谁能尝试着把这两个句子补充完整。

沙滩上遍地是各种颜色的贝壳，有_____的，_____的，_____的。

沙滩上遍地是各种花纹的贝壳，有的像_____，有的像_____，有的像_____。

（转述学生的话：①沙滩上遍地是各种颜色的贝壳，有雪白的，粉红的，淡黄的……②沙滩上遍地是各种花纹的贝壳，有的像波浪，有的像花瓣，有的像豹子身上的斑点。）

12. 看到这些色彩绚丽、形状各异的贝壳，你最想做什么？

（转述学生的话：你想把它们都带回家。）

可是海滨小城的孩子是怎么做的呢？猜猜他们心里是怎么想的？

（转述学生的话：①你觉得海滨小城的孩子都不去理睬。他们会想这有什么稀奇的，我天天都能看到；②我家里都已经捡了一大堆了；③我从小就玩这些贝壳；④这些都不好看，我家里有比这更好看的……）

是呀，大家对贝壳早已司空见惯，不足为奇，所以贝壳只能——

（转述学生的话：寂寞地躺在那里。）

从"寂寞"你读出了什么？

（转述学生的话：①你感受到了贝壳的孤单，冷清；②没有人捡，所以贝壳都留在沙滩上，这里也反衬出贝壳数量多；③这里用到了拟人的修辞手法。）

此时的沙滩好安静！（板书：静）

13. 你发现这段话中有哪个词的意思和"寂寞"相反。

（转述学生的话：喧闹。）

此时的沙滩可真喧闹呀！听，你听到了什么声音？请同学们发挥自己的想象，想象当时喧闹的情景：沙滩上会有些什么人，他们会说些什么话，做些什么事？

此时的沙滩可真喧闹呀！我听到_____，看到_____。

（转述学生的话：①你听到了船上汽笛的声音，呜——呜——；②你仿佛看到了晒得黝黑的渔民挽着裤脚，露出铁一般的胳臂，把一天的收获一筐一筐地往船下搬；③你仿佛看到了早早守候在岸边的商人们一边评估着这回的渔获，一边开始跟辛苦的渔民讨价还价，几番争执下来，彼此都有了满意的神色；④你还看到了孩子们最高兴，三五成群地在货筐间穿来穿去，寻找一些从没见过或是格外显眼的新鲜玩意儿，还不时伸手去摸摸，于是有几个调皮鬼被虾和蟹的钳子夹得嗷嗷叫；⑤渔民的家人会说你们辛苦了；⑥你感觉这些鱼真新鲜，一定很好吃。）

14. 海滨不仅风景美，这劳动的场面、勤劳的人们也美啊！生活在海滨小城的每一个人，都为家乡的美丽和富饶感到骄傲！作者就是带着这种感情来描绘海滨风光的。带着这种感情一齐朗读——

（学生齐读：远处响起了……海滩上就喧闹起来。）

如果用一个字来概括眼前的场景，你会用哪个字？

（转述学生的话：①闹；②动。）（板书：动）

15. 先写贝壳又多又美和它的寂寞，再写渔船归来时的喧闹，这种写法就是动静结合，二者一静一动，形成鲜明的对比，突出了海滨景色美丽、生机勃勃、惹人喜爱。真美！请男女生分别来读一读这两个部分，比一比看谁读得好。注意读出安静与热闹两种不同状态时的语气。

16. 小结：在课文第一部分，作者一是抓住景物色彩美的特点，通过运用蓝色、棕色、银白色、灰色等表示颜色的词语，把海滨描绘得绚丽多彩。二是在写海滩的特点时，先写贝壳的多、美和寂寞，再写渔船归来的喧闹，一静一动，形成鲜明的对比，突出海滨景色的美丽、生机。

【要点提示：重点段落教学环节，本环节用时 12 分钟。在这一环节中，通过找到描写景物的词句，体会大海、沙滩两个场景的美丽。大海部分，通过给白描线稿填色，感受多种多样的色彩；沙滩部分，通过对文本外的场景的想象，以丰富对场景的感受；体会海滨的美，进而读出美。在小结大海、安静的沙滩、喧闹的沙滩时，都有意识地引导学生归纳出"大海真是绚丽多彩呀！""此时的沙滩好安静！""此时的沙滩可真喧闹呀！"，为 4~6 自然段"借助关键语句理解段落的意思"的教学做铺垫。】

四、板书设计

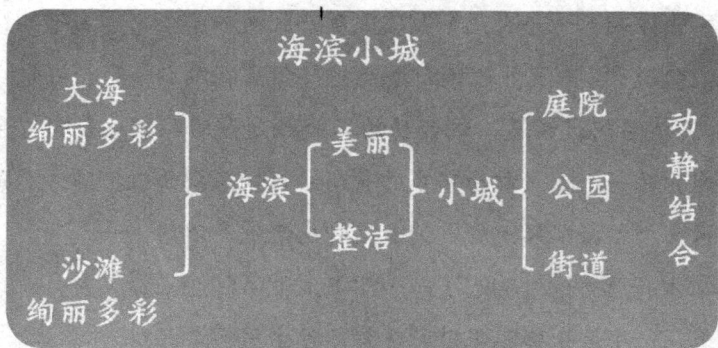

05

统编版三年级上册

《美丽的小兴安岭》

谢樱 执教

一、扫描文本

　　《美丽的小兴安岭》是统编版本小学语文三年级上册第六单元的第四篇精读课文。这篇文章按照春、夏、秋、冬四季顺序，浓墨重彩地描绘了我国东北小兴安岭的美丽景色和丰富物产，表达了作者热爱祖国大好河山的感情。围绕本单元的语文要素之——"习作的时候，试着围绕一个意思写"，本文最具有个性的写作特色是"妙用动词"写景物，把"静"物给写"活"了。如写春树的"抽出"，让人看到春树生长之美；写秋树的"飞舞"，宛若翩翩来仙；写森林的"献宝"，好似一位慷慨的母亲。动词还让静物变得有"质感"：写北风的"刮"，有三分冷，更有七分之疼；写夏树的"封""遮""挡"，仿佛置身在绿幕之下，清爽至极；写雾的"浸"，仿佛又迷失在迷雾之中……极不起眼的动词，经作者妙笔一挥，便有了拙中见巧、平中有奇的感觉。这样的语言怎能不说好？

二、教学速构

（一）教学内容

课文 1~2 自然段。

（二）教学目标

1. 引导学生运用想象画面的方法有感情地朗读，在读中了解小兴安岭美丽的景色和丰富的物产，在读中积累语言，并能正确读写"欣赏"。

2. 体会作者用词的准确与生动，学习作者抓住特点观察事物，运用动词描写景物的方法。激发学生热爱祖国大好河山的思想感情。

（三）教学重难点

体会作者用词的准确与生动，学习作者抓住特点观察事物，运用动词描写景物的方法。激发学生热爱祖国大好河山的思想感情。

三、教学流程

（一）揭课题，关注"美丽"

1. 今天，老师要带你们去一个地方。（课件出示课题）和老师一起写："兴"是多音字，在这儿读第一声。最后一笔为点。"岭"是山脉的意思，左边窄一些，右边可以写得舒展些。

2.读到课题你想知道什么?

（转述学生的话：你想知道小兴安岭美在哪里。很好，你抓住了景物的特点来问。）（在"美丽"一词下方画着重号，板书：抓特点）

3.还等什么呢，就带着我们心中的期待一起开始这次美丽的旅行吧！

【要点提示：用时1分钟，教师指导学生一笔一画写好课题，并相机质疑课题，触发孩子的阅读期待，引导学生关注文眼"美丽"。】

（二）理文脉，初感"美丽"

1.读准字音，读通句子，遇到难读的地方多读几遍，读完后想想：全文是围绕哪一句话展开写的？

（转述学生的话：①你找的是文中的最后一句；②你找的是文中的第一段。）

2.小结：开头用一句话概括小兴安岭的特点（树多而美），结尾又对全文进行一个总结，这样的文章结构叫（总分总）。

3.树木是小兴安岭的主角。（板画：树）人们常说："如果小兴安岭没有树木，它的美至少失去了一半。"作者是怎样写出树的美呢？请同学们用心默读课文2~5自然段，把描写树木的句子用笔勾画出来。

【要点提示：用时1分钟，本单元的语文要素之一是"借助关键语句理解一段话的意思"，是为学生会"围绕一个意思写"做"读"的储备。本文的文章结构清晰，可以引导学生初步了解总分总的文章结构。】

（三）读中悟写，品味"树美"

1. 看，这是刚才同学们画下每段中写树木的句子，你若没有画齐，请补上。（课件出示以下四句话）

①春天，树木抽出新的枝条，长出嫩绿的叶子。

②夏天，树木长得葱葱茏茏，密密层层的枝叶把森林封得严严实实的，挡住了人们的视线，遮住了蓝蓝的天空。

③秋天，白桦和栎树的叶子变黄了，松柏显得更苍翠了。秋风吹来，落叶在林间飞舞。

④树上积满了白雪。

2. 春天，万物复苏，小树醒来了，谁愿意来读读写春树的句子？

（转述学生朗读：春天，树木抽出新的枝条，长出嫩绿的叶子。）

3. 老师想换个写法。春天，树木长出新的枝条，长出嫩绿的叶子。这样写好不好？为什么不好？

（转述学生的话：你认为"抽出"显得很有力量，你觉得同时用"长出"显得重复了。）

4. 见过大侠 "唰"地一下抽出宝剑吗？这动作的速度怎么样？

（转述学生的话：很快。）

一个"抽出"写出树枝长得快！枝条积蓄了一个冬天的力量，它冲破老枝，仿佛是一夜之间生长出来的。谁能读出这种生长的美？

（点评学生的朗读：①你这是迫不及待地生长；②你这是快乐地生长；③你这是充满期待地生长。）

5. 小树们，就这样，品味着动词，想象着画面就能读出树的美，读出特点。（板书：品动词　想画面）

6. 写树木的句子里还有哪些动词也用得好，也让我们看到树木的美？选择你喜欢的一句品一品、读一读。

（转述学生的话：树木长得葱葱茏茏，密密层层的枝叶把森林封得严严实实，挡住了人们的视线，遮住了蓝蓝的天空。你觉得"封""挡""遮"三个字仿佛让人看到树木长得很茂密。）

7. 是呀，你们瞧，树叶浓绿，茂密繁盛，这就是——葱葱茏茏，而树叶一片紧挨着一片，一层叠着一层，这就是——密密层层。如果你此时走在林中，抬头看，能看到天空吗？对，不能。因为——

（转述学生朗读："密密层层的枝叶把森林封得严严实实，挡住了人们的视线，遮住了蓝蓝的天空。"）

再往前走一百米，抬头看，能看到天空吗？对，也不能。几百里连成一片的森林里，抬头都只能看见"密密层层的枝叶把森林封得严严实实，挡住了人们的视线，遮住了蓝蓝的天空。"一个"封"字，写出了树木枝繁叶茂的特点。

8. 写树木的句子里还有哪些动词也用得好？

（转述学生的话：你觉得"飞舞"写出了落叶纷飞的美。）

9. 小结：作者准确运用动词让写树木的句子有动有静，就像一幅画，使我们领略到树木在不同季节的美。难怪作者在写四季美景的时候都以树木作为每段的开头，开篇也这样写，（课件出示第一自然段）这就是小兴安岭独特的美。

【要点提示：用时6分钟，本篇文章课后思考题中有一题是初步体会动词的表达效果。此环节在学习主景"树木"句子的描写中，让学生想象画面去体会动词所描绘的景物之美，读写结合，一举多得。】

（四）迁移运用，品味"春美"

1. 除了树木，小兴安岭还有哪些美景呢？让我们先走进美丽的春天吧！（板书：春天）同学们闭上眼睛，一边听一边把文字变成一幅幅画。说一说春天里除了树木，你还看到哪些美景呢？

（转述学生的话：你看到了积雪、溪水、小鹿。）（板画：小鹿）

2. 作者又运用了哪些动词描绘春景呢？运用刚才的学法"品动词，想画面"，找一找，这段中还有哪些像"抽出"一样用得好的动词。

（转述学生的话：①你从"汇成"看到了山上的积雪融化了，草地上的积雪融化了，岸边石头上的积雪也融化了，各个地方的积雪都融化了汇入小溪；②你有补充，你听到了小溪淙淙的流水声。）

3. 一个"汇成"让我们看到积雪融化，溪水淙淙的美。继续交流，这段中还有哪些动词用得好？

（转述学生的话：你从写小鹿的动词中仿佛看到了小鹿们悠闲自在的样子。）

4. 这句中，把"欣赏"换成"看"可以吗？

（转述学生的话：你觉得"欣赏"不仅写出春天的美，也写出小鹿心情的美。）

5. 美丽的小鹿，除了欣赏到自己映在水里的影子，它还欣赏到哪些春天的美景？拿出你的笔写上一两句吧！

（转述学生答案：①你写的是"枝头上的小鸟在愉快地跳来跳去，唱着春天的赞歌。"②你写的是"小草从地底下冒出来，欣欣然睁开了眼睛。"③你写的是"花丛里的花儿们在和春姑娘打招呼。"）

6. 就这样，带着这种喜爱的心情去看才叫欣赏，伸出小手和老师一起写一写这两个字。"赏"字写的时候要注意，上下结构，党字头的口要写得扁一点，下面最后一笔是一个点。

7. 小兴安岭的春天是一种怎样的美？用一个词语来形容。

（转述学生的话：①充满活力；②生机勃勃。）

引读全段：

小兴安岭的春天，美在树木——"树木抽出新的枝条，长出嫩绿的叶子。"美在小溪——"山上的积雪融化了，雪水汇成小溪，淙淙地流着。溪里涨满了春水。"美在小鹿——"小鹿在溪边散步，它们有的俯下身子喝水，有的侧着脑袋欣赏自己映在水里的影子。"

这是生机盎然的美。

（引背诵全段。）

【要点提示：用时6分钟，迁移运用读书方法"品动词、想画面"，让学生透过动词去品读文中的春景，去想象文中的春景，去描绘文中的春景。通过反复的默读、品读、诵读达到积累语言，最终运用语言的目标。】

（五）回扣课题，课堂小结

1. 这里，一年四季景色诱人，几百里树木连成一片，宛如绿色的海洋。这就是——美丽的小兴安岭！

2. 下节课我们将继续用今天的方法："品词语，想画面"，去走近小兴安岭的夏、秋、冬。一起感受小兴安岭不仅是美丽的花园，也是巨大的宝库。

【要点提示：用时1分钟，回扣文中的中心句，不仅小结本课的学法与内容，也交代清楚第二课时的内容。】

四、板书设计

美丽的小兴安岭

岭

春天　生机勃勃

抓特点
品动词
想画面

○ 06

统编版三年级上册

《大自然的声音》

陈瑾 执教

一、扫描文本

　　《大自然的声音》是统编版小学语文三年级上册第七单元的第一篇精读课文，是一篇生动活泼、饶有童趣的儿童散文。文章以"大自然有许多美妙的声音"为总起段，生动形象地介绍了大自然中风的声音、水的声音和动物的声音，每一部分对声音的描摹极其形象，语言形式变化多样，运用了拟人、比喻、排比等丰富的表现手法，让学生感受大自然丰富多彩的声音。本单元的语文要素之一是"感受课文生动的语言，积累喜欢的语句"。本课的重点是，结合语文要素，让学生在朗读和想象中，入情入境地理解、感悟大自然声音的美妙，让热爱大自然的情感油然而生。

二、教学速构

（一）教学内容

课文 1~3 自然段。

（二）教学目标

1. 朗读课文，体会大自然声音的美妙，学写"妙"字。
2. 学习运用多种方法感受生动的语言，在朗读与想象中背诵，积累语言。

（三）教学重难点

学习运用多种方法感受生动的语言，在朗读与想象中背诵，积累语言。

三、教学流程

（一）听"声"猜物，导入新课

1. 小朋友们，老师和大家来玩一个游戏——听声猜物，仔细听老师课件中的声音，猜猜是什么事物的声音？

（转述学生的话：①你猜到了，是风声；②你也猜到了，是水流声；③有三种声音，你猜到了是狗、猫、鸟儿的叫声。）

2. 小朋友们的耳朵可真灵！刚刚大家听到的声音都是来自于大自然。（板书：听 大自然的声音。）今天我们要学会用另一种方式去聆听大自然的声音。

3. 我们一起走进这篇课文！齐读课题——大自然的声音。

【要点提示：此环节为导入环节，用时 1~2 分钟。教师用儿童喜欢的游戏激趣法，营造出儿童在课堂上玩"听声猜物"游戏的热闹气氛，把学生学习的兴趣调动起来，从而很自然地引出课题。通过"可以用什么方式去聆听呢？"的提问，让学生带着好奇心走进课文。】

（二）寻"声"找物，整理文思

1. 请大家自由、轻声地读课文，边读边想：课文写了大自然的哪些声音呢？完成课后的第二题"填一填"。

2. 哪位同学和大家交流下：课文写了大自然的哪些声音？你是如何填写这张思维导图的？

（转述学生的话：你说"大自然有许多美妙的声音"。）（板书：美妙）

3. 同学们，注意"妙"字，在古时候指的是女孩子在小时候是最好的年龄阶段。所以左边是个"女"字，右边是"少"字。书写的时候要注意女字旁写得瘦小一些。和老师一起写一个"妙"字。

4. 这些美妙的声音有哪些？

（转述学生的话：①"风，是大自然的音乐家"；②"水，也是大自然的音乐家"；③"动物是大自然的歌手"。）

5. 你是怎么知道的呢？

（转述学生的话：你很会发现，发现了第一自然段总的介绍了"大自然有许多美妙的声音"，接着在第二、三、四自然段分别介绍了大自然中的三种声音。）

【要点提示：此环节为过渡环节，用时 1~2 分钟。教师指导学生边读课文边完成课后练习。本文结构清晰，学生不难发现文章段落结

构，在演绎学生反馈的过程中，教师要有意识地引导学生找到"总起句"，从而明晰篇章结构。】

（三）听"声"品言，积累语句

1. 小朋友们，让我们先走近"风"这位音乐家，默读第二自然段，请看"阅读提示"：

（1）找——演奏了什么？与谁合作？

（2）想——演奏出哪些声音？

（3）读——用朗读读出美妙的声音。

2. 小朋友们读书很认真，老师看到了许多小朋友边读边画，把自己"听"到的声音找了出来，我们来听听吧。

（1）（转述学生的话：你说风在森林里演奏手风琴，树叶是歌手，合作出各种不同的歌曲。）哇，这是一幅多么美妙的画面，（出示课件）瞧，这就是手风琴，我们来听听它的声音，（点击课件）好听吗？咦，为什么风是演奏手风琴而不是钢琴或其他乐器呢？

（转述学生的话：噢，原来你拉过手风琴，你还知道手风琴是通过气发出声音。它的声音和风声最接近。）

这位小小音乐家分析得头头是道，真厉害！

（2）他们合作会唱出各种不同的歌曲，这是为什么呢？

（转述学生的话：你找到文中一句关键的句子，原来树叶不同，声音就不同；季节不同，声音也不同。）

为什么呢？我们赶快走进大自然，去听听这些美妙的声音吧！读——当微风拂过，那声音轻轻柔柔的，好像呢喃细语，让人感受到大自然的温柔；当狂风吹起，整座森林都激动起来，合奏出一首雄伟的乐曲，那声音充满力量，令人感受到大自然的威力。

（3）小小听众们，听到了吗？你们都听到哪些声音？

（转述学生的话：你说"轻轻柔柔""呢喃细语"的声音。）（板书：轻轻柔柔）

什么是"呢喃细语"？

（转述学生的话：你说你查了词典，是"小声说话"的意思。）

我们在前面的单元学习过，面对难理解的词语除了查词典，还可以联系上下文和生活经验。瞧，"当微风拂过树叶"，你觉得风会对树叶说些什么呢？展开想象，谁来说说？

（转述学生的话：①你说风阿姨告诉树叶宝宝："动起来，做做运动吧！"②你觉得风婆婆在抚摸树叶，边抚摸边说："树叶宝贝，快睡吧！"③你想到了风在对树叶说悄悄话："昨天你顶上的枝头开出了一朵美丽的花啦！"）

（4）除了这两种声音，还有吗？

（转述学生的话：你还听到了一首雄伟的乐曲，充满力量的声音。）（板书：雄伟）刚刚还是轻轻柔柔，因为刚才的风是——微风，现在却变成了雄伟的乐曲，因为现在是——狂风。

（5）听，轻柔的乐曲响起了，读——轻轻柔柔的，好像呢喃细语，让人感受到大自然的温柔。听，狂风吹起，森林激动起来了，读——合奏出一首雄伟的乐曲，那声音充满力量，令人感受到大自然的威力。

3. 小朋友，用上这样的"三步寻声法"：一找，二想，三读，继续走近音乐家——水，默读课文第三自然段，听听水给我们带来了什么样的声音呢？边读边和同桌一起交流自己的想法，开始！

（1）小朋友们读得很认真，大家都听到了这段当中许多美妙的声音，我们来听听。

（转述学生的话：①你说你先听到了打击乐，接着听到了水唱歌；

②你说先听到了一场热闹的音乐会，是水和树林里的树叶、房子的屋顶和窗户合奏出来的。再听到了水一起唱歌，有山中小曲，有大合唱。）

（2）大家真会听，听到了这么多不同的美妙的声音，我们先来找找"热闹的音乐会"中的声音吧！

（转述学生的话：你找到了"滴滴答答""叮叮咚咚"……）（板书：滴滴答答 叮叮咚咚）

（3）轻快地读——滴滴答答、叮叮咚咚，你在生活中听见过这样的声音吗？

（转述学生的话：①雨点滴在树叶上的声音——滴滴答答；②雨点落在水面上的声音——叮叮咚咚。）这样模拟声音的叠词，我们叫它——拟声词。

（4）瞧，小雨滴还会落在屋顶、窗户上，你还会想出哪些这样的拟声词？

（转述学生的话：①你说小雨滴落在屋顶上——哗啦哗啦；②你听过雨水打在窗户上——噼里啪啦；③你听到雨水落在屋檐边——滴答滴答。）

（5）生活中，小雨滴还会落在哪儿发出什么样的声音呢？

（转述学生的话：①你说落在你的肩膀上——啪啪；②你听到落在水面上——哗哗；③你听到雨滴敲打在芭蕉叶上——沙沙。）

4. 接下来，我们再来听听小雨滴汇聚起来，唱出的歌吧！（出示课件）

（1）读——小溪淙淙地流向河流，河流潺潺地流向大海，大海哗啦啦地汹涌澎湃。

（2）这首歌会变化，读——

小溪淙淙地流向河流，

河流潺潺地流向大海，

大海哗啦啦地汹涌澎湃。

听出变化了吗？

（转述学生的话：①你从"淙淙""潺潺""哗啦啦"听出了水是越流越快；②你从"小溪""河流""大海"读出了水越流越广，越来越多，水势越来越大。）

（3）正是因为"水"这位音乐家，它有着流动、变化的本领，所以它唱出来的歌也会变化，用我们声音的变化，唱出美妙的歌，读——

小溪淙淙地流向河流，

河流潺潺地流向大海，

大海哗啦啦地汹涌澎湃。

（4）谁唱出了一首轻快的山中小曲——小溪、河流；谁又唱出了波澜壮阔的海洋大合唱——大海。（板书：轻快 波澜壮阔）

【要点提示：此环节为重点段落教学环节，用时10分钟。教师带着学生深入文本"听"声音，寻找语言中最美妙的声音，引导、过渡的语言要巧妙，一层层、一步步地打开文本中描写的声音世界，帮助儿童理解大自然中这些丰富多彩的声音从何而来，进一步感受声音的丰富与美妙。本环节，学生朗读训练比较多，教师在指导学生朗读时，要用不同的形式：如教师自己的范读、学生个别与集体读、师生的接读等。读的形式多样化了，课堂就有语文味儿了，同时也落实了在读中积累语言的目标。】

（四）汇"声"朗读，积累语言

1. 小朋友们，这节课走进大自然，我们聆听到了大自然美妙的声音。我们来到了森林，微风吹了，（手指板书）那声音——轻轻柔柔，好像呢喃细语。狂风吹来了，森林——合奏出一首雄伟的乐曲，那声音充满力量。下雨啦，一场热闹的音乐会开始了，一二组读——

滴滴答答……，三四组读——叮叮咚咚，小雨滴汇聚起来，一起唱歌啦，小溪——淙淙地流向河流，河流——潺潺地流向大海，大海——哗啦啦地汹涌澎湃。从一首——轻快的山中小曲，唱到——波澜壮阔的海洋大合唱。

2.哇，大自然的声音真——美妙啊！（板画）

3.小朋友们，再回到这个"听"字，你觉得读了今天的课文，我们仅仅是在用耳朵听吗？要听到大自然这么美妙的声音，你还要学会什么？

（转述学生的话：①用眼观察；②用口模拟；③用心感受。）

4.说得真好，只有用心听，才能感受到大自然的美好！（板书：听（心））

【要点提示：此环节为本课总结环节，用时2分钟。教师演绎出与学生接读的形式，一边看着板书，一边回忆课文的语言，再次温习文中描写声音的生动语言。最后将板书整理成一幅美妙的五线谱乐章图。】

四、板书设计

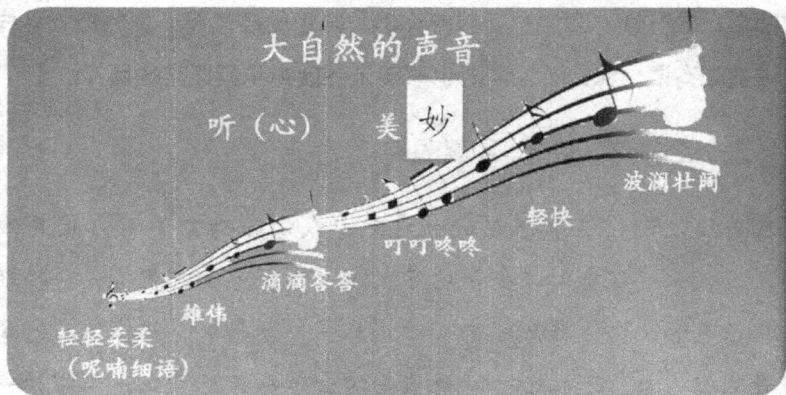

07

统编版三年级上册

《父亲、树林和鸟》

游伟 执教

一、扫描文本

《父亲、树林和鸟》是统编版小学语文三年级上册第七单元的第三篇精读课文。作者牛汉是一位诗人与散文家，因此，文章略带有诗性的语言，在表达上运用了一些新鲜的词语。这对于三年级的学生来说，在阅读、理解上确实存在一定困难。从文本内容上，文中的"我"在与父亲观鸟的过程中疑惑重重。阅读中，教师带领着学生以文外作为读者的"我"，在读与思中，与文内的"我"产生共鸣，激发学生勤思好问的阅读兴趣，从而理解文本内容，感悟言语背后的情意。

二、教学速构

（一）教学内容

课文 1~11 自然段。

（二）教学目标

1. 正确认读"黎明、滹沱河、雾蒙蒙、凝神静气"等词语，学写生字"鼻"。

2. 感受课文生动的语言，体会父亲爱鸟的情感。

3. 学习在阅读中思考，初步养成质疑的能力。

（三）教学重难点

学习在阅读中思考，感受课文生动的语言，体会父亲爱鸟的情感，初步养成质疑的能力。

三、教学流程

（一）问"题" 整体感知

1. 同学们，我们要一起来学习一篇新课文，请认真看老师写课题，读——父亲、树林和鸟。（板书课题，注意停顿）

2. 智慧的阅读从"发现问题"开始吧！（板书：问）这个课题很特别，第一次看到它时，你有什么疑问吗？

（转述学生的话：是呀！看来你已经开始思考了。父亲、树林和鸟三者之间有什么关系呢？）

3. 自由轻声读课文，边读边思考。（读后学生交流疑问，教师板书：？）

4. 父亲、树林和鸟到底是什么关系？谁知道？

（转述学生的话：你瞧，他找到了课文的第一自然段。课件出示：父亲一生最喜欢树林和歌唱的鸟。学生齐读。）（板书：一生最喜欢）

【要点提示：此环节为导入环节，用时 1~2 分钟。教师让学生读题，发现题目中与众不同的地方，产生疑问，进而不知不觉地走进文本。】

（二）问"句" 走进课文

1. 刚刚，老师也发现同学们读书特别认真。那好，咱们就来做一个"我的发现我判断"的游戏。

（课件出示游戏规则：根据老师出示的一句话，你用动作做出判断。对，就用张开的手势表示；错，就用交叉的手势表示）

看谁有自己的发现，做出自己最快的判断，开始！

（1）父亲对鸟的习性十分了解。（一致同意，放下）

（2）父亲很善于观察。（一致同意，放下）

（3）父亲热爱自然。（一致同意，放下）

2. 答案似乎很简单，一致通过！同学们，这都是我们初读课文后的第一感觉，阅读不能仅仅停留在这样初读的感觉上，要学会深入思考。好吧！先来看这句话（课件出示：父亲很善于观察。）思考先从问开始。来，谁会问？

（转述学生的话：①父亲在哪儿观察？②父亲怎么观察？③父亲观察到什么？④父亲真的"善于观察"？）

（预设：①瞧，他已经开始动脑了；②你想了解父亲观察的方法／

结果；③你也开始有自己的想法了；④真的善于观察吗？哇，你太厉害了，敢对大家认同的这句话提出质疑，这可是提问的最高水平。）

3. 孩子们，带上问题，我们跟着作者一起走进他的童年故事去寻找答案吧。（课件：树林，播放轻音乐）

（1）这一个春天的（黎明），什么是黎明？（情境带入：轻声读词）

（2）父亲带着我从（滹沱河：教师简介这条河位于山西，是作者故乡一条河流的名字）河岸走过，来到一片树林边。这是一片怎样的树林呢？（幽深的雾蒙蒙的）（转述部分学生的答案：雾蒙蒙、安静、一眼望不到头、光线较暗）

（3）接下来，我们一起把目光聚焦到父亲的身上（放大镜），你看到了一位怎样的父亲？（转述学生的回答：认真观察的。）这样留心、专注观察的父亲，在我眼中叫——（课件出示：凝神静气）

（4）走着走着，齐读（课件：父亲站定了，朝幽深的雾蒙蒙的树林，上上下下地望了又望，用鼻子闻了又闻。）你感受到了什么？（对话学生：你是从哪里看出来他认真的？显红"望了又望、闻了又闻"字体，出示"望了一眼、闻了一下"，让学生在对比中感受作者观察的认真。）

4. 指导写"鼻"字。观察观察（课件出示鼻的象形字），猜猜，这个象形字是现在的什么字？这个甲骨文代表的是古代的"自"字，古时候的"自"，就是"鼻"。随着汉字的演变，篆文的"鼻"就变成了这样：从鼻子中间冒出了两股气流，最后演变成了现在的"鼻"字。是不是很有趣啊？这个字不好写，认认真真地跟老师一起来写这个鼻字。看准竖中线起笔，先写自字，中间是一个田，要写得小一点，注意这两股气流一撇一竖不能超过中间横的位置。

【要点提示：此环节为次重要环节，用时5分钟以内。教师心中要有培养学生发现问题产生疑问的意识，通过质疑句子，让学生产生阅读的兴趣，带着问题走进课文，引发进一步地思考。】

（三）问 "文" 走进父心

1. 父亲这么认真的观察，他到底观察到什么呢？请同学们默读课文，找一找，把你找到的句子画出来。

2. 你发现了哪些？刚刚同学们发现了这些，（课件出示学生的发现，如下图左边）

父亲	"我"
·"林子里有不少鸟。"父亲喃喃着。	·并没有看见一只鸟飞，并没有听到一声鸟叫。
·父亲指着一棵树的一根树枝对我说：	
·"看那里，没有风，叶子为什么在动？"	·我仔细找，没有找到动着的那几片叶子。
·"还有鸟味。"父亲轻声说，他生怕惊动鸟。	·我只闻到浓浓的苦苦的草木气息，没有闻到什么鸟的气味。

3. 我们来看这三句话，当父亲说这些话的时候，"我"有什么反应呢？

（转述学生的话：①"并没有看见一只鸟飞，并没有听到一声鸟叫。"②"我仔细找，没有找到动着的那几片叶子。"③"我只闻到浓浓的苦苦的草木气息，并没有闻到什么鸟的味道。"）

4. 同学们，现在，我就是林子里的父亲，你们就是文中的我，来。（请个别读，师生演读）

5. 站在父亲身边的你有什么疑问吗？（让学生尽情提问，激发学生问的兴趣，站在学生角度评价：①我听出来了，你感到很奇怪！②你已经走进小牛汉的心里去了；③是呀，真奇怪，为什么我却找不到呢？④的确很令人疑惑，父亲是怎么发现的呢？）

6. 孩子们，让我们一起再来读读父亲说的这几句话，把你们的体会带进去读。

7. 果真如父亲所说的那样？（播放音乐）你听……（课件出示，学生读：父亲和我坐在树林边，鸟真的唱了起来。）我知道父亲此时也最快活，让我们走进童年的父亲，想象他是怎么观察鸟，亲近鸟的吧！

（转述学生猜想：①爬到树上看鸟窝；②靠在树边听鸟唱歌；③吹着哨子和鸟对话；④给鸟喂食……）

多么温馨的画面啊！此时此刻你感受到了一位怎样的父亲？（学生：爱鸟）是啊，小时候爱鸟，长大后也爱鸟。所以牛汉说（课件出示，学生读）"父亲一生最喜欢树林和歌唱的鸟。"

8. 因为喜欢，所以作者才会说"父亲一生最喜欢树林和歌唱的鸟"。正是因为喜欢，在树林边，父亲突然站定，朝幽深的雾蒙蒙的树林上上下下地望了又望，用鼻子闻了又闻。是啊，因为喜欢，每当父亲观察鸟时，他总是凝神静气地像树一般兀立着，他用心感受着林子里的一切，用心地向我讲述着鸟儿的习性。于是，才有了这样一个故事（父亲、树林和鸟）。

9. 小结：同学们，今天我们在思考中阅读（板书：思、读），在阅读中质疑（板画：阶梯），感受到了一位善于观察的爱鸟的父亲。真棒！

【要点提示：此环节为重点段落教学环节，用时8~9分钟。感受生动的语言，积累喜欢的词语。用情境创设法进行教学，教师的语言要

营造出文字中所要表达的画面，在教学时不知不觉地将学生带入语言的情境，进而积累语言。】

（四）结课，留疑

1. 来吧！再做一道"我的发现我判断"。（出示第三题判断题，提示手势）准备！读——判断。你们都是一样的啊！哈哈，想知道老师的选择吗？"是？不是？"

2. 到底是对还是错呢？新的问题又来喽！（板书：问）带着自己不一样的思考，走出课堂，继续阅读（板书：……），相信下节课会有更精彩的分享。

【要点提示：此环节为留疑延伸，用时1分钟。教师在此环节要总结本课学法，并做课外延伸。】

四、板书设计

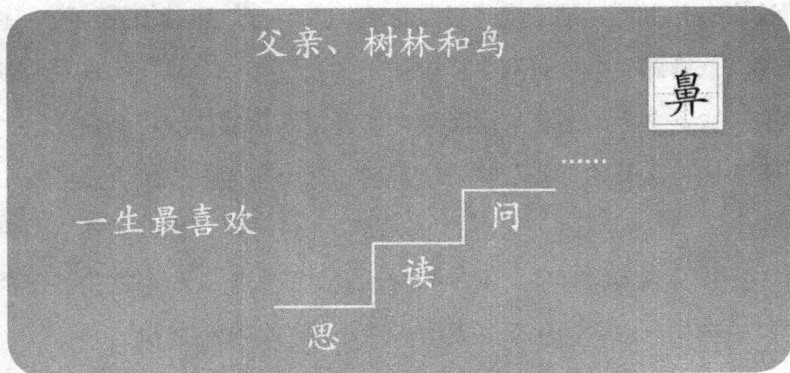

08

统编版三年级上册

《带刺的朋友》

陈瑾 执教

一、扫描文本

《带刺的朋友》曾是统编版小学语文三年级上册第七单元的第二篇精读课文。本单元是围绕"我爱自然，人与自然和谐相处"这一主题安排的。该篇课文是一篇散文，讲述了"我"在一个月夜亲眼看见刺猬偷枣的事情。文章的语言生动有趣，作者用亲切的口吻将刺猬变成"朋友"来叙述，从开始"我"惊讶地发现"那个东西"，接着到监视"那个家伙"，最后到钦佩"聪明的小东西"，这一系列称呼的转变，流露出了"我"对刺猬的喜爱之情。同时，也让我们感受到了这位"带刺的朋友"的机灵与聪明，从而激发读者对小动物的喜爱之情。

二、教学速构

（一）教学内容

课文 4~11 自然段。

（二）教学目标

（1）体会文中生动的语言，积累自己感兴趣的语句，学写"刺"字。

（2）品读语言，感悟文字中流露的"我"对刺猬的喜爱之情，体会作者表达的妙处。

（三）教学重点

体会文中生动的语言，积累自己感兴趣的语句。

（四）教学难点

品读语言，感悟文字中流露的"我"对刺猬的喜爱之情，体会作者表达的妙处。

三、教学流程

（一）初识"朋友"，引出课题

1.同学们，每个人都有自己的"朋友"，说说什么样的人可以称作"朋友"呢？

（转述学生的话：①你说能开心地玩在一起的人，也就是和他在一起感到很开心；②你觉得是可以把秘密告诉他的人；③你认为是愿意帮助你、关心你的人。）

2. 是啊，"朋友"是我们喜欢的人。（板书：喜欢）

3. 今天，这里也来了一位朋友，可是一位很特别的朋友（板书：带刺的），读——带刺的朋友。请注意这个"刺"字，在古时候，它的左边代表有尖刺的植物，后来随着汉字的演变，加入了右边的刀字，表意。举起右手，和老师一起写一个"刺"字。

4. 带刺的朋友，你知道是谁吗？是的，就是"刺猬"，为什么刺猬会成为"朋友"呢？这又是一只怎样的刺猬呢？赶紧走进课文去看个究竟吧！

【要点提示：此环节为导入环节，用时 1~2 分钟。"朋友"是儿童熟悉的词，在生活中经常可见。教师在片段演绎中，用生动的语言唤醒学生对"朋友"这个词意义的认知，朋友就是自己喜欢的、乐于和他在一起的人，再走进课文，产生认知冲突——刺猬可以是朋友吗？文中的刺猬在"偷枣"，为什么能成为"我"的朋友呢？带着好奇心走进课文，激发起学生阅读故事的兴趣。】

（二）发现"朋友"，整理文脉

1. 请同学们默读课文，边读边想："我"在什么时候遇到这位"朋友"，它在做什么，结果怎么样？

2. 同学们都读好了，有的同学已经把问题标注在书上了，十分认真。谁来回答这个问题？（出示课件："我"在什么时候遇到这位"朋友"，它在做什么，结果怎么样？）

（转述学生的话：你说"我"在一个秋天的夜晚遇到了刺猬朋友，它在偷树上的枣，结果是它驮着满背的红枣溜走了。）

3.你把问题连起来一说，就是课文的主要内容了。同桌的两位同学也互相说说：谁在什么时候来到哪儿，做了什么，结果怎样？

【要点提示：此环节为过渡环节，用时 1~2 分钟。教师引导学生带着 3 个问题默读课文，指导学生在回答问题的同时整理出文章的主要内容。在进行片段教学演示时，可以适当设计一些学习障碍，比如学生语言不够简练、学生用词不够准确等，让学生在你的指导下一步步完善问题，讲出故事的主要内容，体现出指导的痕迹。】

（三）亲近"朋友"，感悟语言

1.原来，这位带刺的朋友在偷枣啊！明明是个深夜小偷，怎么能称作"朋友"？刚刚我们说了，"朋友"是我们喜欢的人，那你觉得文中的"我"喜欢它吗？为什么？

（转述学生的话：你觉得"我"喜欢这位朋友，你从这句话看出"我暗暗钦佩：聪明的小东西，偷枣的本事可真高明啊！"）

2.什么是"高明"？

（转述学生的话：①你觉得是本领高超；②你认为是比别人强，有独特本领。）

3.那刺猬偷枣的本领到底"高明"在哪儿呢？再次默读课文 2~10 自然段，标画出描写刺猬偷枣的句子读一读，体会体会。

4.谁来说说你找到了哪些描写小刺猬偷枣的句子？

（学生边说，老师边在课件上出示句子：

①忽然看见一个圆乎乎的东西，正缓慢地往树上爬……

②仍旧诡秘地爬向老树杈，又爬向伸出的枝条……

③那个东西停住了脚，兴许是在用力摇晃吧，树枝哗哗作响……

④树上那个家伙就噗的一声掉了下来。

⑤它匆匆地爬来爬去，把散落的红枣逐个归拢在一起，然后就地打了一个滚儿。你猜怎么着，归拢的那堆红枣，全都扎在它的背上了。

⑥它驮着满背的红枣，向着墙角的水沟眼儿，急火火地跑去了……）

5.同学们，读一读这些句子，找一找描写小刺猬偷枣动作的词，把它们圈画出来。

（学生边说，老师边板书和板画：有爬、爬、爬、摇晃、掉、爬来爬去、归拢、打滚、扎、驮、跑）

6.同学们，谁能根据板书和板画的内容来说说，小刺猬是怎么偷枣的呢？（转述学生的话：略）

7.同学们说得不错。其实通过阅读，我们可以很清楚地知道文中的小刺猬是怎么偷枣的，这样写，不就简单明了地写出了刺猬偷枣的过程了吗？

（出示课件）

①它正缓慢地往树上爬……

②仍旧诡秘地爬向老树杈，又爬向伸出的枝条……

③它停住了脚，兴许是在用力摇晃吧，树枝哗哗作响……

④它就噗的一声掉了下来。

⑤它匆匆地爬来爬去，把散落的红枣逐个归拢在一起，然后就地打了一个滚儿。你猜怎么着，归拢的那堆红枣，全都扎在它的背上了。

⑥它驮着满背的红枣，向着墙角的水沟眼儿，急火火地跑去了……）

（1）这些加点的部分去掉读一读，似乎也能写出小刺猬的偷枣的过程，对吗？何必这么啰唆，简单明了地写不更好吗？谁来说说你的想法？

（转述学生的话：①你觉得去掉这些部分，小刺猬就不那么机灵和有趣了；②你认为有了这些词，小刺猬偷枣的本领就显得更加高明了。）

（2）为什么我们会读出这样的感受呢？来吧，咱们来一次"变身"大体验吧！我们变身为这只小刺猬，想象一下它偷枣时的想法吧。

小刺猬，你为什么要缓慢地往树上爬呀？

（转述学生的话：你觉得夜黑了，而且树很高，得小心一些，爬得太快，要是摔下来可能会被发现的。哈哈，真是只小心翼翼的刺猬啊！）

把你体会到的小刺猬小心翼翼的样子带到句子里有感情地读一读吧！

小刺猬，诡秘地爬，你心里在想些什么呀？

（转述学生的话：①你在想千万不要被发现了；②你在想夜深人静，应该没有人了吧；③你在想得小心点，别坏了大事儿。哈哈，真是一只心思缜密、考虑周到的小刺猬呀！）

来读一读，把小刺猬机灵、诡秘的样子读出来！

小刺猬，你噗的一声掉下来，摔疼了吗？

（转述学生的话：①你说一点都不疼，因为我已摇下了好多枣，可以美餐一顿啦！②你觉得它是故意滑下来的，这样就可以快一点驮着枣回去品尝啦！③你认为这时候还想什么疼，马上就成功吃到枣啦！哈哈，这真是一只聪明绝顶的小刺猬啊！）

来读读这句话，让我们看见这只聪明的小刺猬吧！

小刺猬，你在地上匆匆地爬来爬去，你此时想些啥呀？

（转述学生的话：①你在想，这么多枣，怎么拿回去啊？对了，可以用上我的"宝物"啦！②你觉得刺猬会想上次偷枣也是用这一招，最管用！）

你来读读最后一句话，把它大功告成的开心样子读出来！

8. "变身小刺猬"的阅读体验，让我们切身体会到了它偷枣的高明。同学们，再对比一下，这几句话与之前课件展示的有什么变化呢？

（转述学生的话：你说文中作者是这样称呼它的——那个东西、那个家伙、聪明的小东西，老师全改成"它"了。）

9. 明明是一只动物，本来就要用表示动物的"它"呀，作者是不是写错啦？

（转述学生的话：①你说不是，因为作者把小刺猬当成了"人"来看待；②你觉得在作者的眼中，它和人一样聪明；③你从这些称呼中读出了作者对它的喜爱啊！）

10. 让我们带着对这位"朋友"的爱，一起再用朗读来读出它的高明吧！

（齐读六句描写刺猬的话。）

【要点提示：此环节为重点段落教学环节，用时 10 分钟。教师从"高明"入手，引导学生找出描写刺猬偷枣的句子，在对比中发现，作者描写刺猬偷枣的过程中运用了很多精彩的形容词，巧妙地运用换位思考的阅读策略，让学生变身为"小刺猬"体会偷枣时的心情与想法，从而理解"高明"之意。】

（四）回顾"朋友"，引发再思

1. 同学们，这些加点的词语，很多都是从"我"的视角去观察，去体会的，那"我"在观察这位"朋友"的过程中心情又有了哪些变化呢？

2. 大家可以找出描写"我"心情变化的句子，也用"变身阅读体验法"体会一下我对"朋友"的不同感受。下节课，咱们再交流。

【要点提示：此环节为结课环节，用时 1 分钟。教师总结学法，让学生将阅读的视角转换到"我"的身上，从而继续阅读，进一步感受"我"的心情变化，深入体会"我"对"朋友"的喜爱之情。】

四、板书设计

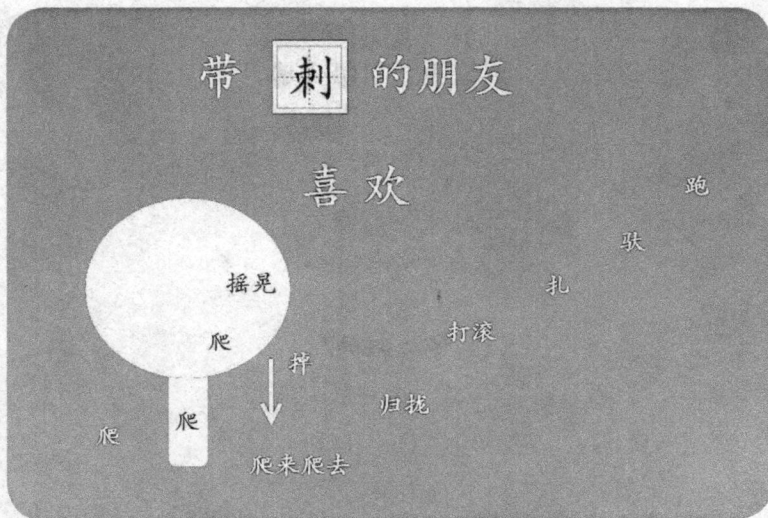

09

统编版三年级上册

《掌声》

吴爱芳　执教

一、扫描文本

　　《掌声》是统编版小学语文三年级上册第八单元中的第二篇精读课文，是一篇言简情浓的散文，字里行间充满了人与人之间的关爱、鼓励和尊重，蕴含着丰富的人文内涵。文章语言质朴，却饱含充沛的情感。读着课文，就仿佛看到英子在掌声的激励下，鼓起了生活的勇气，微笑着面对生活；读着课文，就会被人与人之间的温暖、关爱和相互鼓励感动；读着课文，就会被爱包围，精神得到唤醒，心灵得以润泽。课文朴实无华，却将一个感人的故事娓娓道来，让人感受到人性的美好，带给我们希望和力量。

二、教学速构

（一）教学内容

课文 2~4 自然段。

（二）教学目标

1. 正确、流利、有感情地朗读课文。
2. 理解课文内容，通过语言和动作的描写体会英子的心理变化。
3. 通过联系上下文体会掌声里的深刻含义，从而懂得并愿意主动关心、鼓励他人。

（三）教学重难点

引导学生带着问题默读，理解课文的意思，通过语言和动作的描写体会英子的心理变化，理解掌声的内涵。

三、教学流程

（一）谈话复习，过渡引入

1. 掌声是一首美妙的歌，能唤起人们的勇气！掌声是一朵芳香的花，能够使人振奋！掌声是一轮早晨的太阳，能给我们带来温暖！这节课，我们就继续来学习第 25 课《掌声》，齐读课题。

2. 通过上节课的学习，你知道文章写了几次掌声？同学们给英子掌声的句子在哪里？翻开书本第 103 页，快速找出来。

3. 请看课件：

句一　就在英子刚刚站定的那一刻，教室里骤然间响起了掌声，那掌声热烈而持久。

句二　故事讲完了，教室里又响起了热烈的掌声。

全班一起齐读这两句话吧。

【要点提示：此环节为导入环节，用时 1 分钟。教师通过谈话复习，直奔题眼，从两次掌声入手，导入新课，让学生带着对掌声的好奇心走进文本。】

（二）走近人物，体会内心情感

1. 同学们为什么两次给英子掌声呢？这节课，我们就一同走进人物内心，感受那至真、至纯的同学之爱。请带着问题默读课文的第二、三自然段，拿起笔，用横线标画出描写英子动作、神态的句子。再读几遍，圈出描写英子动作的词语。

2. 你标画出了哪些描写英子动作和神态的句子？

（转述学生的话：你找到的是这一句。出示句子——轮到英子的时候，全班同学的目光一齐投向了那个角落，英子立刻把头低了下去。）

（1）齐读。这里哪个字是写英子的动作的？

（转述学生的话："低"了下去。）

（2）此时此刻，英子立刻把头低了下去，这是怎样的心情呢？

（转述学生的话：害怕、紧张、自卑……）板书：自卑

（3）如果你就是那个自卑的英子，当时你会想些什么？

（转述学生的话：①你害怕同学们的嘲笑；②你在担心老师会不高兴，担心老师的批评。）

（4）指导朗读：英子的内心一定是矛盾的，谁来把你的体会放进句子里读一读？

（5）小小的一个低头的动作，我们体会到了英子的自卑、紧张，可见抓住人物的动作进行描写，就能使读者体会人物的内心情感。

3.谁还找到了哪个句子？

（转述学生的话：你找到的是这个句子——英子犹豫了一会儿，慢吞吞地站了起来，眼圈红红的。）

（1）这里的动词是？

（转述学生的话：站）注意是怎样的站？再读"慢吞吞"，不够慢，再慢点读它，"慢——吞——吞——"

（2）英子为什么这样慢吞吞呢？

（转述学生的话：因为英子非常犹豫。）"犹豫"是什么意思？你怎么知道"犹豫"是拿不定主意呢？在预习时遇到不懂的字词，要学会借工具书来理解，这是一种读书的好方法。

（3）此时此刻，犹豫的英子拿不定什么主意呢？

（转述学生的话：要不要上台。）看，要理解一个词，可以联系上下文来读书，学会"瞻前顾后"。

（4）英子为什么不愿上台呢？请同学们快速读第一自然段，谁能最快找到英子不愿意上台的原因。

（转述学生的话：走路姿势不好看的她，怕上台会被嘲笑，被歧视，被看不起……）同学们都说到英子的心坎里去了。

（5）的确，英子多么怕上台啊！那她可以不上台吗？为什么？第二自然段中讲了两个原因，你能找到吗？

（转述学生的话：①你真会读书，原来老师是新调来的，不明白情况！②是啊，全班"轮流"，英子能少得了吗？）

（6）文中哪个神态描写充分表现了英子此时的情感？

（转述学生的话：眼圈红红的。）抓住人物的动作和神态，能更好地了解人物的内心和情感。

（7）此时英子红红的眼圈表明她在想什么？

（转述学生的话：①偏偏是刚调来的新老师不了解情况，没办法解释，还得上台去，多么委屈；②明明不愿意上台却必须面对，多么矛盾，多么无奈！）

（8）（引读）

多么矛盾的英子啊，读——

多么无奈的英子啊，读——

多么委屈的英子啊，读——

【要点提示：此环节是体会人物的内心世界，用时4~5分钟。课标对中年级的要求是：能联系上下文，理解词句的意思，体会文中关键词在表情达意上的作用，为此，上课时，教师须特别强调读书要瞻前顾后，联系上下文。这样，学生自然而然地就走进了英子的内心世界。】

（三）角色换位，倾听掌声内涵

1. 听着你们的朗读，我仿佛看见了那矛盾的英子正一摇一晃地向讲台走去。就在英子刚刚站定的那一刻，教室里骤然间响起了掌声，那掌声热烈而持久。听啊，那掌声——热烈而持久！

2. 同学们，你们知道"骤然间"是什么意思吗？

（转述学生的话：突然间、刹那间、出其不意的。）

3. 同学们，现在我就是那个内心充满矛盾、一摇一晃地走上讲台的英子，给我一阵热烈而持久的掌声吧！哇，同学们这样热烈持久的掌声，想告诉英子什么呢？请联系文中第一自然段和第三自然段中的相关内容来讲。

（转述学生的话：①我听见了，你不会嘲笑英子；②你在给英子加油，我们相信你能行，你也要相信你自己……）

4. 你们的千言万语汇成了一个词，那是对英子的？

（转述学生的话：欢迎、支持、鼓励……）同学们，这就是我们的读书体会，拿起笔来，在第一次掌声句子旁边记录下来。（板书：鼓励）

5. 在你们的鼓励下，英子成功地讲述了自己的小故事，教室里又响起了热烈的掌声。这第二次的掌声，你们又想告诉英子什么呢？请像刚才那样联系上文来说一说。

（转述学生的话：①你觉得英子虽然身体有残疾，但能力很强；②你觉得英子故事讲得很好，我们都听得入迷了……）

6. 这千言万语都是对英子的？

（转述学生的话：表扬、鼓励、夸奖、赞赏……）这是我们的读书体会，也像刚才那样记录下来吧。（板书：赞赏）

7. （指着板书）小结：看，这两次的掌声，饱含着同学们对英子的鼓励和赞赏……

【要点提示：此环节是让学生体会两次掌声包含的深刻含义，用时2~3分钟。通过角色换位，让学生联系文中内容来说一说：这样热情持久的掌声，想告诉英子什么呢？引导学生学会联系上文来品味人物的内心，倾听掌声的内涵。】

（四）品赏词语，感受人物变化

1. 英子领会到了同学们两次掌声的用意吗？看（展示课件：英子向大家深深地鞠了一躬，然后，她又一摇一晃地走下了讲台。）同学们，英子此时的"一摇一晃"和上台时的"一摇一晃"一样吗？

（转述学生的话：不一样。）

2. 她的走路姿势是一样的，但是这上下台时"一摇一晃"的内心感受不一样，对吗？是怎样的不一样呢？

（转述学生的话：上台前的"一摇一晃"，英子感到紧张、害怕；下台时的"一摇一晃"，英子是自信的。）

3. 上下台"一摇一晃"的神态一样吗？嗯，你说上台时是低着头，眼圈红红的，下台时呢？

（转述学生的话：昂首挺胸，面带微笑……）此刻的英子是多么自信啊！（板书：自信）

同样的路程、同样的走路姿势，可英子却在掌声前后走出了不一样的心情、不一样的人生。

4. 掌声给英子带来的仅仅是上台和下台的变化吗？还有哪些变化呢？快速默读第四自然段。

（转述学生的话：以前的英子有些忧郁，现在的英子是多么开朗。）（板书：忧郁，开朗）仅仅是讲故事前后的变化吗？

5. 看吧，上了中学的英子给作者来信了。（出示课件，齐读）再读最后一句话，掌声给英子带来的还有什么变化？的确，那是人生观的变化啊。（板书：画长箭头符号）

6. 学到这儿，你觉得同学们送给英子的仅仅是掌声吗？那是什么？（手指板书）这是鼓励，这是赞赏，这更是？是啊，这一切的一切化成一个字，那就是同学们对英子的？（爱）（板书：用红笔画一颗心）（指着爱心）正是这份爱，使英子重新扬起自信，鼓起勇气，微笑地面对生活。

【要点提示：此环节是体会掌声使人物发生的变化，用时2~3分钟。通过比较前后两个"一摇一晃"，在读读说说中与文本对话，进而感受人物深层次的变化，在拓展延伸中升华爱的情感。】

（五）拓展延伸、升华爱的情感

1. 当英子忧郁、自卑时，同学们用掌声给她送去了关爱。生活中，我们还能用什么方式给他人送去关爱呢？模仿句式说话。

爱就是＿＿＿＿＿＿＿＿＿＿＿＿＿＿＿＿＿＿＿＿＿＿＿＿。

（转述学生的话：①爱就是那一阵热烈的掌声；②爱就是那一双温暖的小手。）

2.同学们，你们就像一个个小诗人。让我们把你一言我一语连起来，那就是完整的诗歌啦！我来开个头。

生活中，爱无处不在。是的，爱就是——

爱就是那一阵热烈的掌声，

爱就是那一双温暖的小手，

爱就是那一杯热腾腾的茶水……

3.爱还会是什么？拿起笔来，把流淌在你心中的感动写下来吧。

【要点提示：此环节为拓展延伸，用时2分钟。课末层层引导，让同学们把心底的感动写下来。生活中，爱无处不在，爱就是那一阵热烈而持久的掌声，给同学们留下了海阔天空的言语表达空间和意犹未尽的"绕梁余音"。本文诗意盎然，使学生继续潜心沉浸于课文的语境之中，徜徉于爱的长廊里。】

四、板书设计

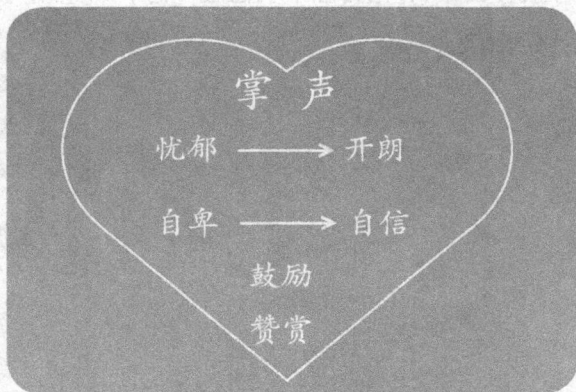

掌声

忧郁 —→ 开朗

自卑 —→ 自信

鼓励
赞赏

10

统编版四年级上册

《走月亮》

陈瑾　执教

一、扫描文本

　　《走月亮》是统编版小学语文四年级上册第一单元的第二篇精读课文，是一篇充满美好画面与情感的散文。读着课文，你会情不自禁地随着吴然先生的文字走进那个夜晚，走进那充满诗情画意的月光下，走进"我"和阿妈走月亮的美妙情境中……作者将情感寄托在月光下的每一幅画面中，月、人、景、情自然地交融在一起，营造出一幅美妙、幸福、和谐、温馨的画面。

二、教学速构

（一）教学内容

课文 1~4 自然段。

（二）教学目标

1. 正确、流利、有感情地朗读课文，学写"卵"字。

2. 边读边想象画面，读中品味语言的美，感受月光下美丽的景色，感悟文中温馨、快乐、幸福的亲情与乡情。

（三）教学重难点

边读边想象画面，读中品味语言的美，感受月光下美丽的景色，感悟文中温馨、快乐、幸福的亲情与乡情。

三、教学流程

（一）诗中显"月"，引课题

1. 同学们，夜幕降临啦，老师请来了一位好朋友，（板书：月亮）瞧，它是谁？读——月亮。

2. 月夜静静的，月光柔柔的，再读——月亮。

3. 读着，读着，你仿佛看到什么样的画面呢？

（转述学生的话：①你看到了八月十五，一家人围坐在院子里赏月的画面；②你看到了月光下，池塘里小鱼儿玩耍的画面。）

4. 中国的文字就是有这样神奇的魅力，每一个字、每一个词、每一句话的背后都会有不一样的画面！

5. 说起月亮，我们都很熟悉。从古至今，它博得了万千宠爱。瞧，它藏起来了，藏在这儿——举头望明月，低头思故乡；藏在这儿——明月松间照，清泉石上流；藏在这儿——月出惊山鸟，时鸣春涧中；还藏在这儿——明月别枝惊鹊，清风半夜鸣蝉。

6. 是啊，月亮总是能带着我们走进不一样的画面，月亮总是能唤醒我们美好的回忆。作家吴然先生今天也要带着我们走近月亮，（板书：走）走进他美好的回忆！一起读课题——走月亮。

【要点提示：此环节为导入环节，用时 1~2 分钟。教师需用唯美、舒缓的语言将"月亮"很自然地引出，把学生带入有"月亮"的生活场景中，打开想象的大门，不知不觉地走进文本。】

（二）题中问"月"，激情趣

1."走月亮"，初次读到这个题目的时候，你有什么疑问呢？

（转述学生的话：①什么是"走月亮"呢？②月亮明明高挂在天上，怎么可以走起来呢？）

2. 有了疑问就有了阅读的兴趣，带着疑问与探究的兴趣赶紧走进课文吧！

【要点提示：此环节为过渡环节，用时 1 分钟以内。教师心中要有培养学生产生疑问的意识。通过质疑课题，让学生产生阅读的兴趣，带着问题走进课文，引发进一步的思考。】

（三）文中寻"月"，想象读

1. 请同学们自由读课文的 1~4 自然段，边读边想：你看到了月光下哪些美妙的画面呢？

2. 谁来说说读着文字你看到了什么画面？

（转述学生的话：①你看到了一轮又大又圆的月亮从洱海升起来了；②你看到它照亮了整个村子；③你看到了阿妈牵着"我"在月光下走的画面；④你看到了月光下溪水流动的画面。）

3. 同学们，真会读书！在读中走进文字，看到了美丽的景（板书：景），还看到了景中的人。（板书：人）

4. 那就让我们赶紧走进那个秋天的夜晚，走近月光下的洱海。站在洱海边，看看月亮升起来的美妙画面吧！请你来读——（秋天的夜晚，月亮升起来了，从洱海那边升起来了。）

5. 看到这么大、这么亮的月亮，如果此时的你也站在洱海旁，你的心情是怎样的？

（转述学生的话：①你兴奋极了！②你不禁感叹：月亮太美了！）

6. 让我们带着这样的感受一起读吧！

7. 看着这么明亮的秋月，大家总是会产生很多有趣的遐想，说说你会想什么呢？（转述学生的话：①你觉得月亮像月饼真想咬一口。哈哈，真有趣！②你真想把月亮摘下来当镜子。你的想法也很有意思！）

8. 瞧，吴然爷爷是这样想的，读——是在洱海里淘洗过吗？

9. 什么是"淘洗"呢？"淘洗"就是反复清洗的意思。在生活中，我们经常把米拿来淘洗。看！（出示课件）被水淘洗过的米显得那么干净润泽，而被淘洗过的月亮呢？

（转述学生的话：①特别明亮；②特别透亮。）

10. 月光照亮了哪儿呢？是的，照亮了高高的——（生：点苍山），照亮了——（生：村头的大青树），也照亮了，照亮了——（生：村间的大道和小路）。

11. 瞧，调皮的月亮会变魔术。这么一变，你发现了什么？

（出示课件）

照亮了高高的点苍山，

照亮了村头的大青树，

也照亮了，

照亮了村间的大道和小路……

12. 哇，很多同学都有了自己的发现了！

（转述学生的话：①你发现读起来像首小诗，"照亮了……照亮了……"，真好听；②你发现了这里的"照亮"是有顺序的，是从远处的景物慢慢照向近处；③你发现了读着读着，月光好像在移动、在漫步。）

小结：同学们很会想象！阅读就是这样，学着把文外的"我"变成文中的"我"，走进文字中的画面，就会有自己独特的感受。让我们想象月光移动的美丽画面，再读——（重复读课件中的句子。）

13. 穿越文字，就穿越了时空。同学们，让我们把自己变成文中的"我"，在那个秋天的夜晚，在那片透亮的月光下，和阿妈走月亮去吧！

（1）在柔和的月光下，你闻到了"细细的溪水……"（生：流着山草和野花的香味，流着月光。）你还看到了"灰白色的鹅卵石……"（生：布满河床。）哟，走近一看，我们又看到了"哟，卵石间……"，（生：有多少可爱的小水塘啊，每个小水塘，都抱着一个月亮！）

（2）（出示课件）瞧，这就是塘边的鹅卵石，依偎在一块，多像两个小蛋。古代象形字的"卵"就像昆虫在叶片上产下的两粒蛋。看，"卵"字就是这样慢慢演变而来的。古人在写这个"卵"字时，为了使汉字更美观、书写得更顺畅，所以在写右边的部分时，是先写横折钩，再写竖，最后写点的。来，跟老师一起写一个"卵"字，注意书写的笔画顺序。

（3）透过文字，变身为文中的"我"，也许你现在就站在小水塘边，你会和阿妈、小伙伴们做些什么呢？又会看到些什么、听到些什么？默读第四自然段，可以闭上眼睛回想回想。在小水塘边你看到什么？听到什么？想到什么？

（转述学生的话：①你看到了月光下你和小伙伴在玩"捞月亮"的游戏啊，真是有趣；②你听到了阿妈给你讲关于月亮的故事啦，故事真好听；③你想跳进溪里戏水玩耍啦！）

小结：同学们，我们读着想着，渐渐走到文字中，变成文中的"我"，随着作者闻到了花香，感受到了母亲的爱，体会和母亲在一起的快乐，感受到童年里美好的时光。这一幅幅画面就藏着作者对童年的怀念与热爱啊！我们要学会用眼看，用鼻子闻，用手摸，用耳听，结合感受去想象文字中的画面，把所有的画面连接起来，一起再来感受这幸福快乐的月下时光吧！读——

【要点提示：此环节为重点段落教学环节，用时10分钟。"边读边想象画面，感受自然之美"为本单元的语文要素之一，为落实此训练点，教学中以文外"我"走进文内"我"的阅读策略，使用情境创设法，教师的语言要营造出文段所要表达的画面，在教学中不知不觉地将学生带入语言的情境，想象语言画面，体会月光下那幸福的童年时光。】

（四）言中悟"月"，明写法

1.同学们，吴然爷爷看到月亮就会想起慈爱的妈妈，读——"啊，我和阿妈走月亮！"吴然爷爷看到月亮就会想起美好的童年，读——"啊，我和阿妈走月亮！"几十年后的吴然爷爷看到月亮就会想到自己的家乡，读——"啊，我和阿妈走月亮！"

2.我和阿妈走月亮！这一幅幅美妙的画面，不仅是作者用眼看、用文字记录下的，更重要的是用心抒写下的难忘情意。今天我们尝试着从文外走进文内阅读，这种走心式阅读法让我们想起了月下的人，走进了月下的景，感受到了月中的情。大家可以继续用这个阅读法，去寻找吴然爷爷文章中月光下更多美妙的画面吧！

【要点提示：此环节为总结延伸，用时 1 分钟。教师在此环节要总结板书内容，并提炼学法，将走心式阅读法延伸至课文后半部分的学习，引发学生阅读的热情，继续在阅读中感悟走进文字、想象画面、体悟情感的阅读之乐。】

四、板书设计

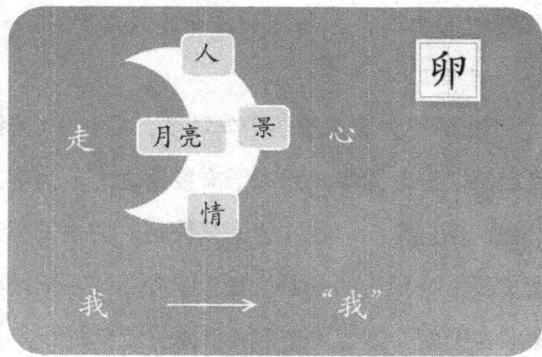

11

统编版四年级上册

《夜间飞行的秘密》

陈瑾　执教

一、扫描文本

　　《夜间飞行的秘密》是统编版小学语文四年级上册第二单元的第二篇精读课文，是一篇科普知识短文。课文主要讲了科学家通过反复实验，发现了蝙蝠能在夜间安全飞行的秘密，经过进一步研究，从中受到启发而发明了雷达。文章的语言简洁明了，层次清晰，描述准确，体现了科普文的特点。本文作为"提问策略"单元的选文，在编排时，页面的一侧留下了空白及部分问题，让学生在读与思中，练习如何提问。

二、教学速构

（一）教学内容

课文 1~6 自然段。

（二）教学目标

（1）借助图片、联系生活认识"蝙、蝠"，借助写字经验，正确书写"横、竖"字。

（2）根据提问策略，学会从内容、写法、联系生活经验的角度提出问题。

（3）通过读、思、问、说等语文实践活动，感受科学家进行科学实验的执着与严谨的态度。

（三）教学重难点

根据提问策略，学会从内容、写法、联系生活经验的角度提出问题。

三、教学流程

（一）从"问"聊起，引出课题

1. 同学们，今天我们来学习什么呢？（板书：学"问"），对，今天咱们就要来学"问"。

2. 有的同学笑了，觉得"问"怎么学，有啥好学的！你们知道吗，"问"可是一种非常厉害的学习能力，它也是我们大脑很自然的一种反应，不信，你看——咱们今天要学的《夜间飞行的秘密》原来名为《蝙蝠和雷达》。（板书两个课题）

3. 看到这两样事物放在一起，你肯定有自己的疑问了吧？

（转述学生的话：蝙蝠长什么样？雷达是什么呢？）

4. 真好！问题来了，不懂就要问！同学们，请看（手指课件：图片），这是"蝙蝠"，别看这俩字是虫字旁，它可是一种哺乳动物，头部和躯干像老鼠，四肢和尾巴之间有皮质的膜，不长羽毛。它视力很弱，却能在夜间飞行。再请看，这就是"雷达"，它能够定位，帮助飞机等安全飞行。

（转述学生的话：你的手又举起来，说明又有问题产生了。你想问一个动物和一个机械设备怎么能放在一起？它们有什么关系呢？）

5. 问得好，他关注了一个"和"字。"和"是连接词，把两样毫不相干的事物联结在了一起，它们之间又有什么关系呢？新课题《夜间飞行的秘密》到底是什么秘密呢？

6. 小结：看来从题目开始，阅读的思考就开始了。那我们还可以怎么提出自己的问题，在阅读中更深入地思考呢？赶快打开书，走进这篇科普短文好好去学"问"吧！

【要点提示：此环节为导入环节，用时1~2分钟。教师用一个有意思的说法——学"问"，巧妙地打开学生的学习之门，让学生在教师的带领下饶有兴致地走进本课。教师在演绎时语言的激趣语调很重要，要激发起学生的学习热情。】

（二）用"问"搭桥，创设情境

1. 同学们，打开书默读课文，边读边思考：蝙蝠和雷达有怎样的联系呢？

（转述学生的话：你找到了文中的这句话——在漆黑的夜里，飞机是怎么做到安全飞行的呢？要想了解其中的秘密，我们可以从蝙蝠说起。）

2. 你能将这句话变成自己的理解说一说蝙蝠与雷达的关系吗？

（转述学生的话：科学家从蝙蝠身上得到了启示，发明了雷达，使飞机在夜间也能安全飞行。）

3. 是呀，科学家真厉害！从蝙蝠身上有了发现，就开始了进一步的研究与思考。他们从蝙蝠身上发现了什么呢？现在就让我们化身为"小小科学家"，来一次有趣的研究之旅吧！

4. 默读课文3、4、5自然段，小小科学家们，边读边尝试着写下自己的问题，待会儿在学习小组里和同伴们讨论交流！开始吧！

【要点提示：此环节为过渡环节，用时1~2分钟。教师让学生理清蝙蝠和雷达的关系之后，进行了对文本整体的感知，接下来要创设出儿童喜欢的"科学家"研究情境，让孩子转换为"科学家"的角色，走进文本，使学习成为快乐的探究之旅。】

（三）以"问"启思，学习问法

1. 老师刚刚参与了好几个小组的学习，第三组的同学也像科学家一样提出了自己开展科学研究的问题，请分享分享。

（转述学生的话：为什么蝙蝠在夜间飞行还能捕捉虫子？为什么蝙蝠在夜间飞行还能灵巧地避开极细的电线？）

2. 第三组同学的提问主要是根据第三段的内容进行了提问。（板书：内容）

3. 第四组同学的讨论也很热烈，请分享一下你们的问题。

（转述学生的话：为什么作者不直接向我们介绍飞机的雷达有什么功能，再告诉我们他们是怎么发明出雷达的？）

4. 真好！大家发现了吗？第四组同学已经对"写法"提出了质疑，作者为什么这么写？这也是我们在阅读时可以提出问题的角度。（板书：写作）

5. 科学家们到底是怎么展开实验，最后得出可靠结论的？我们一起走进课文3、4自然段，好好读读。如果你是科学家，你会怎么来介绍你的第一次实验过程？这可是一次有难度的挑战，认真默读，尝试着介绍介绍！开始吧！

6. "科学现象发布会"开始啦！小小科学家们，谁第一个来挑战，介绍一下你是怎么开展第一次实验的？其他的科学家们要仔细听，对他的介绍提出问题。

（转述学生的话：①好的，问题来了！这位同学想问科学家为什么要横七竖八地拉许多绳子，还要许多铃铛？②为什么要把蝙蝠的眼睛蒙上？③为什么要飞几个钟头？）

7. 原来所有的一切都是为了科学实验的严谨性，只有将"横七竖八"的绳子作为障碍物，才能更好地检测出蝙蝠夜间安全飞行的能力；同样也是因为有许多绳子和铃铛，才能加大蝙蝠撞上的概率，使实验更具有说服力。"蒙上眼"就是为了检测蝙蝠夜间安全飞行的能力。

8. 同学们，请注意这两个字"横"和"竖"，一个是左右结构，一个是上下结构。请拿起笔和老师一起书写，做到横平竖直，书写正确、工整。

9. 同学们学会联系自己生活的经验提出问题，像科学家一样边读边做边思考，真是太棒了！（板书：生活）

10. 科学家们又做了两次实验。现在，就请我们班的小小科学家们在老师给你们课前准备的"科学实验记录单"上写下其中一次实验的过程吧！注意：边写边思考，为什么我要这么做？我应该怎么做才能使实验更具有科学性、严谨性？我应该怎么展开才能使科学结论更有说服力？开始写吧！

11. 大家都写好了，请一些小小科学家来分享一下各自的实验过程吧！其他小小科学家可要注意听，可以在听完之后提问。

（转述学生的话：这位同学是这样记录的——①科学家们又展开了第二次实验。他们把蝙蝠的耳朵塞上，关进一间房子里。房子里横七竖八地拉了很多绳子，绳子上系着大大小小的铃铛，让它在屋子里飞上好几个钟头。结果蝙蝠就像无头苍蝇似的到处乱撞，铃铛被撞得当当响；这位同学记录的实验过程是这样的——②科学家开始了第三次实验。他们把蝙蝠的嘴封住，把它关进一间布满绳子的房间，绳子上到处都挂着铃铛，蝙蝠在房间里一起飞就撞到了铃铛。）

【要点提示：此环节为重点段落教学，用时 10 分钟。教师带着学生展开一场"科学家探究之旅"，演绎时的关键是把学生的学习热情激发出来。注意学习方式的多样化：个别说、小组议、现场问等，在片段中要通过生动、形象的演绎呈现出来。】

（四）总结"问"法，延伸思考

1. 同学们，三次实验最后证明了什么呢？是的，蝙蝠夜间飞行，靠的不是眼睛，而是嘴和耳朵配合起来探路。

2. 根据这句话，你一定又有了新的问题。

（转述学生的话：是呀，蝙蝠是怎么用嘴和耳朵配合探路的呢？）

3. 随着文本内容的呈现，我们的大脑会不断产生问题。这节课，我们学"问"，可以从内容、写作、生活经验方面进行发问，用读、思、议的方法来解决问题。（板书：读　思　议）

4. 同学们，只要你在阅读中爱问、善问、会问，你就会把你的思考变成许多的"学问"，（板书：擦掉双引号，变为——学问）。走出课堂，继续阅读、继续思考、继续提问吧！

【要点提示：此环节为总结学法部分，用时 1~2 分钟。教师把板书上关于"问"的方法再次进行提炼，对于"学"的方法也进行了梳理，最后巧妙地将课前的板书关键词——学"问"，变为了——学问，指明了在阅读中思考的重要性。】

四、板书设计

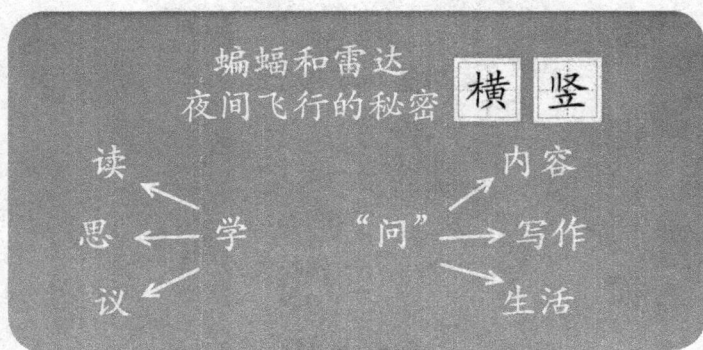

12

统编版四年级上册

《盘古开天地》

赖艳红　执教

一、扫描文本

《盘古开天地》是统编版小学语文四年级上册第四单元的第一篇精读课文，是一篇极富想象力、文字叙述具体而生动的神话故事。《盘古开天地》全文按照事情发展的顺序，讲述了一个叫"盘古"的巨人，用斧头开天辟地，然后头顶着天，脚踏着地，最后化作万物，创造了美丽世界的神奇故事，展现了盘古顶天立地、无私奉献、勇于创造的英雄气概。故事充满神奇的想象，让人觉得不可思议。

二、教学速构

（一）教学内容

课文 2~4 自然段。

（二）教学目标

1. 正确、流利、有感情地朗读课文，学写"劈"字。

2. 从语言文字中感受神话故事的神奇色彩，了解故事的起因、经过、结果，学习把握文章的主要内容。

（三）教学重难点

了解故事的起因、经过、结果，学习把握文章的主要内容，感受神话中神奇的想象。

三、教学流程

（一）图片导入，揭课题

1. 同学们爱读故事，今天，老师给大家带来一组神话故事，你们猜猜故事的名称——

（转述学生的话：《夸父逐日》《女娲补天》《八仙过海》《后羿射日》。）

2. 很棒！今天，老师要带领大家再来学习一篇神话故事，读——《盘古开天地》。

3. 同学们，仔细看看这些神话故事的名称，你们发现了什么？

（转述学生的话：①都讲了人物在做什么；②一看题目就大概知道了文章的主要内容。）

4. 是的，想快速了解课文的主要内容，有时我们可以从题目得知。（板书：题目得知）

【要点提示：此环节为导入环节，用时2分钟。教师需要用热情、激扬的语气调动学生读故事的积极性，让学生进入神话故事的世界，让学生知道概括课文的一种方法——由题目入手概括。】

（二）初读文本，学概括

1. 有人说，读书的一个很高的境界就是把一篇课文读成一句话，你们能从文章中找出这样的一句话吗？请同学们快速阅读课文。

2. 你们找到了哪句话呢？（出示课件：伟大的巨人盘古，用他的整个身体创造了美丽的世界。）

3. 非常棒！这样凝练的句子我们把它称为——"中心句"，它一般出现在课文的什么地方？

（转述学生的话：开头或者结尾。）

4. 只要我们找出了课文的中心句，文章的主要内容也就浮出水面了。这也是我们概括课文主要内容的一种方法。（板书：找中心句）从这句话中，我们也可以得知故事的结果：盘古创造了美丽的世界。

5. 如果把这句话读成一个词语，你会读成哪个词？（学生：创造）盘古为什么要创造？他是怎样创造这个美丽世界的呢？

【要点提示：此环节为过渡环节，用时3分钟，让孩子复习从抓中心句入手，初步了解概括课文主要内容的方法，并通过质疑课题，让孩子带着问题走进文本。】

（三）走进文本，知情节

1. 在盘古创造这个世界之前，世界是怎样的？（学生：混沌）什么叫"混沌"呢？

（转述学生的话：①你通过近义词来理解，混沌就是模糊不清，它的近义词是"浑浊"；②从两个三点水，你结合生活实际，知道了"混沌"就是像下雨天的泥水那样模糊不清的样子。）

2. 你们的头脑中出现了怎样混沌的世界？到处模糊不清，不能清楚看到样子的世界。哦，你还会结合下文的"周围黑乎乎一片"，想象伸手不见五指，让人感觉很压抑。

3. 在这样压抑的世界中沉睡了一万八千年的盘古，醒来时看到这样一个混沌的世界，于是他想开天地，这是故事的——起因。

4. 那盘古是怎样开天地的？请同学们默读课文的2~4自然段。

同学们，盘古醒来看到这个混沌的宇宙，他毫不犹豫地做了哪两个动作？（学生：拿、劈）"拿"这个字在原先的课文里是"抡"，你们知道编辑老师为什么要改成"拿"吗？

（转述学生的话：①拿起斧头对盘古来说是件轻而易举的事，"拿"字更能显得盘古的力气大；②你会联系上下文来理解，只有在斧头拿起来没那么吃力的情况下，才能用尽全力地劈。）

5. 同学们，真会读书！（出示课件——劈）"劈"是形声字，上面这个部件在古代表示砍头，底下是个"刀"字，表示用刀斧将物体破开。看，"劈"就是这样慢慢演变而来的。仔细观察这个字，我们可以怎样把它写得更美观？是的，上面的笔画比较多，应该写得紧凑一些，下面的笔画较少，但为了把上面的部件托稳，应该写得稍大一些，这样刀才能拿得稳。来，跟老师一起写"劈"字，注意书写的笔画顺序。

"劈"字写出了盘古的力大无穷，写出了盘古下定决心开天地的气势。我们可以用四个字来概括这个自然段的大意。很好，"开天辟地"。这个故事也是这个成语的由来。

6. 盘古拿起斧头猛劈后，天地发生了神奇的变化，读——（出示课件："轻而清的东西，缓缓上升，变成了天；重而浊的东西，慢慢下降，变成了地"。）你们发现了哪些文字的秘密？

（转述学生的话：①你发现了三组反义词，轻对重；清对浊；上升对下降。一组近义词，缓缓对慢慢；②句子中的词语不仅对应，前后两个句式也是一样的；③这样的句子读起来不仅让听故事的人容易理解，而且感觉很有趣、很神奇；④从"缓缓"和"慢慢"感受到了盘古开天地的艰难。）

【要点提示：此环节为片段教学的重要环节，用时 8 分钟。四年级一个重要的学习能力是会通过抓关键字，感受文字背后的深刻含义。教师要有意识地对这个能力进行训练。】

（四）品读故事，悟神奇

1. 同学们发现了不少文字里都藏着小秘密，你们不仅会听故事，还会品故事。你们发现了吗？大家喜欢神话故事正是因为它有神奇的语言魅力。

2. 你们从 1、2 自然段中感受到故事的神奇了吗？

（转述学生的话：①盘古在混沌中睡了一万八千年，太神奇了，竟然可以睡这么久而不醒；②盘古才一个翻身坐了起来，竟然让"大鸡蛋"裂了一个缝，盘古这个巨人大得令人难以想象；③在盘古的身边竟然刚好有一把斧头，让他劈开这个"大鸡蛋"，神奇；④盘古拿起斧头，就可以把这个"大鸡蛋"给劈开。这得多大的斧头呀，令人难以想象，太神奇了；⑤盘古的斧头一劈开，天地间就发生了神奇的变化，也让人不可思议……）

3. 说得真好，神话的字里行间散发着神奇，让我们时而惊叹，时而惊喜，渐渐入迷。

4. 小结：同学们，我们一边读着神话故事，一边感受它的神奇魅力，同时还学会了一种概括课文的好方法——找出事情的起因、经过、结果来概括。（板书：起因　经过　结果）盘古还会怎样开天地？还有怎样神奇的情节和画面？我们下节课继续学习。

【要点提示：这个设计为总结延伸，用时2分钟。提炼神话的特点——神奇，总结本节课的教学重点，用起因、经过、结果的方法概括课文的内容。激发学生阅读神话故事的激情，用本节课学到的方法继续学习、感受神话的魅力。】

四、板书设计

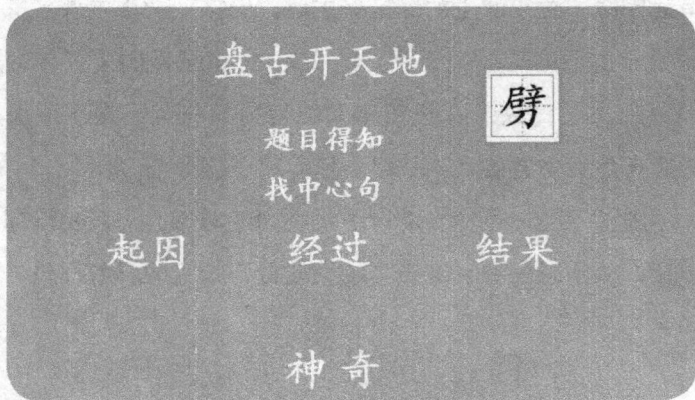

13

统编版四年级上册

《麻雀》

陈瑾 执教

一、扫描文本

　　《麻雀》是统编版小学语文四年级上册第五单元的第一篇精读课文。本单元围绕"童年的生活"这一主题，安排了两篇中外名家名作，均是描写童年生活的记事类文章。本文是 19 世纪俄国著名作家屠格涅夫的作品，叙述了一只老麻雀在庞大的猎狗面前奋不顾身地保护小麻雀，使小麻雀免受伤害的动人故事。作者将"强"与"弱"、"大"与"小"、"凶猛"与"可怜"进行了一系列的对比，语言精练却给读者以震撼，让人从中感受到老麻雀为救幼儿奋不顾身的勇敢形象，赞颂了母爱的伟大。

二、教学速构

（一）教学内容

课文 3~5 自然段。

（二）教学目标

1. 朗读课文，按照故事的起因、经过和结果说出故事的主要内容，学写"护"字。

2. 通过联系上下文、抓关键词、想象等方法，理解难理解的词语，并感受文中老麻雀奋不顾身救孩子的伟大形象。

3. 通过品读文章，掌握把内容写具体、写清楚的方法。

（三）教学重难点

通过品读文章，掌握把内容写具体、写清楚的方法。

三、教学流程

（一）从"护"的字理说起，导课题

1. 同学们，请看（出示课件）猜猜这个古汉字是什么？

（转述学生的话：①你说是"张"字；②你猜是"罐"字。）

2. 哈哈，都不对。你们看，它的左边是"言"字，表示用言监视或监督，右边这个字是"蒦"字，古代这个字读"huò"。后来汉字规范简化之后，音符"蒦"改为了"户"，形符"言"改为"手"，演变成了现在的"护"字，有救护、袒护之意。

3. 这个字是"护"字，拿起笔和老师一起写"护"字。

4. 今天，我们就要从这个小小的"护"字出发，去阅读一则感人的故事。故事中谁护谁？它为什么要护？怎么护？读完故事，你就会感受到"护"背后感人的意义了！

5. 这则故事的名字叫——麻雀（板书课题）。

【要点提示：此环节为导入环节，用时 1~2 分钟。教师巧妙地从"护"字的字源出发，既教授了生字"护"，又讲解了护的本义与引申义，同时从"护"关联到故事，故事中的"护"恰恰是关键情节所在，也是最打动我们的画面。教师演绎片段的时候要明白使用字理的教学意图，有目的性地展开教学。】

（二）合作制"绘本"，整文思

1. 同学们，打开书，自由轻声读读课文，边读边想想：故事写了一件什么事？

（转述学生的话：写了"我"在打猎回来的路上，看到了一只老麻雀在猎狗面前奋力保护孩子的事。）

2. 大家很会读书，用一句话就概括了故事的主要内容。如果让你把这个故事变成一本"绘本故事"，只有图画没有文字，你会怎么设计这本绘本呢？发挥学习小组伙伴们的集体智慧，在你们的学习单上简单描画一下，5 分钟合作学习，开始！

3. 好的，我看到很多学习小组都设计好了，让我们来分享一下吧！

（转述学生的话：①第三小组已跃跃欲试，你们先来吧！你们觉得课文有 7 段，正好绘制成 7 幅图，分别按照段落的内容画；②第六小组还简单地画出来了，来介绍一下：你们的第一幅图叫"打猎归来"，第二幅叫"靠近猎物"，第三幅叫"冒死救子"，第四幅叫"带狗离开"；③第一组的同学也有自己的想法：你们觉得绘本的第一页是"路上"，第二页是"发现"，第三页是"拯救"，第四页是"后退"，第五页是"走开"。）

4. 同学们，真会学习！每一组的绘本都用不同形式来分页制作，并给每一页起了小标题。其实你们的绘本就是作者的写作思路，作者正是按照起因——"打猎归来，发现猎物"，经过——"奋力拯救，猎狗后退"，结果——"唤回猎狗，带它离开"，来讲述这个故事的。

【要点提示：此环节为整体感知环节，用时 3 分钟。文本是一个故事，教师在让学生了解故事主要内容的基础上，引导学生用比较形象趣味的方式绘制绘本，将文字变成可视的图画，既让文字中的画面在大脑中回放一遍，加深初读的理解，又对故事的情节进行梳理，把握故事的起因、经过、结果。】

（三）聚焦"护"画面，学方法

1. 同学们，如果这个故事真的是一本绘本，你觉得最精彩的画面在哪一页？

（转述学生的话：是的，那就是老麻雀保护幼子了，也就是课文的4、5 自然段。）

2. 让我们聚焦课文中最精彩的画面——4、5 自然段，默读两段话，画出描写老麻雀的语句，边读边在旁边写下自己的阅读感受。

3. 同学们，文中的老麻雀给你留下了什么样的印象呢？（出示课件：我认为这是一只_____的老麻雀。）

（转述学生的话：①你觉得这是一只勇敢的老麻雀；②你读出了一只深爱孩子的老麻雀；③你认为这是一只无畏的老麻雀。）

4. 同学们在阅读中很会思考，都读出了自己的感受。每一个故事都有一个精彩的细节值得我们好好品味。这个故事中哪个细节最打动你？当你阅读这个"绘本"时，愿意捧着书，将目光定格在哪个画面上？再次默读，找出描写这样感人瞬间的语句，摘录到学习单中的"定格精彩瞬间"的方框里，并在下面写上几句自己的感受，开始吧！

（1）这位同学找到的是这句话。（出示课件：突然，一只老麻雀从一棵树上飞下来，像一块石头似的落在猎狗面前。）

（转述学生的话：你从"突然"感受到老麻雀此时救子心切，速度极快！你还从"飞""落"这些动词以及把它比喻成"石头"中也感受到它的速度快以及救子迫切的心情。）

（2）这位同学找到的是这句话。（出示课件：它挓挲起全身的羽毛，绝望地尖叫着。）

（转述学生的话：你查了词典，明白了"挓挲"指的是老麻雀的羽毛根根竖立，处于极度紧张和害怕的防御状态。"绝望地尖叫"也表现了它在用尽全力保护孩子。）

同学们，尖叫可以理解，那为什么此时它会"绝望"地尖叫呢？

（转述学生的的话：你认为它也感觉到猎狗的可怕。）

这只猎狗到底给它带来了怎样的威胁？我们联系上下文来体会一下。

（出示课件：猎狗慢慢地走近小麻雀，嗅了嗅，张开大嘴，露出锋利的牙齿。）

如果你是老麻雀，看到这一幕，你心里会想些什么？

（转述学生的话：①糟了，我的孩子要被这只猎狗的血盆大口吞下了；②它的牙齿这么尖利，我孩子那幼小的身子怎么受得了；③我这可怜的孩子还没满月就要结束生命啦！）

老麻雀，你不怕猎狗的血盆大口吗？你不怕被它的利牙咬碎吗？你不怕自己的生命也即将结束吗？为什么这时候你不怕呢？

（3）是的，因为它什么都没有想，一心就想"护"住自己的孩子，可是它的力量也是有限的，你从哪里感受到了？

（出示课件）

可是因为紧张，它浑身发抖，发出嘶哑的声音，准备一场搏斗。

在它看来，猎狗是个多么庞大的怪物啊！可是它不能安然地站在高高的没有危险的树枝上，一种强大的力量使它飞了下来。

5. 这个"强大的力量"是什么？（板书：强大的力量）是的，那就是（母爱），让我们再次走近这位伟大的母亲，走近这感人的瞬间吧！

师生解读：当猎狗慢慢走近小麻雀，嗅了嗅，张开大嘴，露出锋利的牙齿时——（生：突然，一只老麻雀从一棵树上飞下来，像一块石头似的落在猎狗面前。）我看到了——（生：它扎煞起全身的羽毛。我们还听到了它——绝望地尖叫着。）我想到了——（生：老麻雀用自己的身躯掩护着小麻雀，想拯救自己的幼儿。）可是，我看到了——（生：因为紧张，它浑身发抖。）我还听到它——（生：发出嘶哑的声音。）我想它——（生：准备一场搏斗。）我想它此时会想——（生：在它看来，猎狗是个多么庞大的怪物啊！可是它不能安然地站在高高的没有危险的树枝上，一种强大的力量使它飞了下来。）

6. 读完这个精彩的片段后，大家看看这两段话，你发现了什么？

（转述学生的话：你发现了这段对老麻雀的描写既有作者看到的，也有作者听到的，更有作者想到的。）

7. 看来，要把一件事或一个画面写清楚，要多角度地观察，记录下眼睛观察到的，记录下耳朵听到的，还要记录下心灵感受到的。记录下多角度的观察与思考，才能把一件事写清楚。

【要点提示：此环节为重点段落教学环节，用时 10 分钟。教师在进行此环节片段演绎的时候，要逐步引导学生走近重点段落阅读与思考，在激励性的语言下促进学生感受语言背后所描述的画面，抓住关键词品读语言，思考其中的意义，品味人物形象。】

（四）回扣"护"之意，感人物

1. 同学们，请看（指板书），在庞大的猎狗面前，弱小的老麻雀的形象却显得更加"强大"了（板书：放大写"强大"）。老麻雀仅仅是在用自己的身躯"护"住小麻雀吗？不是的，它是用全身的力量，用全部的意志，用自己的生命在"护"着自己的孩子。

2. 这就是母爱的力量，一种来自本能的伟大的爱的力量！

【要点提示：此环节为结课环节，用时1分钟。教师在演绎最后环节时，语言要有激情，把学生的情绪调动起来；回扣板书中的"护"字，用"一咏三叹"式的表达，把"护"字背后的感人意义呈现出来，提升文旨，动情结课。】

四、板书设计

麻雀

猎狗　　　护　　　老麻雀
（庞大）　　　　　（弱小）
　　　　　　　　　（强大）

14

统编版四年级上册

《牛和鹅》

陈瑾　执教

一、扫描文本

　　《牛和鹅》是统编版小学语文四年级上册第六单元的第一篇精读课文。本单元围绕"童年的回忆"这一主题，选择了三篇童年趣事中蕴含着深刻道理的文章。《牛和鹅》是我国著名儿童文学作家任大霖的作品，这则故事讲述了小主人公从小不怕牛却怕鹅，有一次回家的路上被鹅追赶，最后被金奎叔叔解救，从此再也不怕鹅的故事。文章故事性强，结构清晰，语言描写生动有趣，富有童真和哲理。本课以该故事为范本，进行本单元语文要素之一"学习用批注的方法阅读"的训练，让学生初步掌握运用批注进行阅读的方法。

二、教学速构

（一）教学内容

课文 1~7 自然段。

（二）教学目标

1. 通过品读细节，理解课文的内容，体会作者怕鹅的狼狈之态。

2. 借助课文的批注范例，了解批注阅读的基本方法。

3. 学写批注，通过批注体会文中人物的思想感情。

（三）教学重点

借助课文的批注范例，了解批注阅读的基本方法。

（四）教学难点

学写批注，通过批注体会文中人物的思想感情。

三、教学流程

（一）回忆"童年"，打开阅读之门

1. 同学们，童年是一首诗，它是"牧童骑黄牛"——"歌声振林樾"，它是"儿童疾走追黄蝶"——"飞入菜花无处寻"，它还是"童孙未解供耕织"——"也傍桑阴学种瓜"。（板书：童年）（出示课件：诗句）

2. 童年的故事总是那么精彩，今天，让我们再次走进童年，感受童

年的丰富多彩吧！（板书课题：牛和鹅）

3.齐读课题——牛和鹅，当我们看到与童年有关的故事时，你想怎么阅读呢？

（转述学生的话：①你会带着问题去读，思考牛和鹅与作者的童年有什么关系；②你会一边想象一边读，去想象作者在童年里的画面。这也是我们学习过的好方法；③你说你会通过有声有色的朗读，读出美好的童年。）

4.同学们，今天我们要学习一种新的阅读方法——批注。（板书：批注）

用上"批注"的阅读方法，阅读时就更容易有自己的发现与思考了！

【要点提示：此环节为导入环节，用时1~2分钟。在片段教学刚刚开始时，教师用唯美、亲切的语言引出"童年"，慢慢地打开童年时光的回忆之门；用回忆巩固学过的关于童年的古诗，放出一幅幅美妙的童年画面，很自然地带着孩子走进这篇童年故事。接着再回忆学过的阅读方法，引出本课的学习方法——批注，让学生带着阅读期待与明确的学习任务走进新课。】

（二）走进"童年"，理清故事之思

1.同学们，默读课文，边读边想：文中的"我"在童年时对"牛和鹅"分别有怎样不同的看法？找出来，与大家交流。

2.好的，有的同学已经找到了，我们来交流。

（转述学生的话：这位同学说"我"原先听大家说了以后，觉得牛怕人，鹅不怕人，所以欺负牛，不敢碰鹅；但是后来经历了一件事之后，我不再怕鹅，也不再欺负牛了。）

3. 读得很认真，把"我"对牛和鹅前后态度的变化都找出来了，并很清楚地表达了出来，这正是故事的主要内容。

【要点提示：此环节为过渡环节，用时1~2分钟。教师用一个问题巧妙地做到"牵一发而动全身"，让学生把"我"对牛和鹅前后态度的变化找出来说一说，说出了课文的主要内容。本环节在片段教学中起到"搭桥"的作用，尽量简洁，这是与常态课教学的不同之处。】

（三）细品"童年"，初学批注法

1. 同学们，大家有没有发现今天的课文和我们平时的课文在编排上，有什么不一样？

（转述学生的话：你发现啦，课文两侧都留下了空白，而且在某些段落旁边有红色字的句子。）

2. 大家仔细对照课文内容，读一读这些句子，再说说你的发现。

（转述学生的话：①你发现有的是读到这儿的疑问；②你还发现有的是读到这里的感想；③你觉得有的是摘录文中的关键句，记录下来。）（板书：问 感 摘）

3. 同学们，阅读时读到一处，有疑问了，我们可以记录下来；读到一处，有感想了，也可以用自己的话写下来；读到一处，哇，觉得文中的这句话表达得太妙了，可以把它摘录出来。这些语句就是"批注"，是我们阅读时思考的痕迹。你们明白了吗？

4. 好，那就借助这样的阅读方法继续阅读与思考：为什么"我"前后的态度会发生这么大的变化呢？让我们赶紧走进课文5~7自然段，认真默读，尝试着从"问""感""摘"三方面写下阅读批注，开始吧！

（1）老师看到大家在书本里纷纷留下了自己阅读的想法与思考，做了"批注"，太棒了！下面咱们就来分享一下！

（转述学生的话：你从"不说话""贴着""悄悄地走过去"这几个动词中感受到了"我"极其害怕鹅的心情。）（演示信息化教学手段：拍照上传）

同学们，你们看到了吗？这位同学不仅写下了自己的感受——极其害怕鹅，还在文中圈出了两三个动作词。这"圈"的符号也是一种批注，称为"批注符号"。

（2）看来，批注前给相关语句加上符号，我们的批注就更有针对性了。谁再来分享你的批注？

（转述学生的话：你读到"鹅听见了，就竖起头来，侧着眼睛看了看，竟爬到岸上，一摇一摆地、神气地朝我们走过来；还伸长脖子，吭吭地叫着，扑打着大翅膀，好像在它们眼里根本没有我们这些人似的。"这句话，你批注上了"非常真实的体会，果真是这样的。"）（拍照上传课件）

这位同学说说你为什么会写下这样的批注感言呢？

（转述学生的话：你说这句话让你联想到了自己老家的鹅，你也有过类似这样的经历，所以才有了相同的体会。）

（3）这位同学特别会动脑，他又教会了我们另一种批注的方法——联想。（板书：联）联系自己的生活经验，把文中的内容与自己的生活联系起来对照，就会更加理解作者所描述的内容。

（转述学生的话：请你来说，你在"这时，带头的那只老公鹅就啪嗒啪嗒地跑了过来，吭吭，它赶上了我，吭吭，它张开嘴，一口就咬住了我当胸的衣襟，拉住我不放。"这句话旁边提出了一个问题"为什么不是咬住我的衣角或者裤脚，而是咬住了我前面的衣襟呢？"）

是啊，同学们，按照我们的经验，追着我们的鹅应该先咬住我们后边或者旁边的衣裤，怎么会咬到前边呢？这位同学基于细节发问，非常会思考！

（转述学生的话：你知道，好的，请你来解疑——你认为文中有提示，"赶上了我"说明这只鹅跑得快，"老公鹅"说明个头不小，伸长脖子正好可以到"我"的胸部。后文有一处也有提示"跟它一样高"。）

（4）难怪，文中也这么批注道："逃跑—被鹅咬住—呼救，把那种惊慌失措写得很真实。"

（出示课件）多么逗趣的画面，你们能通过朗读读出画面感来吗？同桌两位同学合作练习朗读。红色的部分是文中"我"的表现，蓝色的句子是鹅的行为。读一读，比一比，读鹅的同学能否读出鹅的凶相，读"我"的同学能否读出"我"害怕的心情。

请这对同桌来演绎一下这个逗趣的画面吧！哇，同学们的掌声代表了对你们朗读的赞赏，在你们的朗读中我们感受到了一只凶巴巴的鹅、一个胆小如鼠的"我"，真有意思！再请这两位同学也来读读。在他们的朗读中，有声调变化，也有对动词的强调，让我们看到了一幅幅生动有趣的画面。

（5）还有同学也想分享自己的批注，请你来吧！

（转述学生的话：你从第七自然段中的"拖""啄""扇""大叫助威"这些动词中读出了文中的"我"简直就成了鹅的"玩具"，一个人怎么能不如一只鹅呢？文中的"我"胆子太小了！）

同学们，（演示信息化教学手段：拍照上传）你们看，这位同学写得很有趣，他是根据文中鹅欺负"我"的画面评价出了"我"的胆小。（板书：评），所以，评价文中的人物或事件，也可以作为批注的一种方式。

【要点提示：此环节为重点段落教学环节，用时10分钟。教师在演绎该环节时，要引导学生结合文本，运用批注的方法，尝试着进行阅读批注。这是一个"教"的过程，但不能过于强势，要有学生"学"的痕迹。教师可以适当加入一些指导性、鼓励性的语言，体现课堂真实的学情，展现出学生如何从"认识批注"到"学写批注"，再到"明白如何批注"的学习过程。】

（四）回扣"童年"，迁移批注法

1. 同学们，我们读着文字，感受到了作者笔下童年的精彩画面，在阅读中写下了自己的"问题""感受""摘录""联想""评价"，这些都是阅读批注。

2. 在这样边阅读边批注的过程中，你能用一个词概括一下你对文字中"我"的童年的感受吗？

（转述学生的话：①你读出了一个"快乐"的童年；②你觉得这是一个"逗趣"的童年；③你觉得这是一个"惊心动魄"的童年。）

3. 是的，批注留下了我们的阅读思考，也在我们的脑海里留下了如花般精彩的"童年"。（板画：花）

【要点提示：此环节为结课环节，用时 1~2 分钟。在此环节，教师要一边用语言总结本课的批注方法，一边引发学生对文本中"童年"的阅读感受，最后将板书勾勒成一朵"花"状，既有方法又有诗意，此为本课片段设计的精彩创意点。】

四、板书设计

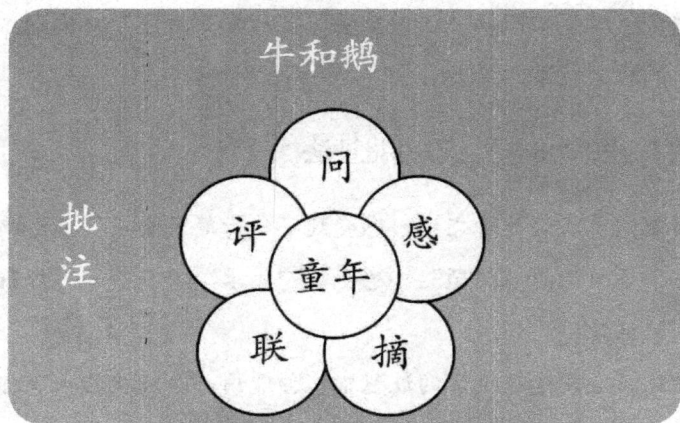

牛和鹅

问

评 童年 感

批注

联 摘

15

统编版四年级上册

《为中华之崛起而读书》

郑玮瑜　执教

一、扫描文本

　　《为中华之崛起而读书》是统编版小学语文四年级上册第七单元的第二篇精读课文。课文叙述了周恩来少年时代在奉天（今辽宁沈阳）读书时的情况，他耳闻目睹了中国人在被外国人占据的地方受洋人欺凌却无处说理的事情，从中深刻地体会到伯父说的"中华不振"的含义，从而立下了为中华之崛起而读书的志向，学生读后感受到少年周恩来博大的胸怀和远大的志向。本文结构严谨，层次清晰，是引导学生在阅读中体会人物的思想感情、启发学生思考读书意义的好文章。

二、教学速构

（一）教学内容

课文 15~17 自然段。

（二）教学目标

1. 能查找资料，加深对课文内容的理解，说出周恩来立下"为中华之崛起而读书"这一志向的原因。

2. 在周恩来精神的熏陶下，思考自己读书的目的。

（三）教学重难点

能查找资料，加深对课文内容的理解，说出周恩来立下"为中华之崛起而读书"这一志向的原因。

三、教学流程

（一）对话"事件"，认知"表面的力量"

1. 同学们，初读课文，我们知道本篇课文讲述的是 12 岁的周恩来立下"为中华之崛起而读书"的志向的事，同时，我们的内心也产生了一个疑问：一个 12 岁的孩子竟然有如此抱负和胸怀，是什么样的力量能让他发出这样的呐喊？（板书：在课题旁板书"？"）让我们回到课文，再一次认真读一读周恩来的经历，你一定会发现这一力量的踪迹。（板书：读人物）

2. 老师发现，大部分同学都不约而同地关注了课文的 15~17 自然

段，这三个自然段讲述了一个事件。现在我们不妨聚焦一下，把目光都聚焦到这个事件中，你有怎样的发现？（板书：抓事件）

3. 好了，眼睛亮起来了，来分享一下，请你——

（转述学生的话：①你关注到这是"被外国人占据的地方""往来的大多是外国人"；②你关注到这里的"中国巡警不但不惩处肇事的外国人，反而训斥那个不幸的女人"；③你关注到"围观的中国人都握紧拳头，但谁都不敢怎么样"。）

4. 看来，大家的分享都指向了一个关键词——大不一样。

【要点提示：此环节是对片段的整体感知，用时 2 分钟，重在培养学生的自主学习的能力。教师在聆听学生发现的细节时，需用鼓励的语气激发学生的学习兴趣，并为后续的引导做好铺垫。】

（二）质疑"事件"，探寻"背后的力量"

1. 老师要提醒你们，这是一次跨越时空的对话！这样的对话，因为年代不同、背景不同，会让我们不由自主地产生一些疑问。来，提出你们心中的疑问。

（转述学生的话：①你的问题是，为什么在中国的其他地方可以说理，而在被外国人占据的地方却没处说理？②你的问题是，为什么中国巡警不但不为中国人撑腰，还要训斥中国人？③你的问题是，为什么中国人在被外国人占据的地方，看到同胞受欺却敢怒不敢言？④你的问题是，为什么那么热闹的地方，对中国人来说却是不幸？）

2. 面对着如此多的疑问，我们该怎么办呢？请大家看课后思考题第二题，教材的编者已经在引导我们。请大家看，课文中多次出现"中华不振"这个词语。请查阅资料，了解当时的社会状况，结合下面周恩来写的诗，理解他立下如此志向的原因。

3. 同学们注意到了吧，编者在提醒我们关注一个词——"中华不振"，（板书：中华不振）同时又提醒我们：要想了解这个事件背后的真相、解开心中的疑问，我们必须借助一种方法——查资料。（板书：查资料）通过资料的查阅，我们可以走进这段历史，去了解这个事件背后真实发生了什么。

4. 我相信有相当一部分同学已经在课前查阅了相关资料，来，一起分享。

【要点提示：此环节是对片段的学法指导，用时 3 分钟。重在培养学生的问题意识及解决问题的能力。教师在反馈关键问题时，需加重语气，以达到强调的效果，并激发学生的探究热情。】

（三）再品"事件"，锁定"力量的源泉"

1. 是的，翻开中国近代史，我们看到的是鸦片战争，中日甲午战争，八国联军侵华，以及那一个个不平等的条约。翻开那段历史，我们看到的是旧中国的贫穷落后，是我们的祖国、我们的人民多灾多难，饱受欺凌。这就是这个事件背后的真相。现在让我们回到课本，再一次读一读这个事件，再次品一品这个事件当中的那一个个细节，我们是不是又会产生一些思考？我们的情感会不会被激发起来，想表达一些什么呢？（板书：悟事件）

2. 老师提醒大家一起关注这个事件中的两个极其刺眼的词语——"肇事"和"不幸"，此时，你对这两个词又有怎样的理解？

（转述学生的话：①你发现，这"肇事"就是赤裸裸的欺凌；②你发现，这"不幸"就是落后就要挨打的见证；③你认为，这"不幸"是整个中国的耻辱。）

3. 同学们，面对事件的真相，此时此刻，你的心情是怎样的？

（转述学生的话：①你觉得很愤怒；②你觉得很无奈；③你想去改变这样的状况。）

4. 作者与你们有同样的感受，他把感受表达在文字中，请看——

（教师范读："围观的中国人都紧握着拳头，但这是在外国人的地盘里，谁又敢怎么样呢？大家只能劝慰这个不幸的女人。"）

【要点提示：此环节是对片段的深度品味，用时 3~4 分钟，重在带领学生在文本间走几个来回。教师在引导时，需用饱含深情的语气，唤醒学生的爱国热情。】

（四）聚焦"人物"，学习"榜样的力量"

1. 让我们再一次把目光聚焦到周恩来身上，一起来品一品这个人物，（板书：品人物）面对当时中国的状况，他的心情又是怎样的呢？他又萌生了怎样的想法呢？一起捧起书，读一读课文的最后一个自然段。（教师范读）

2. 此时的周恩来才真正体会到"中华不振"这几个字的沉重分量。怎么把祖国和人民从苦难和屈辱中拯救出来呢？这个问题像一团烈火，一直燃烧在周恩来心中，所以，当修身课上魏校长提出为什么而读书这个问题时，就有了"为中华之崛起而读书"的响亮回答。（板书：振兴中华）

3. 同学们，12 岁的周恩来立下了伟大志向，要为振兴中华而读书，1917 年，19 岁的周恩来要到日本留学，在出发前他写下了《大江歌罢掉头东》一诗。请同学们听老师讲解这首诗歌的大致意思，在听的过程中思考：周恩来求学日本，是为了什么？

（教师讲述：这首诗讲述的是周恩来中学毕业之后，东渡日本求学，继续深入钻研社会科学，从中探寻拯救濒临绝境、走投无路的旧中国的真理。他决心刻苦钻研，待学成之后，像破壁而飞的巨龙一样，为祖国和人民做一番大事业；即使理想无法实现，投海殉国也是英雄。）

4. 听着老师的进解，你们心中产生了哪些思考呢？

（转述学生的话：①你感受到周恩来很爱自己的祖国；②你感受到他很有志气。）

周恩来的读书志向之所以与其他同学的志向不同，不仅因为周恩来深刻感受到了中华不振，还因为周恩来认识到，只有学习到更多知识，才能找到拯救濒临绝境的旧中国的方法，振兴中华。这个伟大志向伴随了周恩来的整个求学生涯。（板书：课题旁"！"）

5. 小结：在刚才的学习中，我们通过读人物、抓事件、查资料，进而悟事件、品人物，深刻体会了一位伟人的成长过程。同时，我们自己也在阅读中获得了成长。当一个人的成长和祖国息息相关时，是多么崇高而伟大！面对苦难的祖国，周恩来立下了"为中华之崛起而读书"的伟大志向，那么在祖国日益强大的今天，你们读书的目的及理由又是什么呢？（板书：课题旁"？"）

【要点提示：此环节是对片段理解的升华与总结，用时 6 分钟。重在聚焦人物，通过多角度的诵读，使学生获得人格魅力的熏染。教师在引导时，需用略微深沉的语气，引发学生内心的共鸣，并激发学生对自身学习目的的思考。】

四、板书设计

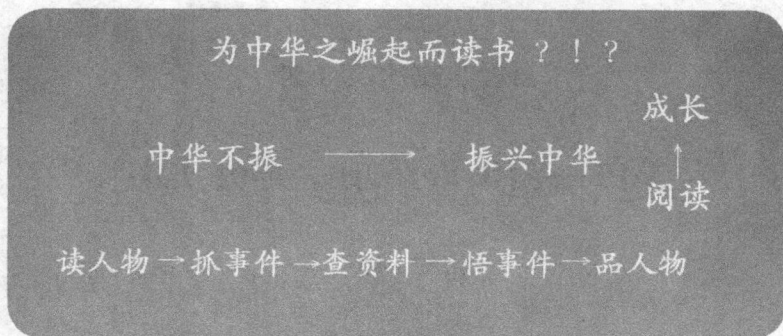

16

统编版四年级上册

《西门豹治邺（前半部分）》

谢樱 执教

一、扫描文本

　　《西门豹治邺》是统编版小学语文四年级上册第八单元的第二篇精读课文，这是一则历史故事。文章主要写西门豹来到邺调查了当地贫穷的原因，并采取以其人之道还治其人之身的方法惩治了恶人，破除了迷信，让百姓受到了教育，同时发动百姓兴修水利，使邺这个地区脱贫致富。学生能从故事中受到尊重科学、反对迷信思想的启迪，受到西门豹智慧、正义形象的熏陶，树立正确的科学观、人生观、价值观。

二、教学速构

（一）教学内容

课文 1~9 自然段。

（二）教学目标

1. 分角色朗读课文。学写生字"逼"。

2. 了解课文的主要内容，理解田地荒芜、人烟稀少的原因，感受人物形象。简要复述故事的起因部分。

（三）教学重难点

了解课文的主要内容，理解田地荒芜、人烟稀少的原因，感受人物形象。简要复述故事的起因部分。

三、教学流程

（一）质疑导入，了解复姓

1. 我姓谢，感谢的谢，谁还能介绍自己的姓？

（转述学生的话：姓张、李、陈。）

2. 我们的姓都是一个字的，有人的姓是两个字的，称为复姓，你听说过吗？

（转述学生的话：你说的是司马。你呢？欧阳、诸葛、上官。）

3. （手指屏幕，出示课题，《西门豹治邺》）他姓什么呢？对了！复姓西门，单名豹。这三个字该怎么读？（西门｜豹）读了课题我们知道这篇课文是写人的文章。那么你还想知道些什么呢？

（转述学生的话：①他长什么样？②他是一个什么样的人？③他都做了些什么事儿？）

【要点提示：用时 1 分钟，教师从学生熟悉的姓氏谈起，由此渗透复姓的姓氏文化，指导读题的同时，触发学生的阅读期待，让学生带着自己感兴趣的问题开始阅读。】

（二）梳理文脉，初识人物

1. 都是会思考的同学，西门豹来到邺这个地方，都做了哪些事儿？带着这个问题自由读课文，读准字音，读通句子，难读的语句多读几遍。开始吧！（稍停两秒）

2. 你们看，西门豹来到了邺，看到了这儿——（课件出示田地荒芜，人烟稀少的图文）经过他的治理，邺变成了这样一个地方——（课件出示图文：庄稼得到了灌溉，年年都获得好收成）西门豹到底做了些什么事，让邺有了这么大的变化？

（转述学生的话：①你说的是向老大爷了解为什么田地荒芜、人烟稀少。那就是调查原因；②你说的是把官绅的头子和巫婆扔进河里，也就是说他在教训恶人、惩治恶人；③你有补充，他还开凿水渠。）

3. 谁能把这些事连起来说一说，西门豹为百姓做了些什么？

（转述学生的话：这位同学说的时候还用了"先……然后……最后"这样的连接词。真好！）

4. 小结：你看，很长的一个故事，只要弄清楚人物分别做了些什么事，连起来说一说，就是故事的主要内容了。

【要点提示：用时 2 分钟，课标指出——重视培养学生的良好语感和整体把握的能力，此环节教师利用文本前后的对比总结西门豹的主要

事迹，为之后的简要复述做示范。】

（三）探究原因，感悟形象

1. 西门豹问了几个问题？你来说。把这句话变为问句，来问一问？

（课件出示：西门豹到了那个地方，看到田地荒芜，人烟稀少，就找了位老大爷来，问他是怎么回事。）（次要问题的回答忽略不说）

2. 故事就在这对话间展开啦，让我们一同随西门豹去展开调查。请两位同学分角色读一读，其他同学边听边琢磨老大爷的回答，思考：为什么会田地荒芜，人烟稀少？想到原因了，可以在相应的句子旁边标注上原因1、原因2……

3. 小侦探们，小西门豹们，你们通过大爷的回答查到了是什么原因导致邺田地荒芜、人烟稀少呢？

（转述学生的话：你觉得是河神娶媳妇给闹的。）

4. 看，闹在字典里有几种解释：A不安静；B害，发生；C干，搞，弄，文中还有一句含有"闹"的句子。（出示句子：每闹一次……）在这句话里"闹"分别是什么意思？对了，一个是"害"，一个则是"干"。这么说来，害老百姓离开邺的罪魁祸首是河神？

（转述学生的话：你有不同意见，你认为并没有神魔鬼怪，是巫婆和官绅联手以河神为借口骗老百姓的钱。）

5. 其他同学，你们是归罪于河神还是归罪于巫婆、官绅？用手中的抢答器投票示意一下。

看来群众的眼睛是雪亮的，都看清楚了恶人的罪行。那么你们是从大爷的哪些话里找到了恶人在骗钱害人的证据？

（转述学生的话：每闹一次，他们都要分几百万钱，办喜事只花二三十万钱，多下来的就跟巫婆分了。如果真有河神，那也只要二三十万钱。何况从下文"年年干旱"可以看出，这儿根本不会发生大水，只有干旱。）

6. 你能联系上下文来思考，真会推测。还可以从哪些地方看出恶人在骗钱害人？

（转述学生的话：你说的是，从第四段的硬逼中仿佛看到官绅们贪得无厌、残酷无情的嘴脸。邺都田地荒芜了，老百姓没有收成就没有收入，可是这些官绅却还要年年搜刮老百姓的血汗钱。有这样的官员，日子肯定不好过，自然都逃了。）

7. 你们看，逼字，（出示古文字"逼"）里面的部件是财富的象征，外面的走之则是人，整个字的意思是追着他要钱！跟老师好好再书写一次。从大爷的哪些话里找到了恶人在骗钱害人的证据？

（转述学生的话：你从第六段第二句的"有钱的……没钱的……"感受到邺此地穷人不仅要被逼着出钱，还会失去女儿，骨肉分离，这样的地方自然人烟稀少。）

（转述学生的话：你对这句也有体会，你从眼睁睁这个词语中感受到穷人很可怜，对待恶人的骗钱害人的行为无可奈何。）

8. 好了，我们来用思维导图梳理一下本次调查的收获。

原因1：恶人骗钱害人——"硬逼""闹""眼睁睁""干旱"

原因2：年年干旱

原因3：迷信"河神"

9. 现在让我们把西门豹展开调查的精彩瞬间再现一下吧，老师来扮演西门豹。请小朋友们扮演老大爷，看看谁读得最像。我看到这位大爷摇头了呢，有感觉！你来评评，他刚才读得怎么样？哦，你认为太平淡了，体现恶人恶行的词语可以强调些，那你试着读一下。（身体转向另一侧）现在，你也像他一样读一读。嗯，进步多了，有语调的变化。

10. 聊着，读着，你认识了一个怎样的西门豹？

（转述学生的话：智慧过人、关心百姓、善于调查）

11. 这样智慧的历史人物的事迹自然要广为流传，谁能试着把西门豹的调查三言两语简要复述给家里的爸爸妈妈听？我来演妈妈，谁来演孩子？

（转述学生的话：西门豹来到邺，看到田地荒芜、人烟稀少，于是找了一个老大爷调查原因，发现主要是因为巫婆和官绅联手以给河神娶媳妇为借口骗钱害人，导致很多穷人逃离邺，同时还有一个原因是邺年年发生旱灾，所以田地荒芜。）（板书：骗钱害人、旱灾、迷信）

12. 这位同学把文中的对话变成了转述，同时转述时用简要的语言替换大爷所说的内容，三言两语把原因的要点说清楚了。（板书：转述、抓要点、替换）

【要点提示：用时 10 分钟，此环节以"交流原因"为主问题，教师在片段中可以采取角色体验法，引导孩子化身为文中主角，去探因，去深思，去感受，找到原因后再创设情境引导孩子练习简要复述。】

（四）总结内容，结课续思

这节课我们通过人物的对话感受到西门豹是一个智慧过人，关心百姓的人。（板书：智慧过人、关心百姓）他的话里有话，他到底是去送谁？又是怎么送的呢？为什么后来他会备受人民的爱戴呢？我们下节课再继续感受西门豹的语言魅力，走近西门豹。

【要点提示：用时 1 分钟，此环节教师可以像说书般，制造悬念，结课的同时引出第二课时的重点内容，充分体现故事体裁的教学特点：引人入胜，意犹未尽。】

四、板书设计

西门豹治邺

逼

骗钱害人　　　智慧过人　　转述
旱灾、迷信　　关心百姓　　抓要点
　　　　　　　　　　　　　　替换

17

统编版四年级上册

《西门豹治邺（后半部分）》

游伟　执教

一、扫描文本

细读文本，发现作为一个教学案例，它具有以下文本特点和教学价值：

1. **详略得当的故事结构，彰显故事主旨。**文章分为三个小故事："调查原因，摸清底细""惩治恶人，教育百姓""开渠灌溉，兴修水利"。在这三个故事里，"惩治"一节是重点，三个小故事互为因果。教学时，可以从文章首尾的对比变化中引导学生概括出主要内容。

2. **着力对话描写，突出人物形象。**人物描写的角度可以多样化，此文中对语言的刻画是一大亮点。老百姓的"愚昧"，恶人的"贪婪"，在1~9自然段西门豹与老大爷的对话中得到表现。而西门豹的"智慧"则呈现在10~15自然段关于西门豹的语言描写中。教学时，要让学生在生动的角色体验中走进人物的内心，体会人物的情感与形象特点。

3. 朴实无华的语言表达，凝聚人物情感。在人物的语言描写中，从大爷话中的"闹"可以体会文章语言朴素但情感丰富的特点。在教学时，可以引导学生体会三个"闹"字背后的情感，在理解一词多义语言现象的同时也走进大爷的内心，走进百姓的内心，读出人物的语气。

二、教学速构

（一）教学内容

课文 10~14 自然段。

（二）教学目标

1. 梳理课文"惩治恶人"部分的情节，能抓住西门豹的言行感受人物形象；学写"饶"字。

2. 抓住一言一行的规律，学习简要复述"惩治恶人"的部分。

（三）教学重难点

抓住一言一行的规律，学习简要复述"惩治恶人"部分。

三、教学流程

（一）复习旧知，导入新课

1. 前面大家抓住了西门豹"调查情况"时与老大爷对话中的"四问四答"，采用转述的方式，将"四问"并成"一问"，将"四答"并成"一答"，并抓住要点复述"调查情况"部分。

2.既然西门豹已经调查清了情况，知道邺县田地荒芜、人烟稀少都是河神娶媳妇闹的，他为什么还要去给河神"送新娘"呢？

（转述学生的话：是的，这时西门豹心里已经有了决定，他想惩治官绅和巫婆，破除河神娶媳妇的迷信。）

【要点提示：用时 1 分钟，教师复习上一环节的学法，并用一个关键问题进行过渡，让学生自然而然地进入下一个环节的学习中。】

（二）抓住言行，梳理文脉

1.接下来，我们要进入最为重要的故事复述环节。请大家自读课文10~14 自然段，了解本故事中最重要的情节，准备复述。（稍作停顿，给学生自读时间。）

2.要复述好这个部分，除了多读几遍加深印象，还有其他方法能让大家更好地复述吗？（目光四处寻望，做倾听状，并小结）瞧，刚刚同学们提供了不少的想法哦。

3.其实啊，复述好这一部分课文的规律，就藏在课后的第二题中。请看课后第二道练习题。（课件出示课后第二题的要求：找出 10~14 自然段中描写西门豹言行的句子，说说西门豹惩治巫婆和官绅的办法好在哪里。）请大家快速画出文中描写西门豹言行的部分，然后想一想到底西门豹的办法好在哪里。大家已经学过做批注的方法了，别忘记喽！开始。（稍作停顿）

4.好的，哪位同学愿意来分享？

（转述学生的话：你是说好就好在看起来是帮助巫婆给河神送礼，实际上是惩罚巫婆。）说得不错，但是这样说太笼统了。我们试一试，再将这部分进行分组、梳理、归纳，之后复述。请看老师做的一份整理。（出示课件）看，我把它分为五次对话，其间做了四件事，这样排，一目了然。咱们一起来分男女生读一读，男生读西门豹语言的部分，女生读西门豹行为的部分。（稍作停顿，做倾听状。）

5. 朗读指导：请注意哦，你现在是邺县的长官，"把新娘领来让我看看。"应该读出什么样的语气呢？再来。真好！我听出了一种不可抗拒的威严。（学生继续读）哇，我听出来了，这句话中有三个"不"——"不行""不漂亮""不会满意"，你想读出怎样的语气呢？是的，从你朗读的重音中让人感觉到这个命令不容置疑。

6. 你瞧，这样一读，咱们就可以很轻松地发现一个规律。西门豹是说一句话、做一件事，对吗？说要看新娘，就推说新娘不好看，就要换新娘；说要换新娘，就把巫婆投进漳河；刚投入巫婆，就说要催一催巫婆快点办事；一催巫婆，就又投官绅的头子入河中；刚投入官绅头子，就要其他官绅继续去催；只等到大家磕头求饶，才假装放他们一马。这就是西门豹言行的规律。（板书：抓言行，找规律）

【要点提示：用时6分钟，梳理文章的第二部分"惩治恶人"环节，设计中运用课后练习的第二题，帮助学生抓住西门豹的言行，找出这部分内容的言语规律，并理顺故事情节，为后文的复述做好铺垫。】

（三）探究好处，简要复述

1. 你们发现了西门豹言行的规律，（指着课件中语言的部分和行为的部分），可是你会发现，西门豹说的和做的居然不一样！（出示课件：言行不一）他这样惩治巫婆和官绅的办法到底好在哪儿呢？

（转述学生的话：①他救下了新娘；②以其人之道还治其人之身，巧妙地惩治了首恶；③还破除了迷信，让老百姓明白了巫婆和官绅是骗钱害人；④区别对待，饶了其他官绅……）

2. 下面跟着老师写"饶"字，注意写的时候不要多写了一点。（教

师范写）

3. 其实，这一切和故事的原文有关。这个故事选编自《史记·滑稽列传》。这是一篇很有趣的文章，其中所举实例，在当时看来属于以"无厘头"的方式进行劝谏的故事。"滑稽"，意指言辞流利，思维敏捷，正言若反。因此，在当时的情况下，西门豹这叫"顺水推舟，将计就计"。

4. 同学们，我们了解了这么多，一定会便于我们复述这部分内容。接下来，咱们一起进入复述环节。其他同学认真听，我们待会要评一评，看看他的复述够不够简要。（稍停片刻）谁愿意再进行复述？两个同学比一比。

5. 组织点评：你觉得谁的复述更简要？

（转述学生的话：嗯，真会听！是的，第二位同学抓住了西门豹一言一行的规律，把他惩治巫婆和官绅头子的过程简要地叙述清楚了。其他同学听清楚了吗？）

【要点提示：用时 7 分钟，从发现规律到探究西门豹惩治首恶的好处，遵循规律练习简要复述，并且通过让学生练一练、比一比、评一评，巩固简要复述的技巧。】

（四）总结学法，延续思考

这节课我们抓住了西门豹的语言和行为的特点，如临现场一般感受到机智的人物形象。同时利用其一言一行的规律，将文章的故事情节梳理得清清楚楚，并巧妙地记忆并复述下来。下节课，我们将串联全文的三个环节，挑战简要复述整个故事，相信大家一定可以做到。

【要点提示：用时 1 分钟，此环节教师小结这节课的学习过程和复述的方法，并为后续简要复述全文做铺垫。】

四、板书设计

西门豹治邺

饶

抓言行　　找规律　　巧复述

18

统编版四年级上册

《扁鹊治病》

张爱萍　执教

一、扫描文本

　　《扁鹊治病》是统编版小学语文四年级上册第八单元的第三篇精读课文。取材于战国时期名医扁鹊的传说故事：扁鹊拜见蔡桓侯，几次指出蔡桓侯病在何处，劝他赶快治疗，可蔡桓侯坚信自己没有病，因而对扁鹊的态度由不相信到不理睬，到最后的不高兴，致使延误了病情，病入膏肓，无药可医。故事以蔡桓侯这样一个悲惨的结局，警示人们要防微杜渐，善于听取别人正确的意见，否则后果不堪设想。

二、教学速构

（一）教学内容

全文。

（二）教学目标

1.读懂《扁鹊治病》，从故事中明白"防微杜渐"的道理。

2.利用《扁鹊治病》，学习"简要复述"故事的方法。

（三）教学重难点

学习"简要复述"故事的方法。

三、教学流程

（一）读故事，明寓意

1.同学们，从小到大，你们一定听过很多故事吧？老师猜猜看，一定有——童话故事，也有——神话故事，还有——成语故事，今天要学的这个故事，是一则——寓言故事（板书：寓言），这则寓言故事的题目叫——《扁鹊治病》（板书：扁鹊治病）

2.说到寓言故事，以前学过哪些寓言故事呢？学过——亡羊补牢，还有——揠苗助长，这些寓言故事有什么特点？

（转述学生的话：从故事中悟出道理来。）

3.是啊，小故事，大道理（板书：小故事大道理）就是寓言这种文体的特点。《扁鹊治病》这则小故事蕴含着什么大道理？现在，请同学们一边听这个故事，一边想。

4.故事听完了，好端端的蔡桓侯最后竟然病死了，你觉得这则寓言想告诉我们什么道理呢？

（转述学生的话：①不要固执己见，不要自以为是；②要听从别人的劝告。）

5. 是呀，大家都好厉害啊，（大拇指）都是读寓言的高手！要是蔡桓侯早知道这样的道理，也就不会落得最后病死的下场！

6. 除了你们所提到的，这则寓言还蕴含着另一个非常深刻的道理，藏在了名医扁鹊的一番话里。这番话，你读出什么来了？

（转述学生的话：蔡桓公的病情是渐渐发展的，小病不治会渐渐发展成大病。）

7. 对于文中的蔡桓侯来说，身体有微小的皮肤病就要赶快治，如果不治，就会渐渐（板书：渐）向体内发展，所以，他必须懂得——预防这种隐患，杜绝小病渐渐发展成大病，最后无药可救。这个意思，有个词语，就叫——"防微杜渐"（板书：防微杜渐）。这个蔡桓侯，要是早知道"防微杜渐"的道理，也不会落得个病死的下场！

8. 生活中的有些事情，开始时的情况是微不足道的，但是如果你没有关注，任其发展，没有做到"防微杜渐"，后果可能会不堪设想。同学们联系生活实际想一想，有没有这样的事情？

（转述学生的话：①你说如果没有把数学难题理解清楚，那以后遇到更难的题目就不会做了，数学也就越学越差了；②你说奶奶种的小树蛀虫了，如果不及早除虫，那小树就活不了了。）

9. 小结：是的，看来生活中像这样的事情很多，今天我们就走进这则寓言去学习古人带给我们的智慧吧！

【要点提示：此环节用时 4 分钟。一是复习导入，二是引导学生读懂寓意。教师要用启发性的口吻引导学生走进寓言故事，从故事中读出道理来，并且联系生活实际，理解道理。】

（二）记内容，明方法

1. 今天学习《扁鹊治病》这个寓言故事，我们不但了解了故事内容，而且读出了故事中所蕴含的道理，但是，我们还有一件重要的事情还没有做，那就是——简要复述。

2. 那，什么是复述呢？

（转述学生的话：哦，复述就是用自己的话简单说故事。）很棒！你说到点子上了！

3. 那什么是简要复述呢？

（转述学生的话：简要复述就是简洁地复述，概括地复述。）

4. 想要学会简要复述，到底该怎么做呢？请同学们再看阅读提示，你得到了什么启发？

（转述学生的话：哦，你找到的是找出课文中表示故事发展先后顺序的词句。）

5. 好的，那就请同学们快速默读课文，赶快找一找。

（转述学生的话：你找到的是——有一天、过了十天、十天后、又过了十天、五天过后。）（板书：有一天→过了十天→十天后→又过了十天→五天过后）

6. 同学们，这些对我们简要复述有什么帮助呢？

（模仿学生口吻：不会遗漏情节，并且能说得非常有序！）

7. 你们说得很对，要想有序地复述，并且不遗漏情节，就得记住这五个时间发展变化的词语，按顺序说。（板书：按顺序）这就是简要复述的第一个法宝——按顺序。

8. 光说不练假把式！请你们先来看看故事的开头部分怎么"简要复述"。这段话其实有两方面的内容，我请一位同学来读读这部分，其他同学一边听，一边想，看看这部分的内容怎么划分。

9. 现在，张老师请一位同学来试试看。其他同学认真听，听听这位同学说的，和原文有什么区别。

（模仿学生口吻复述：有一天，名医扁鹊拜见蔡桓侯。扁鹊看了看蔡桓侯，就说他的病在皮肤上，叫他赶快治，可是他不听，还和周围的人说扁鹊的坏话。）

10. 谁来说说你的发现？

（转述学生的话：这位同学"扁鹊在蔡桓侯身边站了一会儿"这句话没有说。——那张老师想问问你，"扁鹊在蔡桓侯身边站了一会儿"这个内容，你怎么省略掉了？模仿学生回答：因为它是次要内容，完全可以删除。看来，你完全明白了"简要复述"的要求，能够抓主要情节（板书：抓主要情节），省略次要情节。

11. 谁还听出什么来了？

（模仿学生口吻：他把人物的语言省略了，转化为了自己的语言简练地说出来。）

12. 你说得太好了，简要复述，可以把人物的语言进行转化（板书：转化），转化为自己的语言。

13. 老师发现同学们不但很会概括，而且还把"简要复述"的方法总结得这么好，很符合"简要复述"的标准。掌声送给自己！

14. 同学们，第五段话最长，特别是扁鹊的这番话概括起来有点儿难度。我们不妨再来细看。

（1）现在，请大家圈画出蔡桓公病情变化的词语：皮肤上、皮肉之间、肠胃里、深入骨髓。大家发现了什么？谁会概括？

（转述学生的话：病情由轻到重，由外到内。）

（2）之所以会这样，原因是什么呢？谁会概括？

（转述学生的话：蔡桓侯一再拒绝治病。）

（3）谁能把这两个意思结合起来说一说？

（转述学生的话：因为蔡桓侯一再拒绝治病，所以他的病情由轻到重，现在已经无药可救了。）

15. 给你点个赞，你说得太好啦！

16.第六自然段呢？主要内容是什么？

（模仿学生口吻：哦，就是蔡桓侯病死了。）

【要点提示：此环节，用时 10 分钟。"简要复述"作为本单元的语文要素，是本节课的意义所在。此环节，为落实"简要复述"的方法，以课文前面的思考题和园地中的"交流平台"为抓手，老师讲练结合，从扶到放，体现了学生从不会到会的过程。】

（三）拓展延伸

同学们说得真好，今天回家以后，大家把这个故事按照"简单复述"的要求说给爸爸妈妈听，当然，你也可以试着用老师教你们的"简要复述"的方法，尝试简要复述下一个故事《纪昌学射》。然后，把这些寓言故事讲给别人听，让他们在寓言故事中思考生活，思考人生，遇见更好的自己！

【要点提示：此环节，用时 1 分钟，为总结延伸环节。教师在此环节要懂得利用板书，引导学生回顾复习"简要复述"的方法，让学生加深印象，把课堂上学到的相关知识用到"简要复述"其他故事中去。】

四、板书设计

寓言

小故事　　扁鹊治病

大道理　　防微杜渐

有一天 → 过了十天 → 十天后 → 又过了十天 → 五天过后

按顺序
抓主要情节
转化（人物语言）

19

统编版四年级上册

《纪昌学射》

王李露子　执教

一、扫描文本

　　《纪昌学射》是统编版小学语文四年级上册第八单元的一则寓言故事。这则寓言讲述了纪昌拜飞卫为师后，勤加练习，最后终于成为百发百中的射箭能手的故事。作者并没有把笔墨用在纪昌是如何学习射箭上，而是详细描写了纪昌两次练眼力的过程，突出了纪昌的恒心和毅力，让读者获得深刻的启发。

二、教学速构

（一）教学内容

课文 2、3 自然段。

（二）教学目标

1. 了解纪昌两次练眼力的过程。
2. 通过关键词句，体会人物品质。
3. 学习复述故事。

（三）教学重难点

学习复述故事。

三、教学流程

（一）看图猜故事，导入新课

1. 同学们是不是还记得，在妈妈的怀里，在奶奶的膝前，在学校的教室中，听故事、读故事的美好情景？故事曾经给我们带来多少快乐呀！老师给大家带来几幅图，能猜出这些图里都藏了些什么故事吗？

2. 这是揠苗助长，这是掩耳盗铃，这是守株待兔，这是亡羊补牢，这是刻舟求剑。

3. 同学们，你们发现了吗？这些都是——寓言故事（板书：寓言）

4. 寓就是寄托。言就是故事。把理寓之于言，就是寓言。也就是把要说的道理寄托在所讲的故事里。我们学习寓言，首先要知道它讲了什么故事，接着再去体会其中的道理。

5. 这节课，让我们再来学习一则寓言，纪昌学射。（板书：纪昌学射）这则寓言的原文出自《列子·汤问》。看看我们学完之后，读懂什么道理。

6. 齐读课题。提醒："纪"是一个多音字，在这里作为人的姓时要

读第三声。（板书：jǐ）

【要点提示：此环节为导入环节，用时 1~2 分钟，教师要通过语言唤起学生听故事、读故事的美好经历，再让学生明确学习寓言一要了解故事，二要体会道理。】

（二）整理故事线索，整体感知

1. 同学们读完课文之后，了解了故事的起因是：纪昌想学习射箭，就去向飞卫请教。经过是：飞卫让纪昌先练眼力，接着才教他开弓放箭，纪昌都照做了。结果是：后来纪昌终于成了百发百中的射箭能手。

2. 大家发现了吗？把故事的起因、经过、结果连起来说，就是故事的主要内容。

【要点提示：此环节为过渡环节，用时 1 分钟左右，教师需要让学生迅速明确课文的起因、经过、结果，了解故事主要内容，为下一环节做好准备。】

（三）训练复述故事，明了寓意

1. 学习射箭，学的应该是怎么开弓放箭，可是文中重点写的却是什么？

（转述学生的话：练眼力。）（板书：练眼力）

真是奇怪呀！我们就带着这满腹的疑问，来看看文中练眼力的部分。找找课文中哪些自然段是写练眼力的？原来是 2、3 自然段。

2. 找找这两个自然段有什么共同点，不同点？

（转述学生的话：你发现了这两个自然段都是先写飞卫提出的要求，再写纪昌练习的过程，最后写纪昌练习的结果。）（板书：要求 过程 结果）

3. 飞卫是怎么教的？两次都提出了什么要求？请找出飞卫说的话读一读。

（转述学生的话：①你找到了——你要想学会射箭，首先应该下功夫练眼力。眼睛要牢牢地盯住一个目标，不能眨一眨！②你找到了——虽然你已经取得了不小的成绩，但你的眼力还不够。你要练到把极小的东西看得很大，把模糊难辨的东西看得很清楚，那时候再来见我。）

4. 同学们可以从这两个要求中提炼出一些关键信息吗？

（转述学生的话：你填的是——牢盯目标不眨眼、极小东西放大看、模糊东西看清楚。）

5. 你认为飞卫的要求如何，容易做到吗？是从哪些关键词看出来的？

（转述学生的话：你从牢牢、盯、眨一眨、极小、模糊难辨这些词中看出飞卫提出对纪昌的要求很严格。）

6. 听了飞卫的话，纪昌是怎么练习的？找出他两次练习的句子读一读。

（转述学生的话：①你找到了——纪昌回家之后，就开始练习起来。妻子织布的时候，他躺在织布机下面，睁大眼睛，死死盯住织布机的踏板；②你找到了——纪昌记住了飞卫的话，回到家里，又开始练习起来。他用一根牛尾毛拴住一只虱子，把它吊在窗口，然后每天站在虱子旁边，聚精会神地盯着它。）

7. 同学们可以将纪昌练习的过程提炼出关键词句吗？

（转述学生的话：你填的是：织布机下看踏板、绑住虱子每天看。）

8. 纪昌两次练习的结果如何？请同学们找一找。

（转述学生的话：①你找到了——两年以后，纪昌的本领练得相当到家了——就是锋利的锥尖要刺到眼角了，他的眼睛也不眨一下；②你找到了——那只小虱子，在纪昌的眼里一天天大起来，练到后来，大得竟然像车轮一样。）

9. 同学们可以将纪昌练习的过程提炼出关键词句吗？

（转述学生的话：你填的是——锥扎眼角不眨眼、虱子大得像车轮。）

10. 我们将两次飞卫的要求、纪昌练习的过程以及他练习的结果填入表格中，就能根据表中的内容复述故事。请一位同学尝试复述这个故事。

11. 我们还可以将表的内容再简化一些吗？

（转述学生的话：要求可以填——牢盯、放大；练习可以填——看踏板、看虱子；结果可以填——不眨眼、像车轮）

12. 根据简化后的表格，同学们还会进行复述吗？可以针对一些情节进行自己的创造，也就是进行创造性复述。

13. 想一想，在哪些部分可以进行创造呢？

（转述学生的话：①比如纪昌练习的过程，他是怎么练的，这个过程中吃了哪些苦头；②纪昌有什么感受，他的家人有什么反应，纪昌是怎样一点一点进步的。）

14. 请同学们根据刚才的提示，发挥想象，创造性地复述这个故事。

【要点提示：此环节为重点段落教学环节，用时 10 分钟。"了解故事情节，简要复述课文"为本单元的语文要素之一，教师要注意引导学生从文中找出关键情节，从而为学生复述课文降低难度。】

（四）品读故事人物，感受形象

1. 学射箭，先下功夫练眼力，现在你明白是为什么了吗？

（转述学生的话：因为练眼力是射箭的基本功。无论学习什么技艺，都要从学习这门技艺的基本功入手。）

2. 两年的时间练习不眨眼，三年的时间练习看虱子，前后用了五年的时间来练眼力，你看到了怎样的纪昌？

（转述学生的话：你们看到了有决心的、有恒心的、有毅力的、坚持不懈的、勤奋刻苦的纪昌。）

3. 纪昌的成功，除了自己，还少不了谁的功劳？你认为飞卫是一个怎样的老师？

（转述学生的话：飞卫真是一个教学有方法的，对徒弟严格要求的老师。）

4. 从这则简短的寓言中，我们明白了，不论学习哪一项本领，都要先从基本功入手，而且学习的过程必须勤奋刻苦，坚持不懈，当然好老师的指导也至关重要。课堂的最后，老师送给大家几句话：宝剑锋从磨砺出，梅花香自苦寒来。有志者，事竟成。业精于勤，荒于嬉。希望大家向纪昌学习，勤奋刻苦，坚持不懈，练就一身扎实的好本领。

【要点提示：此环节为总结，用时 1 分钟。教师在此环节要引导学生从故事情节归纳出寓言的寓意，提炼出人物的品质，获得自身价值观的升华。】

四、板书设计

20

统编版五年级上册

《白鹭》

陈瑾 执教

一、扫描文本

《白鹭》是统编版小学语文五年级上册第一单元的第一篇精读课文。本文兼有散文与诗歌的文体特点。全文篇幅短小，语言隽永，富有诗情画意。文章以"总分总"的结构谋篇，把白鹭比作一首精巧的诗，用真诚、富有韵味的笔触描绘了白鹭的自然生态之美，赞扬了寻常的事物中蕴含着的内在美。作者通过比较、描摹、动静结合等写作手法，将白鹭的形象刻画得惟妙惟肖、动感十足；寓情于物，在抒发自己对白鹭的喜爱与赞美之情时，也将白鹭比作自己，表达自己的政治追求。

二、教学速构

（一）教学内容

课文 1~5 自然段。

（二）教学目标

1. 有感情地朗读课文，正确书写"宜"字。
2. 抓住描写白鹭外形特点的语句，具体感受"白鹭是一首精巧的诗"所表达的意思与情感。
3. 通过朗读与想象画面，初步体会作者借物抒情的写作方法。

（三）教学重点

抓住描写白鹭外形特点的语句，具体感受"白鹭是一首精巧的诗"所表达的意思与情感。

（四）教学难点

通过朗读与想象画面，初步体会作者借物抒情的写作方法。

三、教学流程

（一）走近"白鹭"，导入新课

1. 同学们，今天我们的课堂来了位新客人，瞧，（出示课件）它是谁？
2. 是的，白鹭（板书课题），说说你对它的第一印象。

（转述学生的话：①你觉得白鹭很美；②你觉得白鹭清新脱俗；③你在生态环境好的地方见过它。）

3. 同学们，如果让你把白鹭比喻成一种事物，你脑子最快蹦出的是什么？

（转述学生的话：①白鹭像腾云驾雾的仙子；②白鹭像快乐的自由天使。）

4. 可是有一位作家，他却是这样形容白鹭的，读（出示课件）——白鹭是一首精巧的诗。（板书：精巧的诗）

5. 什么是"精巧"？你用分字解释法解释为精致、巧妙。而"诗"又有什么特点呢？

（转述学生的话：①也是精巧的，篇幅小，但含义深远；②诗有韵味；③诗，短小精悍！）

6. 说得好！那白鹭为什么会像一首诗呢？让我们走进著名诗人、文学家郭沫若先生的散文，好好欣赏他笔下的白鹭吧！

【要点提示：此环节为导入环节，用时 1~2 分钟。教师要用亲切、自然的语调带着学生从生活入手，打开记忆的阀门，回忆见过的白鹭。紧接着链接文本，与作者的体会产生冲突，带着问题阅读课文，激发学习之趣。】

（二）初识"白鹭"，整体感知

1. 自由轻声读读课文 2~5 自然段，边读边想：作者是怎么写出白鹭的"精巧"的？

（转述学生的话：①你觉得作者通过描写白鹭的外形写出了"精巧"；②你觉得作者用其他的鸟类动物进行对比，突出它的"精巧"。）

2. 同学们很会读书，也养成了在读中发现与思考的习惯，真好！那就让我们再走近些，走进郭沫若先生的文字中细细品味吧！

【要点提示：此环节为过渡环节，用时1~2分钟。教师要用自然的语调发出学生初读课文的指令，引导学生走进课文去思考白鹭的"精巧"体现在何处。】

（三）细观"白鹭"，品味语言

1. 同学们，如果我们现在就置身在郊外的水田边，你看到了（出示课件）这么一只只白鹭，你会怎样描述它的外形呢？

（转述学生的话：你会描写①它洁白的羽毛；②细长的双腿；③又尖又长的喙；④站立的姿态特别优美！）

2. 同学们，你们眼中看到的，郭沫若先生用了一个词来形容——适宜。什么是"适宜"？正正好，不多也不少，特别适合。

3. 这就是作者眼中的白鹭，读——色素的配合，身段的大小，一切都很适宜。

作者是怎么写出"适宜"之感呢？正如刚刚那位同学所说的，作者运用了"对比"的手法。

4. 请大家默读课文的第三自然段，同桌互相讨论，完成这份"四类鸟调查小报告"吧！（课件展示白鹭、白鹤、朱鹭、苍鹭的图片和文字。）

5. 我们来分享一下大家的"四类鸟调查小报告"吧！哪两位同学愿意来分享交流？

（转述对学生的话：你们觉得这么一对比，白鹭的色素与身段确实显现出了匀称、恰到好处之美。）这就是作者所说的，读——一切都很适宜。

6. 你们也来分享一下自己的感受！

（转述学生的话：你们觉得对比之后，白鹭的美确实有了与众不同的感觉，它的身段、色素都搭配得非常和谐。）

7. "和谐"一词用得极妙，就是这样的"适宜"之美才让作者过目不忘，久久念想啊！把你感受到的这样的"美"带到句子中，读——色素的配合，身段的大小，一切都很适宜。

8. 同学们，请注意这个"宜"字，在书写的时候，也要注意它上下结构的适宜之美。和老师一起书写"宜"字。上面的宝盖头要大小适宜，下面"且"字要做到宽度适宜，这样整个字就显得匀称而美观了。

9. 正如作者所说的白鹭因为它的常见（板书：常见），而被人忘却了它的美（板书：美）。

10. 让我们读着这样的文字，去近距离感受它的"美"吧！读——

（出示课件：那雪白的蓑毛，那全身的流线型结构，那铁色的长喙，那青色的脚，增之一分则嫌长，减之一分则嫌短，素之一忽则嫌白，黛之一忽则嫌黑。）

11. 说说郭沫若是怎么描述白鹭的"美"的？

（转述学生的话：①你说白鹭的长喙和脚再长长一些或者短一些都不好看，现在的长度是恰恰好的美；②你感觉到它满身的蓑毛再白一些或者再黑一些都不好看，这样的搭配最好看！）

12. 你说出了作者的心声啊！瞧，这样恰到好处的写法古今有之，作者作了巧妙的化用。

（出示课件：宋玉《登徒子好色赋》片段——东家之子，增一分则太长，减一分则太短；著粉则太白，施朱则太赤；眉如翠羽，肌如白雪。）

13. 作者将古文中对美女精致面容的描写放到了白鹭身上，你有什么感受啊？

　　（转述学生的话：①你觉得郭沫若先生也把白鹭当成了美丽的女子啦！②你觉得这样的化用使白鹭的描写更形象、生动啦！）

　　14.是的，这就是作者心中最美的白鹭，色素的配合，身段的大小，一切都很适宜。读——

　　（那雪白的蓑毛，

　　那全身的流线型结构，

　　那铁色的长喙，

　　那青色的脚，

　　增之一分则嫌长，

　　减之一分则嫌短，

　　素之一忽则嫌白，

　　黛之一忽则嫌黑。）

　　是的，熟悉的白鹭却让作者发现了它独特之美，读——

　　（那雪白的蓑毛，

　　那全身的流线型结构，

　　那铁色的长喙，

　　那青色的脚，

　　增之一分则嫌长，

　　减之一分则嫌短，

　　素之一忽则嫌白，

　　黛之一忽则嫌黑。）

　　读着读着，我们仿佛在读一首歌颂白鹭的轻巧的诗啊！让我们读出节奏、读出音乐的美感来——

　　（那雪白的蓑毛，

　　那全身的流线型结构，

那铁色的长喙，

那青色的脚，

增之一分则嫌长，

减之一分则嫌短，

素之一忽则嫌白，

黛之一忽则嫌黑。）

15. 如果只看着它，静静地看着它，你能吟出这首美妙的诗篇吗？

（　　　　　）的配合，

（　　　　　）的大小，

一切都很（　　　）。

白鹤（　　　），

即使粉红的朱鹭或灰色的苍鹭，也觉得（　　　），

而且（　　　　　）。

然而白鹭却（　　　），

而被人（　　　）。

那雪白的（　　　），

那全身的（　　　），

那铁色的（　　　），

那青色的（　　　），

……

【要点提示：此环节为重点段落教学环节，用时 10 分钟。教师要用委婉、深情的语言引导与过渡，不知不觉地把学生带到如诗般的语言情境中去，让学生在对比、朗读、思考、感悟中体会作者将平凡事物之美流淌于语言之中的写作手法。】

（四）俯瞰"白鹭"，体会写法

1. 同学们，今天我们在朗读与思考中感受到了，郭沫若先生把常见的、平凡的白鹭通过细致描写，而表现出的如"精巧的诗"般、具有独

特之美的白鹭形象。（板书：独特）

2. 同学们，你们知道郭沫若先生是在什么情况下写下了这篇文章吗？请看资料（出示课件：文章写于 1942 年 10 月 31 日，正值抗日战争第二阶段。他说："中国目前是最为文学的时代，善恶对立、忠奸对立异常鲜明，人性美发展到极点，人性恶也发展到极点。"所以，在这个时期写的文章，大多以爱国为主题。《白鹭》正是以真诚的笔触描绘了白鹭的生态特征，赞扬了寻常事物所蕴含的美，隐晦地借孤独而优美的白鹭来表达自己的政治追求。）

3. 郭沫若先生写"白鹭"是要借这个事物（板书：物）来抒发（板书：情）一份怎样的情感呢？我们下节课继续学习！

【要点提示：此环节为结课环节，用时 1 分钟。教师要回到板书前，用教学用语将板书进行简单梳理，再根据课件出示的资料，让学生产生对文本进一步的思考，引出本文的写法，为下一课时的学习做铺垫与交代。】

四、板书设计

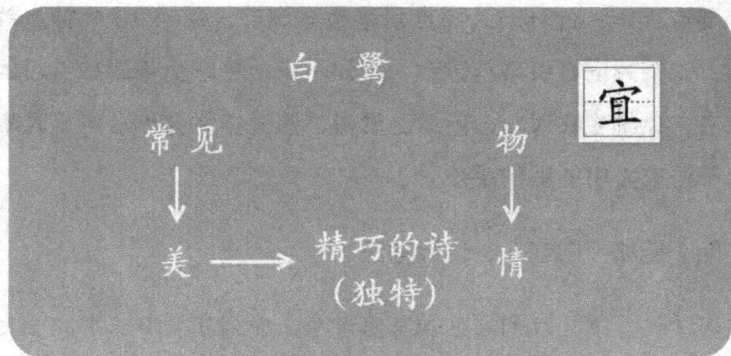

21

统编版五年级上册

《冀中的地道战》

陈瑾 执教

一、扫描文本

《冀中的地道战》是统编版小学语文五年级上册第二单元的第四篇精读课文，本文既具有革命回忆录特征，又具有说明文的特点。本文从地道战出现的原因、作用、地道的样式结构以及特点等方面，巧妙运用了列数字、举例子等方法，进行了具体、清晰的介绍，从而颂扬了抗战时期人民群众的无穷智慧和顽强对敌的意志。本单元的语文要素之一是"学习提高阅读速度的方法"，文章结构严谨、条理清晰、重点突出，在阅读中要指导学生利用科学的方法，借助文本学习与掌握快速阅读的方法，从而感受抗日战争中冀中群众不屈不挠的顽强精神和无限智慧。

二、教学速构

（一）教学内容

课文 1~5 自然段。

（二）教学目标

1. 带着问题，用较快的速度默读课文，记录时间，并尝试通过自己的思考与阅读解决问题；

2. 学习课文说明与叙述相结合的表达，感受地道战的斗争方式，感受人民群众的无穷智慧和顽强的斗志。

（三）教学重难点

带着问题，用较快的速度默读课文，记录时间，并尝试通过自己的思考与阅读解决问题。

三、教学流程

（一）追溯字源，导出课题

1. 同学们，请看一幅象形字书画作品，猜一猜这幅图表示的是哪个汉字？（出示课件）

2. 这个汉字在古时候表示用扫帚驱赶侵入农田的牛，后来随着汉字的演变，将牛改为侧身的人形，变成了驱赶入侵人的含义。是的，这就是古代的"侵"字，仔细看老师书写一个"侵"字，左边表示人，右边上下都是手。

3.从1942年到1944年，日本侵略者就侵略了我国的冀中平原。（出示课件）（板书：冀中）

4.同学们，看地图——冀中，位于我国河北省中部，是平原地带，有很好的作战地势，所以在抗日战争时期，冀中的群众就巧妙地运用了一种战术，取得了胜利。它就叫作——地道战。（板书：地道战）

5.今天，我们就一起走进这篇课文，走进那个年代去了解什么是"地道战"吧！齐读课题——冀中的地道战。

【要点提示：此环节为导入环节，用时1~2分钟。教师巧妙引用本课的一个生字"侵"，从它的字源出发，追根溯源，明晰"侵"在很早的时候就表示入侵的意思，由此引出了日本侵略者侵略冀中平原的历史事件，同时也使学生初步了解了地道战形成的基本情况。】

（二）入文质疑，整体认知

1.同学们，看这三个字"地道战"，从名字上，你猜猜它会是一种怎么样的战略方式？

（转述学生的话：①你觉得它一定是在地下挖出一条战道进行战斗；②你认为它是在地底下与敌人作战；③你感觉他们是通过地下通道与敌人周旋。）

2.同学们，猜得似乎有道理。你们对"地道战"又会产生哪些新的问题？

（转述学生的话：①你觉得小小的地道怎么能作战呢？②你觉得那时候的科技怎么能实现人在地下活动呢？③你想知道它们的地道战最后到底有没有取得胜利，是如何取得胜利的。）

3.好的，今天咱们就来尝试一种具有挑战性的阅读方法——带上问题，快速默读，记录自己默读的时长，并告诉我你从中获取了哪些关于

"地道战"的信息。开始吧！（板书：快 读）

4.好的，同学们都读好了，把你快速默读所花的时间记录在题目旁边，并且在选择器上按下你的用时按钮。

5.同学们，大屏幕上显现出了全班同学快速阅读所用的时间情况，1分钟以内的有5人，2分钟以内的有15人，3分钟以内的有25人，而用到4分钟以上的还有3人。

6.现在，老师利用抢答器，分别抽取一些同学来说说，通过快速阅读，你获取了哪些关于"地道战"的信息。

（转述学生的话：①这位只用了1分钟就读完了全文的同学，你得到的信息是地道战简直是个奇迹。很棒，一下子抓住了文章的关键句——概括了地道战的主要特点的句子；②这位同学你用时2分钟，你获取的信息是文章写了冀中人民挖了什么样的地道，怎么利用地道与敌人斗争。）（板书：式样 结构 功能）

（转述学生的话：再请一个阅读了3分钟的同学来说说，你觉得文章不仅写了地道的式样、结构、功能，还写了群众和敌人怎么在地道里战斗。）

7.小结：同学们，你们发现了吗？用时越久的同学获取的信息越细致，用1分钟默读完全文的同学，如果能尽可能让自己获取更多的信息，就更棒了！而用时3~4分钟的同学若能再提高一些阅读速度，就更棒了！

【要点提示：此环节为整体感知环节，用时2分钟。教师要在片段演绎中，发散学生的思维，使学生的阅读思维可视化，从"地道战"三个字做出阅读猜测，然后再进一步质疑，带着疑问走进文章，挑战快速阅读获取信息。在这个环节中，教师要演绎出利用智慧课堂信息化教学手段，统计学生阅读时长，并根据时长进行阅读信息采集，这也是目

前信息化教学手段进入课堂的很好体现。】

（三）变身导游，品读"奇迹"

1. 快速阅读能让我们在最短的时间获取文章信息，但是有的问题需要大家慢下来，好好思考。例如，刚刚这位同学提出的"为什么地道战是个奇迹呢？"冀中人民利用地道战取得成功的关键是什么？这次，咱们慢读，（板书：慢）默读课文3~5自然段，找出相关语句，勾画出来，和同学交流一下。

2. 地道战的"奇迹"体现在哪儿呢？谁能来分享自己的想法？

（转述学生的话：你从"不计其数"读出了奇迹之一，挖了这么多的地道，而且形状各异，家家相连，村村相通。）（板书：量多、形异、相连）

（转述学生的话：你觉得"奇迹"还体现在下面行人，上面种庄稼，而且很牢固，有大洞、小洞，有不同用途的洞，应付人们的各种生活。）（板书：多用）

（转述学生的话：你说"奇迹"还体现在还可以安装很多暗器，迷惑敌人，让敌人落入地道，轻而易举地消灭他们。）（板书：灭敌）

3. 是呀，在那个战争年代，不要说高科技了，连饭都吃不饱，冀中人民还能设计出这样的"地道"，真不愧是"奇迹"啊！

4. 同学们，假设冀中还保存着这样的地道，你愿意做"小导游"，向中外游客介绍吗？马上化身为"小导游"，选择一处进行介绍。比一比哪位导游介绍得最有条理，最吸引我们！可以在学习小组里先互相介绍，开始吧！

5. 同学们，"冀中地道"景区开放了。哇，来了很多中外游客，现在哪位导游来向大家介绍一下？

（转述学生的话：①这位王导游介绍得真不错！我们知道了地道很多，在这片庄稼地地下很隐蔽，这个村到那个村，只需走地道，又快又便捷；②这位李导游介绍得特别精彩，还模拟再现了敌人怎么掉入"迷惑洞"被我们消灭了，真是大快人心，更加感叹冀中人民的勇气与智慧啊！③这位张导游介绍了人们在地道下做了许多事，可以开大会、可以纺线、可以聚会，真是别有洞天啊！）

6.同学们，任何人听了地道战的介绍，都会激动不已，你如果是一位游客，你最想对冀中人民说什么？

（转述学生的话：①你想竖起大拇指称赞他们："真的太勇敢了！太有智慧了！"②你觉得地道战是抗日战争中最神奇、最厉害的战斗！③你认为敌人真的会觉得这里"闹鬼"啦。这里的人有"神力"，让他们死得不明不白。哈哈，这也是个有趣的想法。）

【要点提示：此环节为重点段落教学环节，用时10分钟。教师从指导学生"快读"变为"慢读"，所谓"慢读"，其实就是走进文本仔细体会地道的特点，以及特点背后的作用，从而感受冀中人民的智慧。这个教学环节中，教师从引导学生读中思考，再到读后表达，通过各种语文实践活动，让学生一步步理解"地道战"的意义，教师在演绎片段环节时，要展现出如何指导学生在"学中思，思中学"的过程，使学习从浅层次思考慢慢向深度思考过渡。】

（四）绘游览图，课外观影

1.同学们，再次快速默读课文，尝试绘制一张"冀中地道游览图"，在图中标识出文章里最关键的信息。

2.我们来分享每组绘制的游览图吧，请各组分别上来介绍。

3.同学们，你们看，这节课我们用两种"读"的方式走进了冀中的地道战，"快读"犹如"扫描"，能让我们对地道战有一个总体的认识，"慢读"犹如"游览"，可以放慢脚步慢慢欣赏。（板书：扫描 游览）两种"读"的方式在不同的时候起到不同作用，大家在生活中，也要根据自己的阅读需要采取不一样的阅读速度，获取自己所需的阅读信息。

4.有一部影片就叫《地道战》，回家以后可以找来看一看。你会对"地道战"有更全面的认识。

【要点提示：此环节为结课环节，用时1~2分钟。教师用"绘游览图"的方式让学生再次默读，获取重要信息。这次"快速默读"与前一次有所不同，学生对"地道"已有了较具体的认识，再次快速阅读可以再次整理思路，提取重要而有序的信息进行归纳与概括。】

四、板书设计

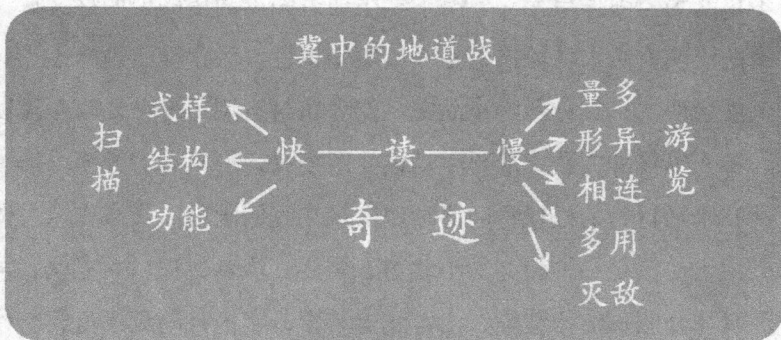

22

统编版五年级上册

《松鼠》

陈瑾　执教

一、扫描文本

　　《松鼠》是统编版小学语文五年级上册第五单元的第二篇精读课文，本单元为"习作单元"，要求学生通过阅读简单的说明性文章，了解文章的说明方法。《松鼠》是一篇集知识性、科学性、趣味性为一体的文艺性说明文，又称科学小品文。作者布封运用了各种描写手段以及比喻、拟人等修辞方法，形象生动地介绍松鼠，一只有着漂亮外形、驯良习性和乖巧行为的松鼠瞬间清晰地展现在我们眼前。文章先从总体入手，介绍了松鼠是一种漂亮的小动物，乖巧、驯良，很讨人喜欢，再分几方面具体介绍，结构清晰，内容浅显易懂，字里行间无不流露着作者对松鼠的喜爱之情。

二、教学建构

（一）教学内容

课文 1~3 自然段。

（二）教学目标

1.通过默读课文，能从课文中获取有关松鼠的信息并分条记录。学习正确书写"鼠"字。

2.通过比较阅读，感受课文中准确的说明和生动形象的描写，初步学习文艺性说明文的表达。

3.通过朗读，激发学生喜爱动物的感情，增强保护动物的意识。

（三）教学重难点

通过比较阅读，感受课文准确的说明和生动形象的描写，初步学习文艺性说明文的表达。

三、教学流程

（一）"鼠"字激趣，引出课题

1.同学们，（出示课件）猜猜这个甲骨文代表什么字。

2.答对了，是"鼠"字，是的，这个部分是鼠头，这个部分是鼠身，最后一笔长长的是鼠尾。

3.和老师一起来写"鼠"字，注意它的笔画较多。上面部分是"鼠头"，写的时候要居中，大小适宜；下面左边是它的身子，最后一笔就是它的长尾巴了，稍稍写得长一点。

4. 鼠家族的成员种类众多，有一种博得了众多人喜爱，不妨猜一猜？它体形细长，身体灵活，善于跳跃与攀爬，最显眼的是它蓬松的大尾巴，能够在下落时起到降落伞的作用。

5. 大家都猜出来啦！对，它就是我们都喜欢的小动物——松鼠。（板书课题）

6. 今天，我们就一起走进法国著名的博物学家、作家布封笔下的《松鼠》，去认识这种可爱的小动物吧！

【要点提示：此环节为导入环节，用时 1~2 分钟。教师用甲骨文的"鼠"字引出汉字"鼠"，落实片段教学中一个生字的教学，接着用猜谜式的引导语激发学生的探究兴趣，引出课题。】

（二）读"鼠"信息，整理文脉

1. 默读课文，边读边完成一张"松鼠信息采集表"。

2. 大家读得很认真，都完成了这张"松鼠信息采集表"，现在在学习小组内互相交流。

3. 现在我们一起来交流一下大家采集到的相关信息。第一部分，请你用文中一句话来概括出松鼠的特点，你找到的信息是？

（转述学生的话：你找到的是文章的第一句话。）

4. 大家同意吗？好的，咱们一起读——松鼠是一种漂亮的小动物，乖巧、驯良，很讨人喜欢。

5. 第二部分，作者从哪几方面来介绍松鼠的漂亮呢？你采集到的信息是？

（转述学生的话：你觉得作者是从松鼠的外形特点方面描写了松鼠的漂亮。）你能根据信息采集表，具体地说说介绍了哪几方面吗？

（转述学生的话：面容、眼睛、身体、四肢、尾巴。）

6. 好的，从同学们采集到的关于松鼠"漂亮"的信息中，我们可以很清楚地看到作者是从这五个方面描写松鼠的外形特点的。就让我们再走近一些，去好好欣赏布封是如何写出这么一只漂亮的松鼠的，它到底漂亮在哪儿呀？

【要点提示：此环节为过渡整体感知环节，用时1~2分钟。教师用一张"信息采集表"从中心句入手，一步一步地带着学生理清文章结构。学生在小组内讨论交流信息表，教师演绎出学生是如何合作学习，如何整合选择信息，显现学习的过程，体现出教师心中有培养学生合作、自主探究能力的教学理念。】

（三）品"鼠"特点，学习写法

1. 请同学们再次默读课文第一段，把描写松鼠漂亮的语句画出来。

2. 同样是介绍松鼠，我们来看看这两段话，分别读一读，对比一下，说说你喜欢哪一种。

（出示课件：

①它们面容清秀，眼睛闪闪发光，身体矫健，四肢轻快。玲珑的小面孔，衬上一条帽缨形的美丽尾巴，显得格外漂亮。它们的尾巴老是翘起来，一直翘到头上，自己就躲在尾巴底下歇凉。

②松鼠体形细长，体长17~26厘米，尾长15~21厘米，体重300~400克。）

3. 好的，有的同学已经有了自己的想法，我们来交流一下。

（转述学生的话：①你觉得布封描写的松鼠更漂亮，因为写得很形象，很生动；②你也喜欢第一句，因为读着第一句话，你感觉一只活灵活现的松鼠就在眼前；③你说第二句话用了列数字的说明方法，可以很清楚、很具体地告诉我们松鼠的外形特点，但缺少了趣味性、生动性，把松鼠这么可爱的动物写得毫无生趣。）

4. 同学们，通过对比，我们发现了布封笔下松鼠的特点，多了一分活力，多了一分生机。那为什么我们会有这样的阅读感受呢？同学们再读一读文中这段话，说说作者究竟是怎么写的？它让松鼠变"活"的秘诀在哪儿？

（转述学生的话：①你从"清秀""歇凉"这些词感觉到作者用了拟人的方法，把松鼠当成了人，松鼠和淘气的小孩一样。②你觉得作者很用心观察，松鼠那么小的眼睛、面孔，他都能观察得如此细致，真厉害！③你也发现了，作者还用了比喻的修辞手法，把松鼠的尾巴比成了帽缨。）（板书：比喻 拟人）同学们，你们知道什么是"帽缨"吗？（出示课件）看，这就是，再和右边松鼠的大尾巴对照着看，是不是特别形象？

5. 是的，这就是作者写作的秘密，他用心观察，心中有爱，把松鼠当成人描写，生动形象而有趣。

6. 看着"信息采集表"，你能根据表格中松鼠的外形特点这个部分，用自己的话介绍松鼠漂亮的外形吗？和同桌互相练习说一说。

7. 如果我没有见过松鼠，你能向我介绍一下它长什么样吗？看看谁的介绍能打动我！

8. 同学们，刚刚我们通过读课文的相关段落，填写"信息采集表"，并尝试用自己的话来介绍。这是一个很有趣的学习过程，现在以学习小组为单位，把描写松鼠"驯良"和"乖巧"的段落找出来读一读，讨论交流，完成"信息采集表"的填写。

9. 每个小组都讨论得很热烈，老师看到这边这个小组你一言我一语，通过大家的集思广益，把"信息采集表"填写完了；那边的小组因为一处概括不到位，讨论了很久，最后总算选择了一个最能表达意思的词语。激烈的思维碰撞一定会诞生出精彩的想法，我们一起来交流吧！

（转述学生的话：①第一小组通过阅读与思考，觉得松鼠的"驯良"主要体现在课文第二自然段，通过松鼠的"活动范围"与"活动时间"来写；②第三小组的代表认为松鼠的"乖巧"主要体现在第三和第四自然段，是从松鼠的警觉、动作敏捷、储备冬食、搭窝这几方面看出的。）

10. 大家真会读书，再读一读第三和第四自然段，想一想：作者是怎么把松鼠这两方面的特点具体、生动地介绍出来的，运用了哪些方法？标注在旁边。

（转述学生的话：①你找到了，从"飞鸟"看出了作者又用了比喻，把松鼠动作的敏捷写出来了；②你说作者还用了作比较的方法，与山鼠进行了比较。③你说作者还用了举例子的方法，写出了松鼠的警觉。）（板书：作比较 举例子）

11. 同学们，方法是死的，人是活的，布封就是灵活运用了各种描写方法、说明方法才使笔下的松鼠像"活"了的一样，充满生机，富有特点，表达了自己对松鼠的爱，这让我们一读就深深地喜欢上它。（板书：爱）（板画：爱心）

【要点提示：此环节为重点段落教学环节，用时10分钟。本教学设计体现学生自主探究的能力，教师要在片段演绎中用言语激发学生的学习热情，有方法、有策略地引导学生一步步地学习与探究。】

（四）选"鼠"练笔，移法训练

1. 回到课题的"鼠"字，鼠类可多了，瞧，又来了一种，它叫——花栗鼠，很可爱吧！

2. 今天回去之后，到班级的"学习空间"上看看老师发布在空间里的关于"花栗鼠"的图片和视频资料，也尝试着用布封写松鼠的方法，（指板书）既要用上生动形象的描写——比喻、拟人，又要用上说明方法——作比较、举例子，描写一段花栗鼠。

3. 选择一个方面，比如外形、行动、生活习性等来写，用上适当的说明方法，下节课我们来分享大家笔下的花栗鼠。

【要点提示：此环节为结课环节，用时 1~2 分钟。教师用言语演示来体现班级空间辅助学生学习的信息化教学方式，与课外链接，用另外一种鼠的资料让学生迁移写法，尝试练笔。】

四、板书设计

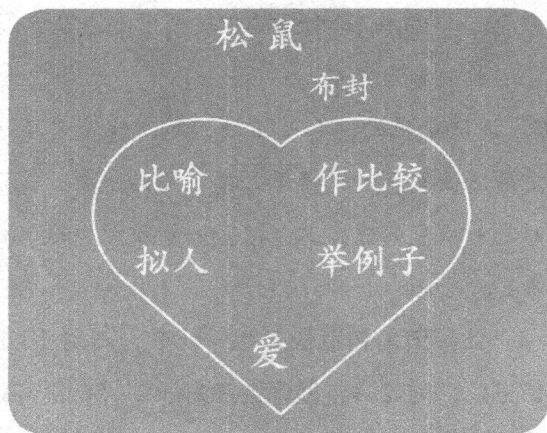

23

统编版五年级上册

《慈母情深》

刘晨霞　执教

一、扫描文本

　　《慈母情深》是统编版小学语文五年级上册第六单元第一篇精读课文，节选自著名作家梁晓声的小说《母亲》。这篇课文里的每一个字都是用深深的情写出来的。作者用饱蘸感情的笔墨描摹出一位用含辛茹苦挣来的钱给儿子买书看的母亲的形象，表现母爱的深沉、无私和宽广。语言平实，笔触细腻。课文极具画面感，字里行间都流露出"慈母情深"。

二、教学速构

（一）教学内容

课文 1~4 自然段中作者家境的贫寒；7、9 自然段中母亲工作环境的场景描写。

（二）教学目标

1. 学习本课生字新词，正确流利朗读课文，了解课文大意。学写"抑"和"碌"，读准多音字"龟"。

2. 体会作者描写的场景中蕴含的感情，感受慈母情深。

（三）教学重难点

边读边想象课文中的场景，体会"慈母情深"的细节描写。

三、教学流程

（一）主题猜情

1. 同学们，看，这是单元主题图片，请仔细观察，说说获取了哪些信息。

（转述学生的话：①你看到了老牛以舌舔小牛，眼里是对小牛满满的爱；②你看到了本单元的阅读提示——体会作者描写的场景、细节中蕴含的感情。）

2. 是的，画面上流露着浓浓的母爱。

3. 体会场景、细节中蕴含的感情。回忆一下，我们学过的体会情感的方法有哪些。

（转述学生话：第一单元我们学过通过描写具体事物表达感情。如琦君借助桂花雨表达对家乡的思念。）

4. 猜一猜这一单元的主题（板书：主题猜情）

（转述学生的话：①与母爱有关；②与父爱、母爱有关。）

【要点提示：此环节为导入环节，用时 1~2 分钟。通过单元导读页面让学生猜猜本单元的主题，从而引入本单元语文要素。】

（二）析题传情

1. 同学们，让我们背诵关于母爱的名言。

（转述学生的话：慈母手中线，游子身上衣。临行密密缝，意恐迟迟归。谁言寸草心，报得三春晖。——孟郊）

2. 是呀，母爱像春天的甘霖，洒落在我们的心田，滋润着生命的幼苗。母爱是冬日的阳光，在我们成长的路上洒下了点点的温暖。

3. 今天，我们要学习一篇关于母爱的文章，请一位同学来读课题。（板书：慈母情深）

4. 老师有个疑惑，"慈母情"和"慈母情深"一样都能表达作者对母亲的感情，"深"字能不能去掉？

（转述学生的话：你不同意，认为"深"字体现母亲对子女无私的爱的程度。有自己的见解，不错。请全班读一读课题。）

5. 同学们，刚才我们根据题目知道了这是一篇关于表现母子情深的文章。（板书：析题传情）

【要点提示：此环节为过渡环节，用时 1 分钟，引导学生从题目入手，把握情感主线。为课文学习初步奠定了感情基础，也为学生进行了情感、态度、价值观的引导，激发了学生学习探究欲望。】

（三）内容悟情

1. 课前我们预习了课文，现在我们来检查生字新词学习情况。出示：

失魂落魄　压抑　颓败　缝纫机　噪声

褐色　疲惫　耽误　衣兜　龟裂　权利

（转述学生的话：①字音方面：对，这里有个多音字"龟"。你课前通过查字典了解了它有三个读音，一是乌龟（guī），二是在本课中的读音——龟（jūn）裂，三是龟（qiū）兹，汉代西域诸国之一，这个读音不常见；②字形方面：你提醒大家要注意 "碌"字右下方是假水，"抑"的右边与"柳"的右边不同；③字义方面：联系上下文理解相关词语意思。）

2. 默读课文，说说课文讲了一件什么事？并说说自己运用的方法。

（转述学生的话：①我找出起因、经过、结果，把它们拼在一起，就是课文的主要内容；②我用关键词串联的方法，用"失魂落魄""毫不犹豫""鼻子一酸"概括文章的主要内容。）（板书：失魂落魄、毫不犹豫、鼻子一酸）

3. 读完文章后，你最大的感受什么？

（转述学生的话：①你感受到了这位母亲的伟大，为了自己的儿子有出息，她不管多辛苦都无怨无悔，甚至愿意把自己的心都掏出来。天下所有的母亲都一样，那就是爱自己的孩子，都望子成龙；②你最大的感受是母亲的辛劳，母爱的无私。）

4. 是啊，透过课文的主要内容，我们理清了文章所要表达的情感。（板书：内容悟情）

【要点提示：此环节为通过概括课文的主要内容来把握文章的基本情感主线。紧紧扣住母亲对子女无私的爱，让学生饱含着深情来学习课

文。用时3分钟。】

（四）赏句知情

1. 同学们，为什么这一元五角让作者感受那么深刻？让我们一起走进作者生活的年代。课前谁收集了这方面的资料？一起来交流一下。

（转述学生的话：①梁晓声，原名梁绍生，1949年生于哈尔滨市，当代著名作家、学者，现任北京语言大学人文学院教授；②梁晓声15岁时是20世纪60年代，大多数老百姓的生活都很困难。普通劳动者辛辛苦苦从早干到晚，一天的工资只有四五角。因此，别小看这一元五角，在当时能买十多斤大米或者五斤最大的带鱼，已经够一个家庭一个月的伙食开销了。就是在这样的情况下，母亲给了他一元五角钱买《青年近卫军》这本书。）

2. 对，课文写的是20世纪60年代初的事情，当时大家的温饱很成问题，所以一元五角钱买本书在当时是很不容易的事儿。

3. 这一元五角，让我们感受到作者的母亲对他那份深深的爱。难怪作者在长大后，仍然难以忘怀向母亲要一元五角的这件事，写下了这篇文章。

4. 当时的社会环境是这样的，那作者的家庭环境又是怎样的呢？

5. 自由读1~4自然段，哪些词句告诉我们买这本书不是一件容易的事？拿起手中的笔，找到相关的词句，做些批注。

（转述学生的话：①你从"母亲还从来没有一次给过我这么多钱。我也从来没有向母亲一次要过这么多钱。"这个句子体会到作者家庭的贫困。"还从来没有……也从来没有……"这些词强调了一元五角在当时算得上是一笔巨款；②"那时我家的破收音机已经卖了，被我和弟弟妹妹们吃进了肚子里。"你从这句话中也可以看出，为了解决温饱，连家里的"破"收音机都卖了，作者用"吃到肚子里"这样含蓄的表达体现出家境的贫寒。）

6. 你的理解很到位。是啊，这个家庭家境贫寒到连填饱肚子都做不到，买书就更困难了，所以作者不敢向家里要钱。但他一直想有一本《青年近卫军》，想得整天失魂落魄。哪个词把作者当时对这本书的渴望程度淋漓尽致地表现出来了？

（转述学生的话：对，"失魂落魄"。这种看似矛盾的冲突，实则衬托出了这份深深的慈母情。请把这份情融入你们的朗读中，再读读1~4自然段。）

7. 同学们，请默读课文，用横线勾画出描写母亲工作环境的词句，先找出特点，再看看作者是如何写具体的，并写下批注。

（转述学生的话：①你找到的是7自然段和9自然段中写出了母亲工作环境，空间低矮，四壁潮湿颓败，人多拥挤，光线阴暗，噪声大。你是个很细心的孩子，能抓住语句中的关键词句来读懂课文。请看视频，我们来体会下噪声之大。这只是一台缝纫机发出的声音，你们就捂住了耳朵，七八十台发出的噪声震耳欲聋。作者用夸张的描写突出了母亲工作环境的恶劣，突出了母亲工作的辛劳；②你从"正是酷暑炎夏，窗不能开，七八十个女人的身体和七八只灯泡所散发的热量，使我感到犹如身在蒸笼。"这句话看出母亲工作环境的炎热。表扬你，能透过"犹如身在蒸笼"的比喻，读出这份"炎热"；③你有补充，"一个老头对我大声喊""我大声说出了母亲的名字""母亲大声问""旁边的一个女人停止踏缝纫机，向母亲探过身子，喊……"这几个句子。因为（学生读）"七八十台发出的噪声震耳欲聋"。这是透过动作描写的背后，你捕捉到了这样的信息，下节课我们会针对细节描写进行专门的探讨；④"褐色的口罩上方，一对眼神疲惫的眼睛吃惊地望着我，我的母亲的眼睛……"你从"褐色的口罩"读出母亲所处的工作环境粉尘多。

你有一双善于发现的眼睛,这个信息一般人关注不到。)

同学们,请读一读梁晓声在《母亲》原文中的这一段描写:毡絮如同褐色的重雾,如同漫漫的雪花,……毡絮附着在上面。看来粉尘真的很多。低矮、潮湿、拥挤、阴暗、炎热、噪声大、粉尘多,母亲工作环境是如此的恶劣。同学们,想象一下,日复一日,年复一年,母亲就在这样的环境下工作,这一切都汇成了这四个字,那就是(学生读)慈母情深。让我们带着感悟再读 7 和 9 自然段。(板书:赏句知情)

【要点提示:此环节适时补充课外资料,进行拓展阅读,让学生更深一步体会这一元五角的不容易,初步感受母亲的艰辛。引导学生细读文本,体会细微之处见真情。在体会母亲工作环境特点环节中,让学生先找出母亲工作环境的句子,指导朗读,批注感受,深入体会母亲的艰辛,通过环境渲染衬托形象。时时回扣"慈母情深"这条阅读主线,在充分感悟中品味文字,习得语感,突破本课教学重难点。用时 8~9 分钟。】

(五)总结学情

慈母的情,深在那低矮、潮湿、拥挤、阴暗、炎热的工作环境里,深在那震耳欲聋的噪声里,深在那随处飞扬的粉尘里……让我们再次深情地读课题。这节课我们通过具体的场景描写体会到母亲的艰辛,下节课我们将继续学习作者是如何通过细节描写来感受慈母情深。

【要点提示:总结本片段学情,为下一节学习通过细节描写中蕴含的慈母情深做好铺垫。用时 1 分钟。】

(六)阅读促情

这份深情更化作了鼓舞作者上进的力量,他在 40 余年来的创作历程中,笔耕不辍,著有《父亲》《母亲》《今夜有暴风雪》《这是一片神奇的土地》《雪城》《返城年代》《年轮》《人间烟火》《白桦树皮灯罩》《黑纽扣》等作品。请同学们课后读读梁晓声的《父亲》《母亲》，体会作者对父爱、母爱更深的感受。

【要点提示：此环节引导学生从课内走向课外，借助文本的补充，丰富学生的感知，升华情感，读出文章的"味"来。用时 1 分钟。】

四、板书设计

慈母情深

主题猜情
析题传情　　失魂落魄
内容悟情　　毫不犹豫
赏句知情　　鼻子一酸

24

统编版五年级上册

《父爱之舟》

陈瑾　执教

一、扫描文本

　　《父爱之舟》是统编版小学语文五年级上册第六单元的第二篇精读课文。本文是著名的画家吴冠中先生撰写的一篇感情真挚、抒发父爱的抒情散文。文章以"时间"为序，用倒叙的手法，从梦境出发，展开回忆，描写了童年的"我"与父亲在一起的场景，再回到梦醒时刻，首尾呼应，寓情于生活的点滴小事，表现了父子之间深厚的情感。文章以回忆的方式将童年故事娓娓道来，朴素的文字中饱含着真情，以"姑父的小船"作为文章线索贯穿全文，父爱与小船紧紧相连，一个形象的比喻表达了作者对父爱的理解，对父亲的感激之情。

二、教学速构

（一）教学内容

课文 1~4 自然段。

（二）教学目标

1. 默读课文，了解文章结构，说出梦里的几个场景。学写"疼"字。

2. 有感情地朗读课文，品读场景中感人的细节，体会文章表达的深厚而伟大的父爱。

（三）教学重难点

有感情地朗读课文，品读场景中感人的细节，体会文章表达的深厚而伟大的父爱。

三、教学流程

（一）乘舟入文，引出课题

1. 同学们，（出示课件）这一幅幅清晰淡雅的江南水乡图中，渔船摇摇晃晃驶向远方，仿佛带着我们走进了一个个久远的故事中……这一幅幅画的作者就是我国著名的画家吴冠中先生。吴冠中先生不仅用画来表达情思，也用文字来抒发心底最深的情感。今天，我们就一起来学习他的一篇散文，齐读课题——父爱之舟。（板书课题）

2. 正如画上之作，这艘小舟特别显眼，特别温暖，让我们乘上这艘小舟，走进吴冠中先生笔下的故事吧！

【要点提示：此环节为导入环节，用时1~2分钟。教师用创设情境的手法，在音乐声中，在一幅幅国画中，带着学生走进作者的回忆中。教师语言要舒缓而有情，要有造境之效，让课一开始就有了淡淡回忆的色彩，就有了一丝爱的气息。】

（二）寻舟入梦，理顺文脉

1. 请同学们打开书，自由轻声地读课文，边读边想：作者在什么情况下展开了回忆？他的回忆中有哪些场景？

2. 大家都很用心地读，有的同学边读边在书本上圈圈画画，写下自己的发现；有的同学读完后，还和同桌交流了下自己的感受。谁说说作者在什么情况下展开了回忆呢？

（转述学生的话：你发现作者先从梦醒时开始回忆梦中之事，最后又以梦醒来结束。）（板书：梦醒 梦中 醒来）

3. 那作者在梦中回忆了哪些场景？

（转述学生的话：①你说父母半夜起来给蚕宝宝添桑叶；②你说每年父亲卖了茧子给作者买枇杷吃。）

4. 同学们，紧扣文题中的"父爱"，我们抓住父亲为作者做的事来概括，就可以把刚刚这位同学所说的场景概括成——喂蚕卖茧。（板书：喂蚕卖茧）

5. 抓住文中父亲为作者做的事，尝试着也用这样的短语来简要地概括下梦中的其他场景。

（转述学生的话：①你找到的是"途住客栈"；②你找到了"置身庙会"；③你概括的是"背我上学"；④你找到了一处场景"凑齐学费"；⑤你找到了"送至学校"；⑥你发现的一处场景是"送我考试"；⑦最后还有一处是"舟上缝被"。）（边说边板书）

6. 同学们，有的场景作者略写，有的场景作者详写，但不管是略写还是详写，每一个场景中都有慈爱的父亲，那艘小船也时不时地贯穿于场景中。（板画：每个场景画上"圈"。）

【要点提示：此环节为整体感知环节，用时 1~2 分钟。教师先引导学生发现文章整体的结构，然后有意识地指导学生概括每一个场景，简要概括是第三学段的语文要素之一，教师在片段演绎时要体现指导的过程，展现教学真实性。】

（三）摇舟入景，品味父爱

1. 同学们，这么多场景，哪个场景让你印象最深刻呢？
（转述学生的话：你觉得逛庙会特别有趣。）

2. 那我们就走进"置身庙会"的场景去看看。今天，老师让大家尝试一种非常有趣的读书法——换位读书法，瞧，（出示课件：①如果你是文中的儿子，你在庙会中有怎样的感受？请用横线画出相关语句，写下批注。②如果你是文中的父亲，在庙会中你会有什么样的感受？请用波浪线画出相关语句，并写下批注。）

3. 同学们自由选择一个角度，一边默读一边思考，开始吧！

4. 请选择"儿子"这个角度的同学先来交流下你的阅读体会。

（转述学生的话：①你从"无比的快乐""高兴"这些词语看出了庙会当天儿子兴奋激动的心情；②你从那些形形色色的食物与一个"馋"字感受到了儿子非常想吃庙会上美食的迫切心情。）

5. 同学们，你们看（出示课件：各种美食图片）各种糖果点心、香喷喷的鸡鸭鱼肉、精致诱人的小吃……哇，我看到好多同学都咽口水啦！文中作者看到这样的画面，难怪会"馋"！想吃吧？肯定想，但是为什么不买来吃呢？

（转述学生的话：①你从"不敢""不忍心"中的两个"不"看出了儿子知道家里很穷，怎么能再把钱花在吃小吃上，所以宁可忍住也不敢向父亲开口。从这里你感受到了儿子懂事，对父亲的理解；②你从"最珍贵的玩具"读出了儿子把父亲亲手制作的万花筒当成了最珍贵的玩具，也表明了儿子对父亲的爱。）

6. 站在儿子的角度，大家抓住了一些关键语句走进语言细节，感受到了儿子对父亲的爱；那站在父亲的角度，你又体会到什么呢？

（转述学生的话：①你从父亲带儿子去逛庙会这件事儿就看出了父亲对儿子的爱；②你从"偏僻"这个词读出了父亲的爱，父亲怕儿子在热闹的庙会上吃冷粽子被人笑话，为了儿子幼小的心灵不受伤害，才把儿子带到偏僻处吃粽子；③你从"他就是不吃"看出父亲自己舍不得吃，把好吃的都留给了儿子；④你从"理解"一词看出了父亲是一个善解人意的好父亲，还亲手制作万花筒来弥补儿子失落的心。）

7. 同学们很会思考，抓住了场景中每一个细节，体会那一刻人物的情感，品味出了一份动人的父子情。

8. 阅读除了"换位读"，咱们还可以"对比读"，把你们找到的"置身庙会"的场景与第三自然段中"途住客栈"场景对比读一读，在学习小组里交流下，说说你们的发现与体会。

好，我看到了同学们在各自的小组里交流得很热烈，有的小组让组员轮流发表了自己的想法；有的小组提出了不同的想法辩论着；有的小组还用纸分点记录下了好的想法与感受。下面，我们来交流，哪一组先来？

（转述学生的话：你们小组通过对比，发现两个场景中都有体现出父亲对儿子"心疼"之爱。"途住客栈"是因儿子被虫咬而心疼；"置身庙会"是因为没有钱给儿子买玩具和小吃而心疼。）

9. 同学们，看"疼"字，是个形声字，形旁为病字头，声旁为

"冬天"的"冬"字。和老师一起书写这个字。

父亲的"疼"是因为家里的贫困，无法再满足儿子其他的生活需求。

（转述学生的话：你们组认为两个场景中的儿子也有相同之处，"途住客栈"中儿子宁可被咬，也不愿意父亲花钱换房；"置身庙会"中儿子馋也不忍心让父亲花钱买吃的。）

10. 是啊，父子之情相互交融，融在这一个个场景中，定格在一幅幅画面中。同学们通过走进作者描写的场景，走进细节，品味出了深深的父子情。让我们带着体会到的这份感人之情，选择两个场景中打动你内心的语句，朗读出来吧！

【要点提示：此环节为重点段落教学，用时 10 分钟。教师要用语言调动学生阅读的积极性，启发他们站在不同角度阅读文本，用引导语慢慢地将学生的思考引入深处，触摸文本细节。】

（四）画舟总结，延续情思

1. 同学们，今天我读着《父爱之舟》仿佛也乘坐上了这条小船，徜徉在文字的情海中，感受着父与子之间深厚的爱。（板画：小船）

2. 这每一个场景就像水中美丽的泡影永远留在了吴冠中先生的文字中，留在了我们的脑海里。这父爱之舟又会出现在哪些场景中，这些场景中又会有哪些细节值得我们细细品读？可以用上今天学习的"换位法"和"对比法"阅读，继续品味这份深深的父爱！

【要点提示：此环节为结课环节，用时 1 分钟。教师一边板画一边深情叙述，在形成完整板书之后，总结学法，交代好第二课时的学习任务。】

四、板书设计

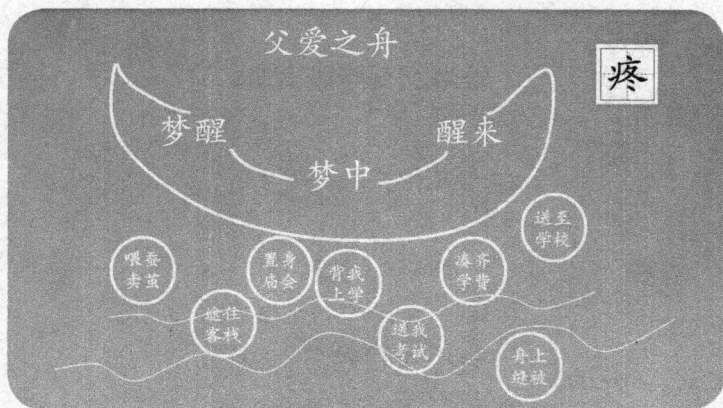

25

统编版五年级上册

《四季之美》

陈瑾　执教

一、扫描文本

　　《四季之美》是统编版小学语文五年级上册第七单元的第二篇精读课文。本文是一篇随笔散文，文章有四个自然段，每一段描写了一个季节，结构清晰，语言简洁，是作者在闲暇之余随笔记录下的四季图景。每一个季节都有着不同的特点：春天的黎明有着动人的色彩，夏天的夜晚有着朦胧的光点，秋天的黄昏有着夕阳下的和谐，冬天的早晨有着围坐火盆的闲适。四季的景色是变化的，不变的是作者对自然与生命的热爱。作者没有用过多的辞藻来具体描绘四季景象，每一个季节就选取了一两样景物，却让我们在阅读中联想到动静相宜的画面，有了更加广阔的想象空间。

二、教学速构

（一）教学内容

课文 1~3 自然段。

（二）教学目标

1.反复朗读课文，体会作者笔下四季之美的独特韵味，学习正确书写"黎"字。

2.通过抓住关键词展开想象，体会作者动静描写的方法，学习写出景物的变化美。

3.结合资料，了解作者创作背景，感悟作者热爱自然、热爱生命的感情。

（三）教学重难点

通过抓住关键词展开想象，体会作者动静描写的方法，学习写出景物的变化美。

三、教学流程

（一）从"美"出发，走进文本

1.同学们，我们都有一颗爱"美"、向往"美"的心。（板书：美）说说，你的心中最美的事物是什么？

（转述学生的话：①你觉得是鲜花；②你觉得是飞翔的鸟儿；③你觉得是孩子的笑脸。）

2. 是的，世界万物美丽的事物太多了，今天日本作家清少纳言给我们带来了她笔下的美，那就是——四季之美。（板书：四季之美）

3. 我们读过不少关于描写四季的文字和诗歌，今天清少纳言又会怎么描写四季之美呢？赶快打开课文，一睹为快吧！

【要点提示：此环节为导入环节，用时 1~2 分钟。教师用"美"链接生活，打开学生的生活积累，由"美"聚焦四季，让学生带着熟悉的四季景象走进文本，展开一场不同体验的寻"美"之旅。】

（二）寻"美"之路，整理文思

1. 自由轻声地读读课文，边读边思考：课文写了什么？是按什么顺序写的？

（转述学生的话：你说课文写了春、夏、秋、冬不同季节的美，是按照时间顺序写的。）

2. 再默读课文，仔细找找：课文写的四季的美，到底美在哪些时间段？

（转述学生的话：你真厉害！一下就找到了每段的第一句话。）

3. 瞧，老师打在了课件上，我们一起读一读。读完之后，你发现了什么？

（转述学生的话：①你发现了它们的句式是重复的，都是"……最美是……"；②你发现了它们每一句都在每个自然段开头，起到统领全段的作用；③你发现了四个季节放在一起就是从早到晚的不同时段。）

4. 同学们，真厉害！读中有所思考就会有所发现！不过，阅读这么美的文章，仅仅停留在这样的发现上还是不够的，要会欣赏美，就得走进语言的细处去找到美，好好品味作者笔下的美。

【要点提示：此环节为过渡环节，用时 1~2 分钟。教师在此环节

主要让学生整体感知，理清文章结构，从整体入手再往细处阅读。】

（三）思"美"之妙，学习写法

1. 大自然的美需要你有一双"慧眼"，你们有吗？读读课文描写春天的这一段，说说春天的黎明"美"在哪儿？

（转述学生的话：你觉得春天的黎明美在颜色上。）

2. 瞧，他很会读书，发现了作者在描写春天的黎明这段中着重描写了"色彩"。大家拿起笔，圈出表示色彩的词语，读一读，说说你的感受。（板书：圈）

（转述学生的话：你觉得这些色彩很熟悉。）

3. 老师明白你所说的"熟悉"的意思了。同学们请看，什么是"鱼肚白"？（出示课件）就是鱼肚子下的颜色，白渐渐地扩散开，变成了淡淡的黄；再看，什么是"红晕"？说说你在生活中哪里有见过？对了，演员脸上的胭脂。大家发现了吗？这里的色彩都不是单一的，是混合、渐变的，富有大自然的气息啊！

4. 除了颜色让你感受到"美"，还有什么地方也让你感受到美？

（转述学生的话：你觉得这些色彩会流动！）

5. 这真是个很特别的发现，能不能具体说说？

（转述学生的话：你从"泛着""染上""飘着"这三个动词感受到了天空的色彩在变化、在流动。）

6. 同学们，你们很会读书，就把你发现的"色彩美""动态美"带到句子中有感情地朗读出来吧！

7. 小结：同学们，发现文字中的"美"，我们不仅要用眼观察，抓住关键词体会语言背后的画面美，更要用心思考，去感受自然充满活力与生机的美。这就是在语言中发现美、欣赏美的方法：口——读，眼——观，手——圈，心——想。带上赏"美"四步法，学习小组合作学习夏天和秋天这两段，一会儿来分享你们美的体验吧！（板书）

8.小组分享"美"的时光来了！

（1）好的，请第一小组先来分享吧！

（转述学生的话：你们通过朗读，发现夏天写了"三种夜"。）

有意思，继续说，哪三种夜呢？

（转述学生的话：你发现了作者先写"月夜"，再写"暗夜"，最后写"雨夜"。）

真好，那每一个夜晚一样吗？哪个夜晚最美？

（转述学生的话：你觉得都很美，"固然"说明了月夜很美，"暗夜"也很美，雨夜很迷人。）

如果说春天黎明的"美"，美在色彩，那夏夜的"美"，美在哪儿呢？

（转述学生的话：是的，美在萤火虫。而且你们找到描写萤火虫的关键词：无数、翩翩飞舞、一只两只、朦胧的微光。）

这些描写萤火虫的词语被你们找到了，你发现了什么？

（转述学生的话：不同的夜晚萤火虫的数量不一样，萤火虫的飞行姿态也不一样。）

同学们，把你们看到的美景带到文中，读出自己的感受吧！

（2）哪一组愿意来分享一下秋天的"美"？

（转述学生的话：你们发现秋天的黄昏美在各种动物。）

说说都有哪些动物？

（转述学生的话：归鸦、大雁、虫。）

请你们组一人读一句，同学们仔细听，看看从他们的朗读中你可以看到什么画面。

（转述学生的话：①你看到了许多乌鸦飞回巢的画面；②你看到了大雁排着整齐的队伍飞行的画面；③你听到了风声、虫鸣。）

同学们，"美"不仅藏在画面中，还藏在作者的感受中，用"心"体会，为什么归鸦急匆匆回巢让作者觉得"动人"？为什么大雁比翼而飞让作者感到"感动"？为什么风声、虫鸣让作者"心旷神怡"？

9.同学们，不急，我们先看看这些文字中的画面，你就会有不同的感受了！（手指课件播放视频）

（转述学生的话：你体会到了动物也像人一样，到了黄昏就要回家，与家人团聚了。这里的归鸦、大雁、虫子就像人一样，和睦、和谐、美好！）

【要点提示：此环节为重点段落教学，用时 10 分钟。教师在此环节中通过让学生发现"美"引导学生走进语言感受"美"。这么美的课文，教师在片段教学中用语也要讲究美。同时通过教授第一段，总结出品味语言之美的四步学习法，迁移到另两段让学生自主学习，体现了自主、合作、探究的学习方式。】

（四）揭"美"之源，感受文情

1.同学们，请看（出示课件）：《四季之美》是清少纳言《枕草子》的开篇之作，距今有一千多年的文章到现在读起来还能让我们品味出其中的"美"。你觉得这是什么原因呢？

（转述学生的话：①你觉得作者是用心观察，才会感受到四季不同的美；②你觉得作者是有感而发，所以真实地记录了自己的感受。）

2.大家说得真好，正如作者自己在书中最后一段说的："这本随笔本来只是在家闲居无聊的时候，把自己眼里看到、心里想到的事情记录下来，并没有打算给什么人去看……"清少纳言教会了我们写景的妙法，那就是——热爱，热爱生活，热爱自然，热爱生命！

【要点提示：此环节为结课环节，用时 1 分钟。教师利用文章背景资料，让学生进一步了解作者，体会文章的意义。】

四、板书设计

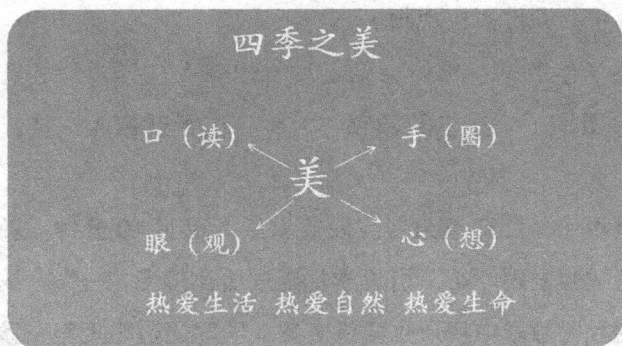

26

统编版五年级上册

《鸟的天堂》

陈赛英　执教

一、扫描文本

　　《鸟的天堂》是统编版小学语文五年级上册第七单元的第三篇精读课文，著名文学家巴金1933年访友时所作，后来与同一时期的散文一起收入《旅途随笔》中。这篇文章记叙了他和朋友两次经过"鸟的天堂"见到的不同景象，分别描写了傍晚静态的大榕树和早晨榕树上群鸟活动的景象。宽阔清澈的河流、充满生机的大榕树、活泼可爱的小鸟，构成了一幅高雅清幽的风景画，展示了一派美丽动人的南国风光，表达了作者对自然与生命的热爱和赞美。

　　课文分为两个部分：第一部分为1~9自然段，写第一次经过"鸟的天堂"时看到的景色；第二部分为10~14自然段，写第二天早晨经过"鸟的天堂"时看到的情景以及对它的留恋和赞美。

二、教学速构

（一）教学内容

课文 1~9 自然段。

（二）教学目标

1. 正确流利有感情地朗读课文，学写"颤"字。

2. 在理解课文内容的基础上，感受"鸟的天堂"的茂盛、生机勃勃的静态之美，初步感受静态描写，感受作者对自然与生命的热爱和赞美之情。

（三）教学重难点

在理解课文内容的基础上，感受"鸟的天堂"的茂盛、生机勃勃的静态之美，初步感受静态描写，感受作者对自然与生命的热爱和赞美之情。

三、教学流程

（一）激趣谈话，导入新课

1.（板书：天堂）同学们认为，什么样的地方才能称作天堂？（转述学生的话：幸福，快乐。）

那么什么样的地方才能成为"鸟的天堂"？（补齐课题板书。）

（转述学生的话：①你认为是有茂密的树林，清清的湖水的地方；②你认为那里是没有伤害，非常安全，鸟儿生活得美好、快乐的地方；

③你想那里景色优美、舒适、依山傍水，鸟儿丰衣足食。）

2. 是啊，这样的地方才是"鸟的天堂"，在广东新会县天马村真有一个这样的地方呢。让我们带着美好的想象再读课题——鸟的天堂！

3. 这节课我们就随着巴金先生走进"鸟的天堂"，去感受作家笔下的景色吧！

【要点提示：此环节为导入环节，用时 1~2 分钟。教师宜以舒缓的语言，饱满的情感，引发学生的阅读期待，激发学生对"鸟的天堂"的美好想象。】

（二）整体感知，梳理脉络

1. 作者去了几次"鸟的天堂"？看到的景象一样吗？

2. 这么多自信的小手举起，请这位目光炯炯有神的男孩，你来说说。

（转述学生的话：原来作者去了两次鸟的天堂。第一次是傍晚，没有看到一只鸟，只看到了一棵茂盛的大榕树；第二次是早晨，他看到了群鸟纷飞的景象，证实了这棵大榕树的确是鸟的天堂。）

你真会读书，把书读薄了，把课文的脉络理清了。

【要点提示：此环节引导学生整体感知全文，初步把握整体，梳理课文脉络。用时 1 分钟。】

（三）品读课文，感受美景

1. 原来，"鸟的天堂"指的是一株大榕树，这是怎样的一棵树啊！让我们随着巴金先生，伴着夕阳的余晖，走近这棵神奇的树。请同学们闭上眼睛，听朗读，想象画面。

（师朗读 1~9 自然段。）

2. 你刚才仿佛看到了一棵怎样的榕树？

（转述学生的话：①你看到了一棵很大很大的榕树；②哦，你看到了一棵茂盛的榕树；③你看到了一棵充满着旺盛生命力的榕树。）（板书：大　茂盛　生命力）

3. 当作者看到这棵树时，发出了一句最直接最真切的感叹！请同学们读这句话！——这美丽的南国的树！（板书）

4. 作者怎样写榕树的特点？让我们把目光聚焦在5~9自然段，细细地读，边读边标注。

5. 同学们认真读书思考的样子真可爱，书页上留下的圈画笔迹正是你思考的痕迹。现在让我们来交流交流刚才读书的收获吧。

（转述学生的话：你发现的是这句话——"我有机会看清它的真面目，真是一株大树，枝干的数目不可计数"。你从"不可计数"这个词，看出树的枝干太多了，多得不可计数，所以从远处看以为这是许多株榕树。）

（转述学生的话：你有补充，你说"真是"二字说明朋友的话得到证实。）

是啊，之前"我"以为是许多株树，一个朋友说是一株大树，"我"可能不太相信，现在完全看清了。这样大的树"我"是第一次看见，太惊讶了！好吧，请你带着这样的感受读一读，突出"真是一株大树"。

6. 同学们，为什么大树"枝干的数目不可计数"？这和它的生长特点分不开。你有新发现吗？

对，你找到了相应的句子。（"枝上又生根，有许多根直垂到地上，伸进泥土里。"）看，老师带来一张大榕树的局部照片，这些从枝上直垂到地面的枝干，之前是榕树的气根，气根生命力很强，当它越长越长，深入泥土里，很快吸收土壤里的营养，越长越粗壮，就长成枝干的样子了。枝上再生根，根再形成枝，就这样横干直枝相连，盘根错节，所以——

（生：枝干的数目不可计数。）

你知道这棵树有多大吗？它呀，相当于我们学校十个操场那么大。我听到了你们的惊叹声，够惊人的吧！你会用哪个词形容它？（生：独木成林！）

带着这样的惊叹再读这两句话吧。（生：我有机会看清它的真面目，真是一株大树，枝干的数目不可计数。枝上又生根，有许多根直垂到地上，伸进泥土里。）

难怪巴金先生这样感叹——（生：这美丽的南国的树！）

7. 还有哪句话写出它的大？

（转述学生的话：你还发现了这一句"一部分树枝垂到水面，从远处看，就像一株大树卧在水面上"。你从"卧"字想到自己曾经看到的卧佛，庞大、安详而宁静。）

从"卧"字还能想到什么？

（转述学生的话：①你想到了这棵大树如同一位平和的巨人，悠然自在地卧在这一片小岛上，无人打扰，如同在世外桃源。②你还想到大树如一位年迈的慈祥的老人，卧在这个小岛上，静静守望着这里的山、这里的水、这里的每一个生命。）

好一个"卧"字，它给我们带来了一幅"鸟的天堂"静态图，它给我们这么多的遐想，同学们多么会读书啊，走进文字，便走进文字中的美妙世界！

让我们和作者一起感叹——（生：这美丽的南国的树！）

8. 你还从哪些文字中读到大榕树的美？

（转述学生的话：你关注的是"榕树正在茂盛的时期，好像把它的全部生命力展示给我们看"和"那么多的绿叶，一簇堆在另一簇上面，不留一点儿缝隙"。因为这两句写出大榕树的生命力旺盛，充满生机。）

请通过朗读把你的感受传达给我们吧。

谢谢你的朗读，让我仿佛看见了那棵生机勃勃的大树。同学们一起美美地读一读吧。

难怪巴金先生这样感叹——（生：这美丽的南国的树！）

9. 你关注的是这一句：那翠绿的颜色，明亮地照耀着我们的眼睛，似乎每一片绿叶上都有一个新的生命在颤动。

这一句特别在哪里？嗯，作者用了"似乎"一词，给你想象空间。你想到绿叶上的生命可能是新生的叶芽在阳光下闪耀。带着想象读一读吧。

（生：那翠绿的颜色，明亮地照耀着我们的眼睛，似乎每一片绿叶上都有一个新的生命在颤动。这美丽的南国的树！）

哦，你想的是"那生命可能是风儿吹动叶片，叶片在风中颤动，仿佛是叶片在舞蹈"。带着遐想读一读吧。

（生：那翠绿的颜色，明亮地照耀着我们的眼睛，似乎每一片绿叶上都有一个新的生命在颤动。这美丽的南国的树！）

你想到可能是小鸟儿藏在枝叶丛中露出一点儿动静。

看来，那个在颤动的不只是一片片绿叶，而是满树的活的精灵，当然还有作者的那颗快乐的心。带着感动一起读一读吧。（生：那翠绿的颜色，明亮地照耀着我们的眼睛，似乎每一片绿叶上都有一个新的生命在颤动。这美丽的南国的树！）

难怪作者要发出这样真心的赞美：（生齐读：这美丽的南国的树！）

带着我们的欣赏，美美地读一读这一段吧。

（生：榕树正在茂盛的时期，好像把它的全部生命力展示给我们看。那么多的绿叶，一簇堆在另一簇上面，不留一点儿缝隙。那翠绿的颜色，明亮地照耀着我们的眼睛，似乎每一片绿叶上都有一个新的生命在颤动。这美丽的南国的树！）

好一棵生机勃勃的树！好一幅美丽的静态图。

10. 这里"颤"字是本课要学写的字。左边部分读"旦"，提示它的读音，右边页字旁是它的部首，说明这个字和头部有关，最初表示头不停地摇，后来也表示颤抖、颤动。跟老师一起写一写这个"颤"。左边部件较多，一点一横，中间一个回字可写宽一点，底部旦字写紧凑，最后一笔横变提，左宽右窄，页字旁写得瘦一点才好看。

【要点提示：此环节教师通过抓重点词句，引导学生沉入文本，和文本对话，在品读中感悟，以朗读来体会，感受"鸟的天堂"的大、茂盛、勃勃生机的静态之美；用时 10~12 分钟，教师宜以饱满的情感引导学生深入文本，与之对话，应善于肯定并激励学生的表达热情。】

1. 我们随着巴金先生第一次走进了"鸟的天堂"，看到了一株美丽的大榕树。它非常茂盛，枝繁叶茂，静静地卧在水面上，充满着无限的生命力。作者对榕树的整体及枝叶等进行了细致的描写，这样的描写叫作静态描写（板书：静态描写）。我们通过这部分课文的学习，欣赏到了一幅美丽的静态图。

2. 当朋友告诉巴金先生这是"鸟的天堂"，巴金先生有些遗憾"鸟的天堂"里没有一只鸟。真是这样的吗？下节课我们一起继续走进课文，跟随巴金先生第二次去看看那棵被称为"鸟的天堂"的大榕树吧。

【要点提示：此环节结合板书总结本课，并点明以上文段的写作特点——静态描写，让学生初步理解景物的静态描写，同时为下节课教学埋下伏笔，引发期待；用时 1 分钟。】

四、板书设计

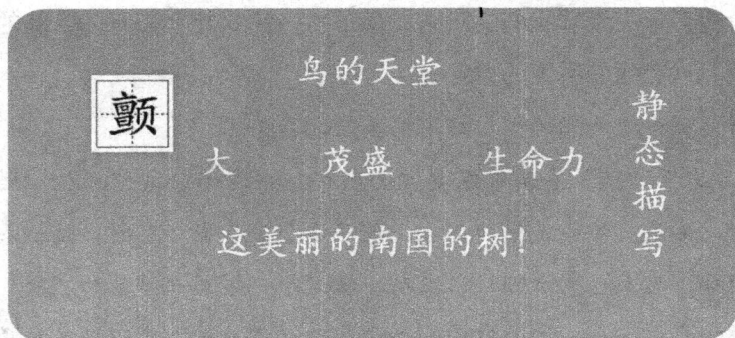

○ 27

统编版五年级上册

《忆读书》

陈瑾　执教

一、扫描文本

　　《忆读书》是统编版小学语文五年级上册第八单元的第二篇精读课文，是现代著名作家、儿童文学家冰心奶奶的一篇散文。冰心的散文，题材广泛，寓意深刻。本文叙述了她小时候的读书经历，在夹叙夹议中将自己从幼年到少年再到老年读书的经历与感受写了下来，以此文来勉励青少年们要好读书，多读书，读好书。文章的语言亲切，情感丰富，那暖暖的叮咛如甘泉注入学生的心中，温暖而隽永。

二、教学建构

（一）教学内容

课文 1~8 自然段。

（二）教学目标

1.通过默读课文，理清记叙的顺序，把握课文的主要内容，学写"限"字。

2.联系生活实际，品味文中富有感染力的句子，感受"读书是我生命中最大的快乐！"一句的情感。

（三）教学重难点

联系生活实际，品味文中富有感染力的句子，感受"读书是我生命中最大的快乐！"一句的情感。

三、教学流程

（一）妙解"忆"字，引出课题

1.同学们，看老师写一个字——忆，什么是"忆"？

2.是的，回忆、记忆，值得我们回忆与记忆的往往是美好而难忘的往事，难怪这个字是什么旁？——竖心旁，所有竖心旁的字都和"心"有关。

3.我国著名的儿童文学家、诗人冰心奶奶就是用心写作，用爱记录下自己心中的往事。（出示课件）

4.大家对她不陌生吧，她写过哪些你们熟悉的作品呢？

（转述学生的话：①你说三年级那篇童年记忆中的往事——《吹泡泡》；②你还知道回忆妈妈的爱的诗歌——《纸船》。）

5.今天，冰心奶奶用她那温暖的话语告诉我们一件非常有意义的事，那就是——读书。（板书：读书）

【要点提示：此环节为导入环节，用时1~2分钟。教师巧用"忆"字引出一位有心、有爱、有才的作家，演绎时语言要如冰心之文风般娓娓道来，带着学生慢慢走近冰心，走进她的文章。】

（二）巧用"忆"引，理顺文思

1.冰心奶奶写这篇文章仅仅是在回忆读书吗？她还想告诉我们些什么呢？赶快走进课文去看个究竟吧！

2.用较快的速度默读课文，边读边思考：冰心奶奶回忆了自己读书的哪些经历？是按什么顺序来写的呢？

3.老师发现有的同学读书特别认真，边读边在课文里做记号，还写下简单批注，这是高年级学生学习语文的好习惯！好的，现在请大家来交流一下自己的想法。

（转述学生的话：你觉得冰心奶奶介绍了自己从小到大读不同的书时产生的不同感受。按照时间顺序来写。）

4.同学们，老师给每一组都发放了一张"阅读时光相册"，以学习小组为单位，合作学习：边读课文，边记录下在什么时间、冰心奶奶阅读了什么书、她的读书体会可以用哪些词语来概括。开始吧！

【要点提示：此环节为整体感知环节，用时3分钟以内。教师引导学生默读静思，理清文章主要内容和叙述顺序，为了激发学生进一步思与读的兴趣，以小组合作方式完成一张"阅读时光相册"，用抓关键

语句、理解概括的方法整理文章思路。】

（三）品"忆"中情，领悟文意

1. 老师看到了每一个学习小组互相合作的积极学习气氛，有的小组在组长带领下分工合作，边读边议，同时记录；有的小组斟酌填入的每个词，还进行了热烈的讨论；有的小组集思广益，"阅读时光相册"里每一格都经过十分认真的思考……

2. 现在，我们分组来汇报与交流一下。

（转述学生的话：①第一组的同学汇报的是冰心奶奶7岁时候的阅读经历，她阅读了《三国演义》，其中体会到的关键词有——津津有味、无限期待、咬牙、一知半解、哭；②第二组的同学汇报的是7岁之后，读的是《水浒传》，其中阅读体会的关键词是——尤其欣赏，感悟；③第三组同学介绍的是十一二岁的时候，冰心奶奶读《红楼梦》，体会到的是从兴趣不大到厌烦，长大后再读尝到滋味；④第四组介绍了冰心奶奶1980年从日本访问回来之后认为要读"万卷书"，体会是书看多了要会挑选好书，要会在阅读中比较。）

3. 同学们按照冰心奶奶从小到大的时间顺序，记录下了她读过的书，以及抓住写读书体会的关键语句，完成了"阅读时光相册"。但是，既然是"相册"，老师希望有文字，更要有情感，这样的"相册"才会值得我们珍藏与回味。

4. 让我们回到"忆"这个字，从它的部首"心"字出发，找一找，在每一个阶段，冰心奶奶是用什么样的心情在读书？再次默读课文，找到相关段落，概括出表示心情的词语，记录在"时光相册"的爱心图里，开始吧！

5. 冰心奶奶在读书的经历中感受到了："我永远感到读书是我生命

中最大的快乐！"

（1）同学们，你们生活中最快乐的事是什么？

（转述学生的话：①你最快乐的事是和爸爸妈妈一起去旅游；②你最快乐的事是吃美食啊；③你最快乐的事是取得了好成绩。）

（2）为什么冰心奶奶生命中最快乐的事是读书呢？让我们走进她每一个年龄阶段，感受下这"快乐"背后丰富的读书体验吧！（板书：快乐）

（3）7岁的她读《三国演义》是带着什么样的心情呢？

（转述学生的话：你说起初听舅父讲《三国演义》那时听得津津有味，充满无限期待。可以用表示心情的词语来概括，那就是开心、好奇心。）（板书：开心　好奇心）

（4）同学们，请看这个"限"字，左边的"阜字旁"（左耳刀）表示高山，右边的上方是"目"字，表示眼睛，右下方是"人"字，组合起来可解释为人的眼睛因高山阻挡视线受到限制，后来就引申为阻碍的意思。和老师一起写一个"限"字。

（5）冰心奶奶读《三国演义》还经历了有趣的"三哭"，找出有关句子读一读。

（转述学生的的话：你找到了，第一次是不舍得而哭，第二次和第三次都是为了书中人物而哭，也可以说是投入阅读而哭。那我们也可以用一个表示心情的词来概括——伤心。）（板书：伤心）

（6）冰心奶奶还"二读"《红楼梦》又读出了怎样的快乐心情呢？

（转述学生的话：你觉得她从厌烦到读出了新滋味。）（板书：厌烦）

6."快乐"除了在阅读中体现出的不同心情体会，还表现在哪儿呢？

（转述学生的话：读书还能得到为人处世要独立思考的大道理，这是课本中得不到的。）

7. 同学们，联系冰心奶奶从小到大读书的经历说说，她在读书的时候会从中明白哪些道理？

（转述学生的话：①你觉得从冰心奶奶小小年纪就一知半解地读《三国演义》到最后读懂，她一定明白了再难读的书只要坚持读下去，一定能读出自己的体会来；②你觉得冰心奶奶会在阅读中比较与思考哪本书值得她读，比如她对比了《水浒传》和《荡寇志》，就品出了两本书的优劣之处；③冰心奶奶懂得了小时候读不懂的书，长大再读就会读出新滋味。）

8. 是的，这就是读书带给冰心奶奶的思考与收获啊！（板书：思考）这也是她认为阅读带给她的快乐！

（四）回扣"忆"字，读后思考

1. 今天，我们乘坐上了语言的列车随着时光隧道回到了冰心奶奶每一个年龄阶段的读书时光，体验到了她"快乐"的读书感受：这快乐中，有喜、有忧、有不舍、有难过……可谓百般滋味啊！

2. 再回扣这个"忆"字，你对冰心奶奶回忆中的那份丰富的阅读心情与感受有了不一样的认识了吧！这个"忆"字背后还有很多值得我们去思考的，比如她为什么要回忆这些从小到大的读书经历呢？她想通过这段回忆告诉我们些什么呢？带着这个"忆"用心阅读，继续思考吧！

四、板书设计

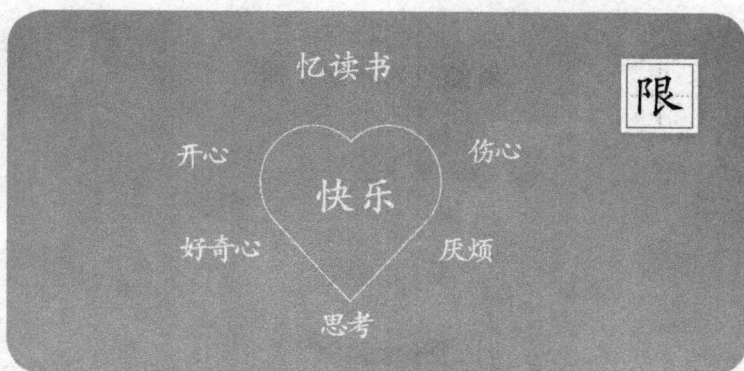

28

统编版六年级上册

《盼》

蒋伟　执教

一、扫描文本

《盼》是统编版小学语文六年级上册第五单元的第二篇精读课文。文章围绕"盼"字记叙了"我"因为想穿新雨衣，迫切地盼望着一场雨的到来，展现了儿童细腻、有趣的内心世界，赞美了童真、童趣，表达了作者对美好童年的怀念之情。"盼"是文章的中心，也是情感主线，围绕着盼，作者描写了一系列小故事，让我们感受到了纯真可爱的童心。

二、教学速构

（一）教学内容

课文 3~17 自然段。

（二）教学目标

1.把握文章的中心，理解作者是如何围绕中心组织材料的。

2.透过细腻的描写，品味人物"盼"的心理和情感，体悟心理、语言描写的作用。

（三）教学重难点

透过细腻的描写，品味人物的心理和情感。

三、教学流程

（一）整体感知

1.同学们，今天我们要继续学习课文《盼》。"盼"是一种什么样的心情？谁来说说？（生：很想要或迫切实现某种愿望的一种心情。）

你们是否也有过"盼"的经历？当时的心情是怎样的？

（转述学生的话：盼生日、盼节日、盼望一次旅行、盼望快快长大……就是心里特别想得到或是想实现某种愿望，心情非常迫切。）

2.那课文中的主人公蕾蕾"盼"的是什么？（生：盼着变天、下雨，盼着穿上新雨衣。）

3.通过上节课的学习，你们知道课文是通过几个事例来写"盼"的？你能用小标题概括出来吗？

（转述学生的话：课文是通过四个事例来写"盼"的。①盼着变天；②盼穿雨衣；③盼雨停下；④如愿以偿）

【要点提示：此环节为导入环节，用时 2 分钟。"从不同方面或事例，表达中心意思"为本单元的语文要素之一，教师通过复习导入，让学生整体感知作者围绕"盼"这一中心安排了哪些典型事例。同时，让学生回忆自己曾经"盼"的经历及"盼"的心情，为下文引导学生体会文中主人公的心情，感受童年的快乐，做好了情感铺垫。】

（二）品味描写

1.在这些事例中，作者主要是通过哪些描写来体现主人公内心的"盼"呢？请同学们默读课文的3~17自然段，找出文中关于"盼"的心理描写，用横线画出来，交流读后的体会，描述蕾蕾不同的心情。（板书：心理描写）

（转述学生的话：你找到的是"太阳把天烤得这样干，还能长云彩吗？为什么我一有了雨衣，天气预报就总是'晴'呢？"这句可以读出她有一些担心，担心天一直晴而不下雨，就没有机会穿雨衣了；还有些生气，觉得老天似乎故意在和自己做对，故意不让自己穿雨衣，所以才一直不下雨。）

2.用一词来形容她此时的心情是——焦急。（板书：焦急）

（转述学生的话：你找到的是"路上行人都加快了走路的速度，我却放慢了脚步，心想，雨点儿打在头上，才是世界上最美的事呢！"这里的"放慢"和"加快"形成了对比，表现了雨来时"我"兴奋的心情。）

3.所以我们可以用一词来形容她的心情是——兴奋。（板书：兴奋）

（转述学生的话："'可是……还差半小时啊。'我嘟囔着，心想，你怎么就不向窗外看一眼呢？"蕾蕾的语言不连贯，"嘟囔"是指连续不断地小声自言自语，多表示不满，可见其神态；心理描写显出了对妈妈有些生气，对妈妈不明白自己的心思感到失望。）

4.所以用一词来形容她的心情是——失望。（板书：失望）

（转述学生的话："望着望着又担心起来：要是今天雨都下完了，那明天还有雨可下吗？最好还是留到明天吧。"这里可以读出蕾蕾祈盼的情绪。今天穿上雨衣的愿望落空了，但如果明天还下雨的话，自己还有机会，所以祈盼着雨别在今天下完。）

5. 所以这时她的心情是——祈盼。（板书：祈盼）

（转述学生的话："可雨点要是淋在淡绿色的雨衣上呢，那一定比珍珠玛瑙还好看。我扑到自己的床上，一心想着明天雨点打在雨衣上的事。"这里蕾蕾想象穿着雨衣时雨点打在雨衣上的情形，此时她对雨的期盼更强烈了。）

6. 小结：这五处心理描写，围绕"盼"分别形容蕾蕾前后的心情：焦急—兴奋—失望—祈盼。同学们刚才发现的句子都是直接写人物心理活动的，在3~17自然段中还有些句子虽然没有"想，心想"这些心理描写的提示词，也没有进行内心独白的描写，但通过伴随着的动作、语言、神态等其他细腻、生动的描写，侧面道出了女孩子蕾蕾的那种"盼"的内心。请再速读3~17自然段，用波浪线画出来。

（转述学生的话：你找的是"'蕾蕾回来得正好，快把头发擦擦，准备听英语讲座！''可是……还差半小时啊。'我嘟囔着，心想，你怎么就不向窗外看一眼呢？"可见妈妈平时对蕾蕾要求比较严格。蕾蕾对妈妈的此时的安排不太乐意、有些失望。）

（转述学生的话：你找的是"'我今天特别特别不累。妈妈，我给你买酱油去吧，啊？'我央求着。'你看，酱油我下班带回来了。'妈妈冲我笑了笑，好像猜着了我的心思"。这里蕾蕾故作乖巧，想出出门的方法。妈妈看穿了"我"的小心思，因此巧妙地回绝了"我"。）

（转述学生的话：你找的是"'我什么时候说过要炖肉？''真的吗？'"这里妈妈虽然没有直接揭穿"我"的谎言，却用两个有力的问句暗示"我"，她已经看穿了"我"的小心思。所以"我"才会不敢再去看妈妈了。）

说得好，对于妈妈的处理，同学们有没有疑义？

（转述学生的话：你的疑惑是妈妈明明知道"我"很想穿上雨衣出去玩耍，可偏偏就不答应，还很有技巧地拒绝了"我"，似乎有点不通情达理。）

（转述学生的话：妈妈已经看穿了"我"的小心思，为什么不给机会呢？吃完了晚饭，其实让"我"穿雨衣出去转一转，未尝不可。）

7.这个问题提得好，从文中提取有关信息并联系生活经验，想想假如你是妈妈为什么不给蕾蕾机会？

（转述学生的话：我觉得可以从以下几点来解答：第一，文中的蕾蕾六点半要听英语讲座，妈妈肯定不希望她这个时候出去而打乱了学习计划。哪怕还有半个小时，妈妈更希望她能安静地休息一会儿，再去听讲座。第二，妈妈看出蕾蕾是为了穿雨衣出去玩耍而说谎，她可能不会纵容女儿为了实现自己的愿望而说谎，所以不会同意她出门。第三，在大人看来，雨衣是实用性的工具，妈妈给女儿买雨衣的初衷就是上学或出门时遇雨而穿的。此时既不是上学，也不需要出门，所以没有必要让她穿上雨衣。第四，为了情节的需要。本文原本是一篇短篇小说，有情节安排上的需要，需要戏剧性的内容。如果此时写妈妈同意让她出门，那么就没有后文了，也就写不出这种"盼"的急切以及最终心愿达成的快乐了。）

8.分析得太透彻了，不仅精准地诠释了妈妈的心理，还从小说"一波三折"的情节特点来说明，相当专业。接下来我就请两位同学分别扮演妈妈和蕾蕾，其他同学分别读旁白，一起合作读5~17自然段中的对话。注意要读出蕾蕾的着急、期盼的小心思；读出妈妈的表面一本正经而心中在笑的感觉。

9. 小结：这一大段描写主要是对人物的——语言描写。（板书：语言描写）母女俩的对话具有浓厚的生活气息。"我"想方设法要妈妈同意"我"穿上雨衣出去玩耍，而妈妈偏偏不解其意，始终不答应"我"的请求。母女的这场"暗战"，以"我"的失败告终。这里作者通过对话、神态的描写来侧面展现"我"内心的——"盼"。

【要点提示：此环节为重点段落教学环节，用时 15 分钟。"体会文章是怎样围绕中心意思来写的"为本单元的语文要素之一，为落实此训练点，教学中抓住课题"盼"，以此为主线，采用问题引导、放手探究的方法，引导学生学会运用各种方法（如：抓住关键词句理解句子、联系上下文或联系实际来深入思考）品析其生动、细腻的心理活动和暗流涌动的人物对话，琢磨语言文字中潜藏的人物"盼"的心理，在质疑、探讨中交流自己的见解，体会作者表达的情感，体悟作者围绕"盼"这一中心意思，从心理、语言等方面进行描写的写作特点。】

（三）练笔描写"盼"

1. 通过刚才的学习，我们发现作者主要是通过什么描写来展现主人内心的"盼"？

（转述学生的话：你发现作者主要是通过心理描写、语言描写这两个方面来展现主人公内心的"盼"，刻画了一个纯真可爱的小女孩形象。）

（转述学生的话：你发现围绕"盼"这个意思，作者通过多个事例来表现，给我们留下深刻印象。）

2. 是的，这些写作方法很值得我们学习。大家都有过"盼"的经历，当时的心情是怎样的？课后请你学着用一小段文字，通过语言、心理、动作等描写方法写出自己内心的"盼"。

3.总结："盼"的滋味我们许多人都尝过，"盼"的过程或许有忧愁，但也有憧憬与美好。正是"盼"的过程中的那份等待让我们在愿望实现时有种非常快乐的感觉，虽然没有美梦成真那么夸张，但一定有心满意足的幸福感。小女孩蕾蕾"盼"的就是在雨天穿上她的新雨衣，我们体会到了她因"盼"而生的小心思。这篇文章之所以能让我们有所共鸣，是因为作者把"盼"写得活灵活现，所安排的材料都紧紧围绕着"盼"展开。心理、语言等多种描写相结合，让我们在阅读一个个有趣的小插曲中，充分感受到了主人公她那小小心愿的简单、纯真、可爱。

（板书：童真　童趣）

【要点提示：此环节为总结延伸，用时 3 分钟。教师在此环节既要引导学生总结出作者的写作特点，又通过设计一个小练笔，学生学着运用相关的描写方法进行语文实践活动，以达到学语文、用语文的终极目标。】

四、板书设计

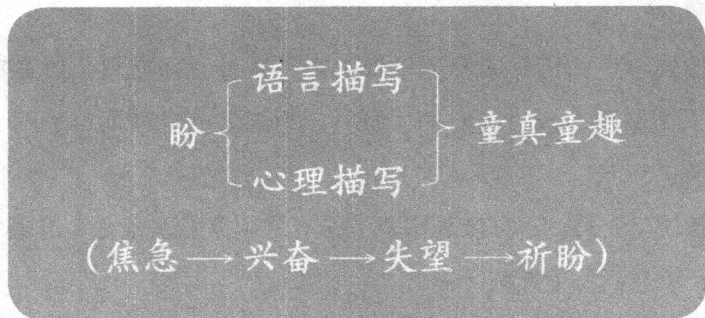

29

统编版六年级上册

《书戴嵩画牛》

刘晨霞　执教

一、扫描文本

　　《书戴嵩画牛》是统编版小学语文六年级上册第七单元的一则文言短文，是苏轼为唐代画家戴嵩的《斗牛图》写的一篇题跋。讲述了一位牧童指出著名画家戴嵩的画中有错处的故事，赞扬了牧童率直不盲从、实事求是、敢于挑战权威的品质以及杜处士敢于直面错误、虚心谨慎、勇于接受批评的高尚品质。课文有两个自然段，刻画人物神态的语言极其准确生动。课文配有精美的插图，体现了故事中人物的神情样貌，便于学生展开想象，理解课文。

二、教学速构

（一）教学内容

理解文意、想象细节创编故事。

（二）教学目标

1. 结合注释理解重点词句，读懂课文大意，感受文言文简约凝练的语言特点。

2. 抓住描写人物形象的词句，想象故事细节，用自己的话创造性地讲讲《书戴嵩画牛》的故事。

3. 领悟本文一事一理的写作方法，明白艺术来源于生活、做事需向内行人请教的道理。

（三）教学重点

抓住描写人物形象的词句，想象故事细节，用自己的话创造性地讲《书戴嵩画牛》的故事。

三、教学流程

（一）联系旧知，导入新课

1. 这节课，我们将一起去欣赏一幅画，围绕着这幅画会有怎样的故事呢？（板书：书戴嵩画牛）

2. 孩子们，我们学过《夜书所见》《回乡偶书》《书湖阴先生壁》，来看看我们今天要学习的课题，你们有什么发现？

（转述学生的话：都有一个"书"字。）

3.都有一个"书"，猜猜什么意思？

（转述学生的话：写，写戴嵩画牛的事。）

4.是的，"书"在这里表示"书写、记录"。戴嵩是唐代著名画家，擅长画农家、山川田野的景色，画水牛尤为著名，"画牛"指戴嵩画的《斗牛图》。有一种说法是，《书戴嵩画牛》是苏轼所题写的一则跋。题跋是写在书籍、碑帖、字画等上面的文字。写在前面的文字叫题，写在后面的是跋，总称为题跋。"书戴嵩画牛"则可理解为写在画家戴嵩的画作《斗牛图》上的一则文字。一起读课题：书戴嵩画牛。

【要点提示：此环节为导入环节，用时 1 分钟。通过联系所学旧知，使学生弄清题意。】

（二）游戏对答，理解文意

1.读文是理解文意的基础。课前我们通过各种形式读，不仅能流畅地读，还初步感知了这则小古文的主要内容。

2.现在我们来玩互动游戏对答，看看是否弄懂了这则小古文词句的意思。

游戏规则：全班分成四组，老师说出现代文翻译，学生说出对应着文中哪句文言文，回答最快且准确、回答最多的小组获胜。

示例：（师）拍手大笑。——（生）拊掌大笑。

（师）这是不能更改的。——（生）不可改也。

（师）处士笑了，认为他说得对。——（生）处士笑而然之。

3.通过这个简单的游戏，我们了解了这则小古文中词句的含义，也再次检查了我们的小古文阅读能力。请四人小组合作，借助课文注释翻译全文。

（教师适时出示文字：

四川有个杜处士，喜欢书画，他所珍藏的宝贝就有上百件。其中有一幅是戴嵩画的《斗牛图》，杜处士尤其珍爱。他用玉做成画轴，用锦缎来做画囊装起来，经常随身带着这幅画。

有一天，他把《斗牛图》摊开晾晒，有个牧童看见了，拍手大笑着说："这幅画画的是斗牛啊！牛角相斗时，所有的力气都用在角上，尾巴紧紧地夹在两腿之间，而现在这幅画上的牛却是摆动着尾巴在相斗，错了，错了。"杜处士听了笑了，认为他说得对。古人有句话说："耕种的事应该去问农民，织布的事应该去问女仆。"这个道理是不会改变的呀！）

【要点提示：此环节为理解小古文文意环节，用时 3 分钟。高年级学生有较强的自学能力，通过前一则小古文的学习，有一定的知识及方法的积累。游戏对答基础上，再引导学生借助注释来说说全文的意思就变得容易多了。】

（三）精读课文，领悟主题

1. 同学们，让我们再读课文，试着提出问题。可自己思考，也可与同桌交流，自己解决问题。

预设学生提问：①牧童是怎样评价戴嵩的《斗牛图》的？他的理由是什么？由此可见牧童的什么精神？②杜处士听了牧童的话有什么反应？由此可见杜处士是一个什么样的人？

（转述学生的话：①牧童的观点——谬矣。理由——此画斗牛也。牛斗，力在角，尾搐入两股间，今乃掉尾而斗，谬矣。精神——牧童善于观察、敢于向权威挑战；②杜处士的反应——笑而然之。点评——杜处士是一个乐于接受别人意见的人。）

2.一起来齐读牧童的话，根据文中牧童的神态、动作、语言来想象画面，读出牧童的天真可爱。

3.让我们再读课文，边读边思考。

（1）哪句话揭示了这篇短文所蕴含的道理？

（转述学生的话：古语有云："耕当问奴，织当问婢。"不可改也。）

（2）课文告诉了我们什么道理？

（转述学生1的话：你觉得这个故事告诉我们不能迷信权威。虽然戴嵩是唐代有名的画家，但不代表他画的画就没有问题。）

（转述学生2的话：当我们遇到难题和困惑时，不能埋头蛮干，而应该多去向有相关知识的人请教。"耕当问奴，织当问婢"这句话告诉我们，三百六十行，行行出状元，多多请教有相关特长的人。）

（转述学生3的话：你感受到艺术总是来源于生活的，要想画好画，总得仔仔细细地观察，还要尊重事实。就像我们写作文时，有时候为了情节的发展需要展开想象编一些故事，这是可以的，但是写的东西如果违背了常识就不行了。）

（转述学生4的话：你认为杜处士能虚心接受牧童指出的画作中的错误，这种态度值得我们学习。牧童只是个小孩子，但杜处士却不因牧童说的话而恼怒，而是"笑而然之"，足见他是有修养的人。）

【要点提示：此环节引导学生精读课文，领悟主题，用时3分钟，随着学生思考问题的深度不断增加，通过语言文字熏陶、渗透实现人文目标，文章要说明的道理自然显现，水到渠成。】

（四）展开想象，创编故事

1.同学们，课文我们已经弄懂了，根据我们之前学习小古文的经验，小古文言简意丰，只读懂不够，我们还要把它读得更透彻，读得更深入些，还要发挥我们的想象力，展开描写小古文字里行间给我们的想象空间。请回忆下五年级所学的讲故事的方法，我们可以怎么做？（板书：创编故事）

（转述学生的话：可以改变人称、添加情节、变换顺序，可以结合适当的细节描写，比如加上语言、动作、心理，展开合理想象说故事。）（板书：改变人称、添加情节、变换顺序）（板书：语言、动作、心理）

2.是呀，现在就让我们借助资料或者联系生活展开想象，让这则小古文变丰满。

3.来，小组合作创编故事，试着从不同的角度来讲这个故事。

（1）设想"我"是杜处士：我姓杜，大家称我为杜处士。告诉你们，收藏书画可是我最大的爱好……

（2）设想"我"是牧童：我是牧童，今天放牛归来，发现村里那个姓杜的处士正在晾晒他的书画宝贝……

（3）设想"我"是苏轼：我是苏轼，听说四川有个杜处士，酷爱收藏书画……

例：我是苏轼，我听说过这样一个故事：四川有个杜处士，非常喜欢书画，在他那数不胜数的收藏的书画中，有一幅戴嵩的《斗牛图》他尤其喜欢，用上好的美玉作画轴，用五彩的锦缎作画囊，天天带在身边。

一天，他正一边晾晒着这幅字画，一边和友人们津津有味地欣赏着。一位牧童走过来，也被《斗牛图》所吸引，他挤进人群，仔细地看起来。忽然，他拍手大笑起来："画错了，画错了！"杜处士的朋友连声呵斥："大胆小毛孩，这可是戴嵩画的《斗牛图》！无价之宝，怎么可能画错呢？"杜处士大吃一惊，他让大家安静下来，并耐心地询问牧童哪儿画错了。牧童边指着斗牛图边说："这是两牛在相斗，斗牛的场景我再熟悉不过了，两牛相斗时力量在牛角上，尾巴是夹在两条大腿中间的。而这幅画画的是两头牛翘着尾巴在相斗，当然画错了！"杜处士听了笑了笑说："牧童说的是对的。自古以来都说，耕地的事要向农民请教，织布的事应该问女仆。这是不能改变的。"大家纷纷点头不停地称赞牧童。

4.我们刚才通过改变人称、添加情节、变换顺序把这个故事讲得生动、有趣，让人产生画面感。课后，我们还可以再找些小古文，像这样展开想象创编故事，开展一次小古文故事会。

【要点提示：此环节引导学生展开想象创编故事，讲故事的过程，既是学生内化语言的过程，也是学生创造性地运用语言文字进行表述的具体表现。在这样的训练过程中，有效地给学生搭建思维碰撞的平台。用时8分钟。】

四、板书设计

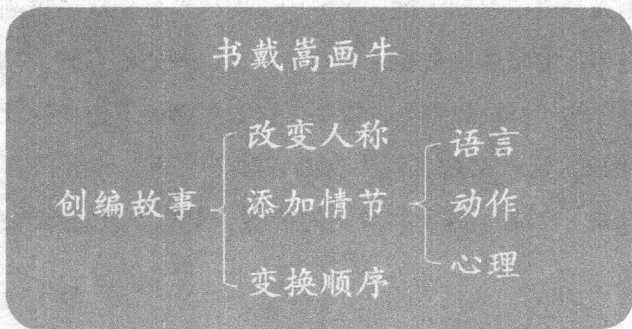

30

统编版六年级上册

《好的故事》

郑玮瑜　执教

一、扫描文本

　　《好的故事》是统编版小学语文六年级上册第八单元的第二篇精读课文，它是鲁迅于 1925 年创作的一首散文诗。当时鲁迅生活在北洋军阀统治下的北京，切身感受到社会的黑暗，就像处于异常"昏沉的夜"。鲁迅在梦境中看到了远方水乡的美丽风景，但这风景刚一出现即消逝，表现出他的怅惘和失望。而这篇散文以梦幻的形式，描写了一个没有"故事"的"好的故事"，寄寓了作者深邃的思想和执着的追求。全文以情绘景，情景交融，诗中有画，画中有诗。作者把自然景物写得优美、壮观，创造了饱含作者美的情感、美的理想的诗的意境。

二、教学速构

（一）教学内容

课文 3~9 自然段。

（二）教学目标

1. 能联系上下文、借助资料理解难懂的词语，在此基础上正确、流利地朗读课文。

2. 能抓住关键词句，体会梦境的美好。

（三）教学重难点

借助资料理解难懂的词语，能抓住关键词句，体会梦境的美好。

三、教学流程

（一）梳"梦"，理文脉

1. 同学们，在刚才的学习中，我们借助课后思考题的提示，知道了"好的故事"其实是一个梦境。（板书：梦）现在让我们聚焦作者的梦境，默读课文 3~9 自然段，想想：作者梦境的前后产生了哪些变化？拿起笔来，圈一圈，画一画，写下一些你的思考。

2. 这些文字不太容易读懂，但我们在细细咀嚼之下还是会发现一些蛛丝马迹。我们先请一些同学分享他的发现，请你——

（转述学生的话：你发现在第五自然段最后一句话"凡是我所经过的河，都是如此"。而第六自然段的第一句写的"现在我所见的故事也如此"，这里强调了"现在"，而第八自然段说的是"现在我所见的故事清楚起来了"。）

3. 很好！你们抓住文中一些细节的描写，通过对比，发现了变化。同学们，听着他的分享，你们产生了哪些思考呢？或者有不一样的发现？

（转述学生的话：①你发现景物的变化，第五自然段写了好多景物，第七自然段则用较多的笔墨讲了一丈红、大红花和斑红花。第五自然段的景物感觉是混杂在一起，到了第七自然段就清楚起来了；②你认为，第五自然段开始说"我仿佛记得"，所以接下来的内容应该是鲁迅的记忆。而第六自然段讲的是"现在我所见的故事也如此"，这才知道他是在梦境中的。）

4. 请同学们动动笔，把你听到的关键的信息圈画下来，想一想：他说得对不对？是不是这样子的呢？听着别人的分享，我们要产生属于自己的思考。

5. 老师也分享一下自己的发现。请大家关注文中的一个词——蒙胧。（板书：蒙胧）什么是蒙胧？对，文中有注释，我们读一读——现在写作"蒙眬"。

6. 仔细观察，这两个"lóng"有什么不一样？哦，一个目字旁，一个月字旁。一个是眼睛的，一个是身体的感受。但这不叫解释，到底蒙胧是什么样的呢？我们不妨追问一下，来翻开《现代汉语词典》，我们会有一些发现。《现代汉语词典》是这样解释的——"快要睡着或刚醒时，两眼半开半闭，看东西模糊的样子"。于是老师做出这样的推断，作者先是醒着，接着进入半梦半醒的状态，然后静静入睡，后来又醒了。

7. 同学们，你们想象一下这"半梦半醒"的时候是什么样？好像在做梦，又好像处在回忆当中。不知不觉睡着了之后，他也就真正进入了梦境。

8.你们看，这发现多有意思啊！以后阅读，遇到特别的词句，不妨查阅一下工具书，说不定就会有别样的收获。

【要点提示：此环节是对片段的整体感知，用时4分钟。因为文章"难懂"，所以这个环节重在借助课后思考题，培养学生的自主学习的能力，教师在聆听学生发现的细节时，需用鼓励的语气，淡化学生的畏难情绪，为后续的深入学习做好铺垫。】

（二）入"梦"，品文味

1.都说，日有所思，夜有所梦。现在，咱们试着透过鲁迅的梦，去读懂他的心。先来聚焦第五自然段的梦境，怎么读呢？我们可以借助一下课后的思考题，编者已经告诉我们，这个梦境是美丽、优雅、有趣的。（板书：美丽 优雅 有趣）这个梦美丽在哪儿呢？优雅又在何处？有趣又体现在哪里？让我们再回到鲁迅的梦境，仔细地读一读，品一品，圈出吸引你的关键词，想想，你从中体会到什么？

2.现在，分享一下你们的体会。请你——

（转述学生的话：①你体会到"随着每一打桨，各各夹带了闪烁的日光，并水里的萍藻游鱼，一同荡漾"所描绘的景色很宁静，很幽然；②你感觉"诸影诸物，无不解散，而且摇动，扩大，互相融合；刚一融合，却又退缩，复近于原形"这样的景色平时没有体验过，感觉很有趣；③你觉得"边缘都参差如夏云头，镶着日光，发出水银色焰"这一处景色特别美，又很想知道"夏云头"是什么样的。）

3.问得好，请大家看大屏幕，瞧！这就是夏云头！你们再读读句子，哪些字眼写得特别准确？

（转述学生的话：①哦，你觉得"参差"一词写得特别准确，写出了夏云头的样子；②你觉得"水银色焰"这个词形容得特别贴切。）

4.让我们来读读这些句子，感受一下作者笔下梦境的美丽、幽然、有趣。

【要点提示：此环节是对片段的学法指导，用时3分钟。重在找准探究学习的切入点，教师在引导时，要多用启发式的语气，肯定学生的发现，帮助学生初品文味，为进一步探究文意埋下伏笔。】

（三）咀"梦"，悟文意

1.同学们，在这美丽、幽然、有趣的梦境中，有一句描写被我们忽略了。请大家看这段话的第一句，这是一个长句子。请大家轻声读一读，想一想：这句话如果让你来写，你会怎样写？请你——

（转述学生的话：①你是不会把每一样东西都罗列出来，只会列举一两样来写；②你觉得这样写有些像记流水账，平时要这样写，老师要批评的；③你认为景物与景物之间不应该用逗号，应该用顿号。）

2.大家说的都很有道理。那么，鲁迅作为作家，这样写，有什么意图吗？他想表达什么呢？（板书：景？）你们再读读这句话，想一想。

（转述学生的话：①你觉得每一样景物后面，可能都有一个故事，甚至可能不止一个故事；②你认为鲁迅生活的年代，白话小说刚刚开始，有些符号还不是非常的准确；③你感觉，鲁迅写的都是他向往的东西。）

3.我们一起来关注一个词——山阴道。读到"山阴道"，你一定会想起一些什么？

（转述学生的话：①你想起了季羡林先生笔下的那个山阴道，那是季羡林先生对故乡深深的眷恋；②你还发现山阴道是浙江绍兴西南一带风景优美的地方；③你发现单元篇章页已经告诉我们，鲁迅的家乡就在浙江绍兴，山阴道就在他的故乡；④你还猜测，这每一个景物都代表着鲁迅的一段记忆，而且这些记忆应该都很快乐，都很美丽。）

4. 那么，作者为什么不具体写一写，而只是罗列呢？

（转述学生的话：①你觉得可能是他在梦中看到的美的景物太多了，没法儿写，只好——罗列出来了；②你觉得是因为在梦里，这一切的景物变化得实在太快了，一闪而过，看不清楚。）

5. 读到这里，老师还想给你们一个小小的提示：这篇文章选自鲁迅的《野草》，《野草》是一部散文诗集，这长长的一句话，描绘的不正是一首诗吗？

> 两岸边的乌桕，
>
> 新禾，野花，
>
> 鸡，狗，
>
> 丛树和枯树，
>
> 茅屋，塔，伽蓝，
>
> 农夫和村妇，村女，
>
> 晒着的衣裳，
>
> 和尚，蓑笠，
>
> 天，云，竹，
>
> ……

（配乐）一起来读一读。

【要点提示：此环节是对片段的深度品味，用时6分钟。重在带领学生驻足于文字间，用启发式的提问层层推进，唤醒学生的探究热情，进一步揣摩文字背后的意义。】

（四）引"梦"，探文趣

同学们，鲁迅先生正是用这诗一般的语言，借着每一个景物，向我们诉说着一个个好的故事！让我们继续跟随鲁迅的梦，继续去感受梦的美丽、幽雅、有趣，去发现梦的背后，更多的好的故事……（板书：题目旁"！"）

【要点提示：此环节是对片段的小结，用时 1 分钟。教师应用深情的语气，激起学生新一轮学习的热情，做到片段结、味不穷。】

四、板书设计

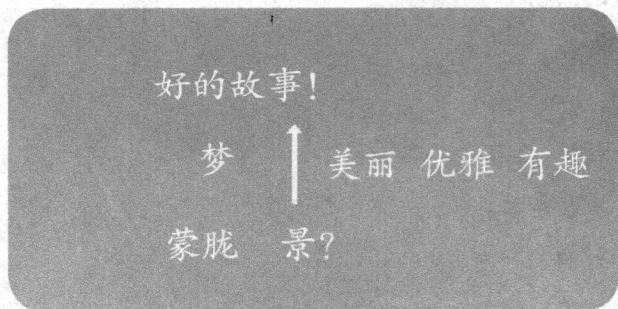

片段教学
核心·要点十问十答

何捷

人民邮电出版社

北京

目 录

01

片段教学：

时间究竟怎么用

何捷

片段教学就是要在非常短的时间里呈现教学设计，展示教学理念。"时间短"是最突出的特点。到底有多短呢？在我参与的片段教学中，通常有这三种情况：10 分钟、12 分钟、15 分钟。当然也有一些例外，我也遇到过 8 分钟的片段教学，时间太短，看不出什么结果，不科学；还有超过 15 分钟的，甚至达到 20 分钟，那就是半节课了，严格来说，不能称之为片段教学。

时间这么短，用好时间是个技术活儿。但执教者经常用不好时间。问题出现在哪儿呢？

"显性"的用不好时间分两种情况。第一种是时间不够用。到片段教学结束时，评委告知"时间已到，请选手离场"，执教者还讲个没完没了，试图一口气说完。要知道，超时部分所有讲的内容都不记录在案，都是无效的。第二种是有剩余时间。时间还没到，执教者就已经讲完，呆呆站在台上，最后也只能由评委"请出课堂"。

"隐性"的用不好时间也分两种情况。第一种虽说时间掐用得刚刚好，但属于"平均用时"，从头到尾一个调子，没有节奏。大家都爱唱歌，都知道歌曲之所以吸引人，是因为有各种各样的调子，或紧或慢，或高或低，有差别，有交替，有变化，那才成为曲子。倘若一直一个调子，那就叫"小和尚念经，有口无心"。第二种用不好的情况是"混乱用时"。调子和节奏有了，但很乱，没有章法。有的时候前面讲得飞快，后面就慢慢拖着讲，反复讲同样的；有的时候前面讲得很慢，到了后面意识到时间不够，猛然加速，该讲的地方反而没有讲清楚。

片段教学中要用好时间，应该是有原则的。究竟原则是什么呢？让我们以居中的"12分钟片段教学"为例，和大家说说应用时间的原则。

一、"3、5、2、2"原则

所谓"3、5、2、2"，指的是根据片段教学的大致板块，合理划分，使用好时间。板书课题、引入新课这个环节，大概使用3分钟。因为这个环节涵盖着生字教学，还要进行板书、板演，耗时相对多；核心片段的主体教学部分，需要用最多的时间，确保教学任务达成，所以使用5分钟；写法探索、精神启迪等提升环节，接近收尾部分，用2分钟——可不要忽略这个收尾环节，更不能走过场，因为这是整个片段教学与众不同的关键所在；最后的结课环节，大致安排2分钟，这个环节要做的就是布置作业，提示相关拓展阅读，安排项目式集中学习等。有时候，也可以点到为止，用最短的时间结课，可以视具体情况而定。

总之，时间就那么多，不是用到这里，就是用到那里。我这里给的时间分布原则，是一种大致的预估，大家执行的时候不要太死板。无法把握分寸的，请看第二条原则。

二、"可调试"原则

片段教学时，既要有统筹的安排，又要有应对变化的准备，这样，人灵动起来，课活跃起来，效果也就凸显出来了。例如，片段教学的开始部分，确实需要耗时两三分钟。比如书写课题时，教师可以带着学生，一起进行"书空练习"。遇到课题中带有生字词的，可以提醒，还可以进行生字词教学。这部分设计，还涵盖了与其他部分的衔接教学。比如要执教的片段在中间，那么至少要提示"之前学了什么""今天要学什么"。如果片段就是从头开始，也可以进行生字词的预习或课文初读的各项检查，这都需要时间。因此，3分钟，是比较保守的估计。

再比如，我们给结课环节预留了两分钟。但有的时候，这两分钟也许不够用，因为"怎么写"的教学设计显得更为重要，写作的拓展变成"得分王"。特别是当一些文本在写法上有极为重大的学习意义时，教师要努力给这一环节足够的时间保障。例如《记金华的双龙洞》片段教学结尾时，我们要对整篇游记的写法进行提示："作者就是这样，按照游览的顺序，从山路上行，到了外洞，进入孔隙，再到内洞，最后出洞。可见，写游记是要心中有序的。今后我们写游记就记住一句话——怎么玩就怎么写。这样读者才能伴随着你的文字，身临其境。"

以上这个例子，涉及对写法的提示。想必大家已经感受到其重要性。有的时候，在结课环节还涉及对课文的回顾，涉及部分语句学习的要点重复，涉及朗读的提升技巧，涉及教师对文本的梳理归纳……这些都是"不得不说"的要点，确实比较耗时，要有时间保障。

不要以为调试可以很随意，否则第一原则形同虚设。调试，总体而言是有章可循的——要保证主体教学时间。最重要的片段教学，至少要保证五分钟以上，这样才能让评委有时间了解你的设计，并对你的片段教学留下印象。

此外，也不妨尝试出"奇兵"，在不起眼的"最后一个环节"让评委眼前一亮。要记住，不要放弃片段教学中的每一分钟，更不要随意地布置一个作业结束教学，"编筐编篓，重在收口"。我们特别在收口环节给出两分钟，就是提醒大家：务必认真收口。

例如片段教学《巨人的花园》，在结尾部分可以让孩子来了解巨人的转变。教师如此陈述："从之前的呵斥，让孩子们滚出去，离开花园；到后来感受到孩子们带来的奇迹；再到后来，巨人反思到自己的问题；最后的结局是，巨人和孩子们快乐地在一起，在花园里。大家觉得巨人真正就是一个'巨大的人'吗？难道，他不是一个身材高大，却内心保有童真的孩子吗？老师将这个问题留给大家思考。"瞧，在结尾的时候，抛出的问题很有深度，想必连评委都在跟着进行思考，这样具身介入时，就会产生良好的教学效果。

三、"守规矩"原则

"守规矩"是原则么？看起来不是，我们却提示大家——将其看作原则，才不至于没有尺度，慌忙应对。不管教师在片段教学中如何计划分配时间，不管文本解读结果是什么样，不管你的个性有何特色，都请牢记：规矩总是要守的。说到守规矩，我们给出最为重要的提醒：用时，"满"为上。

我们主张，尽量把规定的时间讲满。时间给了你，就是要用的，不要浪费。我们不建议大家提前结束，除非你是天才，三言两语能把片段中的精髓展示出来。即便是天才，过早结束，也会给评委带来"草率"之感，意外之感、既然片段教学有评比的成分，结果都在分数上体现，还是力主讲满为好，确保得分。

要讲满，并不是有意拖延时间，而是注重设计上的饱满。即便讲到最后，还有几句话没讲出来，评委"残忍"地打断你了，你也会给评委留下"此人很努力""此人很刻苦""此人很上进"的印象。

最不愿意看到的是不懂事，自以为是；又怕事，临阵慌张。最后空余出大量时间，眼睁睁看着评委，灰溜溜被劝离现场。不懂得尊重时间，也会被时间惩罚。

02

片段教学：

一进场就紧张，怎么破

何捷

片段教学，真是太令人紧张啦！

参加片段教学的基本是青年教师，都是为了教学能力上的进步。特殊的任务，特别的环境，都让片段教学尤为令人紧张。

"紧张"，是我在担任片段教学评委时经常发现的问题，具体有以下几个表现：第一，拿着课文的手，在不停发抖。评委坐得近，看得一清二楚。第二，教学没有逻辑，想到什么说什么，混乱一片。有的直接七零八散地拼凑成十几分钟的片段讲授，还有的活生生丢掉一些环节。例如，明明要讲三个片段，却只讲了两个；明明要关注字、词、句、段、篇，却活生生漏掉字词，遗忘对篇章结构的讲解……第三点，当青年教师参加完片段教学展示之后，稍作休息或是吃个午饭，我们再问"刚才到底讲了些什么""刚才你是怎么说的"，青年教师却表示——忘得一干二净了。

凡此种种，如果不是因为紧张，还能因为什么呢？

怎么做到"不紧张"？我一边在评别人的片段教学，一边在思考。想着想着，想到一个很有趣的问题：如果是我自己来进行片段教学，会紧张么？答案是——也许会好一点。当"练习量"足够大的时候，紧张感也会消除。而我的教龄，直接决定了庞大的"练习量"。但这个思考结果依然不能为青年教师解忧。大家想知道的是：作为青年教师，我参加片段教学时，如何才能做到不那么紧张？

和大家说三条，都是结合多年临场观测片段教学实际情况总结出来的。

一、把评委看成孩子

所谓"看成"，就是指自己调整心态，给自己良好而积极的心理暗示，让自己觉得：我正在自己的教室里，给熟悉的孩子们上课。瞧，眼前都是我的孩子们。这样的心理暗示，有助于青年教师找回在教室里执教的感觉。

片段教学的考核都邀请了样子严肃的资深评委，他们端坐眼前，真会带来一种压迫感、紧张感。所以，给自己积极的心理暗示就显得尤为重要了。没有哪个教师会在自己班上，在给自己熟悉的孩子上课时，紧张成"那个样子"。

所以，走进片段教学的考场时，要调整呼吸，缓解紧张情绪，让自己看到"孩子们"正在等待自己上课，不断告诉自己：一切如常……

二、两个通用的"小套路"

紧张，就是因为陌生，因为"前途未卜"。特别是片段教学中，只给出短短的几十分钟的准备时间，之后立刻就要面对评委进行教学展示，且不说精致化设计，连很多要讲述的内容都不熟悉，当然会紧张。一旦有章可循，有固定的"套路"，相信大家就不会过于紧张了。哪些"小套路"可以让自己变得镇定？

可做之事，必做之事一：板书课题

可以在片段教学开始时，固定地进行板书课题。通过一笔一画地写规范字，放缓节奏，平复心情，做自己熟悉的事、有把握的事，让自己紧张的心平缓下来。

可做之事，必做之事二：提"牛鼻子"问题

"牛鼻子"问题，就是提领起整个教学的主问题。这个问题，可以在进行片段教学时优先提出。教学的内容可能是千差万别的，但主问题的提出，却是可以提前训练的。提出主问题，片段教学就有了"设计感"，之后再提出其他问题，就可以在片段教学时呈现"由总到分"的清晰的逻辑结构。同时，一开始就抛出设计好的主问题，之后再展开片段教学，也能给自己在"最开始"的时间段中留有思考的余地，给自己时间，不断调整思想，放缓执教节奏。

例如，片段教学《巨人的花园》，就可以先提出一个主问题："大家说说，这巨人到底凶不凶呢？来，让我们从今天要学的片段中，寻找答案吧。""巨人凶不凶"，就是教学时的主问题，其他的各个问题，可以分别提出，可以不断"触碰"主问题，也可以最后合并回答这一主问题。这样，短短的片段教学也有了层次感。

"牛鼻子"问题，让教学有层次，也给思考以缓冲，让自己不至于一上场就紧张得不知所云。

三、一组可供展示的基本功

片段教学考核的是教学设计，更是展示青年教师的基本功。人一旦做擅长的事，就不至于过度紧张。所以，在片段教学中融入一些自己擅长的基本功的展示，也能够有效地舒缓节奏，让自己平复下来。

可以加入朗读。在片段教学中，凡是让学生读的，教师自己字正腔圆地读起来。在展示基本功的同时，也能放缓教学节奏，舒缓紧张的心。

可以展示分析理解的层次。面对同一个词语、句子的教学点，展示出不同层次的解读，这也是一种基本功。很多青年教师在片段教学时容易犯"蜻蜓点水"的毛病——讲解一个词，一遍就过。只讲一遍，容易被忽略，不容易给评委留下印象，并且无形中加快了教学节奏，很难达到效果。反之，从多个角度来讲一个词，聚焦这个点，就可以缓解紧张，还能产生较好的教学效果。例如，通过查字典，这个词是怎么理解；联系上下文，又是怎么理解；结合生活，还有怎样的理解；根据自己的体会，用肢体语言展示这个词，又是何种的理解；理解之后再读这个词，会是怎么样的效果……瞧，多维聚焦，让一个词的片段教学显得厚实、扎实。而且，讲到"第三维""第四维"的时候，原先陌生的讲述内容就已经变得熟悉。讲解自己熟悉的内容，对消除紧张感大有帮助。

擅长朗读的就多读；书写漂亮的就多设计板书；解读深刻的就安排更多解读……不论做什么，一定要突出自己的长处，展示自己擅长的基本功。这有点类似"秀肌肉"，让评委看到青年教师特别的优点。

其实，即使做到了以上几点，想要彻底消除紧张，还是很难。

这是因为，青年教师在片段教学时感到紧张，是成长的必然经历。

本文和大家分享的"小套路",很快就会"过时"。等大家累积了一定的实践量,到了成熟时期,从青年成长为专家时,你会发现——人的成长是有规律的。在心理学界,有一个著名的德雷福斯技能习得模型,描绘了从新手到专家必经的五个阶段。我想,青年教师在片段教学中,要想彻底做到"不紧张",也需要经历五层"蜕变"。如下表:

类型	特性
新手	严格按照既定的规则和计划;很少觉查情境因素;无法自行决定
进阶者	按照不同情形下的导引行动;少许考量情境因素;不区别对待任务中不同特性和组成的重要性
胜任者	能处理繁重的任务;采取行动时能部分兼顾长期目标;能有意识地制订细密的计划;在标准化和常规性的程序下工作
精熟者	能从全局的角度看待问题,而不是分离式的;能发现问题中最重要的部分;能觉察到常规模式之外的特殊变化;能根据情形的变化灵活使用指引来工作
专家	不再依赖规则、指引和准则工作;能直觉性地对情形进行深入理解;仅对新异的问题采取分析式手法;具备洞察"其他可能性"的视野

其实,这个过程,才是紧张发生的真正原因。要到达"不再依赖规则、指引和准则工作;能直觉性地对情形进行深入理解"的层次,不仅要靠量的累积,还需要有对自己所从事的职业的无限热爱。

要真正消除紧张,就要到达专家级别,青年教师们还有很长的一段路要走。不过,要珍惜今天这样的"紧张"感,这是一种良好的职业成长状态,也是成为专家的必经之路。

03

片段教学：

板书写什么，怎么写

何捷

片段教学中要不要板书？毋庸置疑——要！适当板书，有助于提升片段教学的效果。但是，我们常常发现，片段教学的板书中，各种"意外"层出不穷，导致的结果是——不仅无法加分，还直接成为评委扣分的铁证。

别忘了，板书在片段教学之后，依然停留在黑板上。这是评分前的参考。

板书时常出现一些问题。

第一个问题，遗忘。从头到尾执行片段教学，都讲完后，转身一看，黑板上空落落的，居然忘记了板书。这样的情况并不少见，大多归咎于紧张，一紧张，什么都忘了。

第二个问题，凌乱。好不容易写了几个字，居然写成没有章法的"草书"；好不容易画了几条线，居然颤颤巍巍，断断续续；好不容易脑洞大开，兴致上来，在黑板上左牵右联，居然勾引成一团乱麻……

　　第三个问题，难看。 由于事先没有计划，没有统筹，整个板书呈现的不是美感，而是乱象。板书不美观，整个片段教学的质量也就随之下降了。

　　不禁要问：为什么板书会成为问题呢？这原本应该是教学时自然而然的条件反射呀！原因可以从以下几个方面思考。

一、基础不牢

　　教师的基本功牢不牢，在板书上就能体现出来。前辈总叮嘱"基础不牢，地动山摇。"不少青年教师在求学期间没有调整好方向，没有做好"成为教师"的准备，不曾练习听、说、读、写等教师应该具备的基本功。特别是"写"这一方面，原本要练好三笔字的。如今，不要说软笔字、硬笔字，连最基本的粉笔字都不曾练扎实。真到了板书时，写出的粉笔字就像"婴儿体"，特别难看，不如不写。

二、目的不明

　　参与片段教学的目的是什么？忽视板书的教师应该是不明确的。其实，片段教学的考核、评选，最主要的目的就是检测教师的基本功。请不要以为会"片段"就是会"教学"，"片段"只是一种虚拟的教学，与真正的教学相差万里。因此，要通过板书展示你的素养，让评委感觉你"是个当老师的料"。如果你没有意识到这一点，不知道"片段教学"究竟是为什么，不知道其重要性，自然就会缺失板书。没有板书，等于切断了自己的一条"臂膀"。

三、意识不够

对板书本身在教学中的意义认识不够，这就是"意识"的缺失了。成功的片段教学，要努力达到仿真的状态，要"教得像真的一样"。从这个角度看，在真正的教学中，板书能够对教学起到较好的辅助作用：板书能够展示教学的设计，能呈现教学的大致板块，能帮助学生以视觉进行学习……不同的板书还将产生不同的作用，教师将板书的这些功能认识清楚，也就不会忘记板书啦。

了解了板书的性质后，关键问题来了——板书究竟该怎么写，写些什么呢？

板书课题

对于课题的板书，我建议在片段教学一开始就进行！板书课题，如果不出意外的话，应该成为教师在片段教学中的亮相环节。具体的操作，有三句口诀。

第一句：一开始就写。例如，简单介绍片段教学篇目之后，进入教学环节，直接开始板书课题。**第二句：一板书就教。**一边板书课题，一边引导学生关注板书，强调学生要跟随板书学习。例如，书空，数笔画，认识生字等。板书之后立刻教。教学生朗读板书的课题，在朗读中指导学生读好、读顺，甚至还可以通过朗读，初步展示对文本的理解。**第三句：一教就要有效。**教就要教出效果。例如，课题读得好，课题中的易错字写得对，生字写得好，课题中关键词理解到位。

特别强调的是板书过程中带有的"写字教学"，大概可以分为三类：属于生字的，就教学这个生字怎么写，一笔一画，教得到位，教之后还可以提出"请同学们在生字表旁边写一个"的具体指令，给评委留下扎实从教的印象；属于易错字的，就提示怎么写才不会错，提示部分建议用红色的粉笔，显得更为突出；属于难写好的字，就教写好这个字，告诉写好的诀窍，教学生如何才能写得美观，例如，板书《颐和园》这个课题，特别要注意提醒同学"'颐'字左边部分的中间是个扁扁的'口'，要注意封口"。

过程板书

在片段教学过程中，能板书些什么呢？大概有以下几个方面。

最为普通、最为常见的，就是板书"关键词"。有的关键词指向课文内容，就从课文中节选出来板书。例如《一只窝囊的大老虎》一课中"窝囊"这个词，就值得进行板书。这个词既是关键词，也属于易错词，予以板书的"性价比"特别高。有的关键词指向文章主旨，就将最核心的意思写下来。例如《珍珠鸟》一课中，我们可以板书"信赖"这个词，因为它直接切中文章的主要思想。有的关键词指向文章的写作，指示文章的结构，更值得板书。例如《颐和园》中，每个段落开头一句中，就有指向"景点移动与变化"的关键词或短语，这些内容就可以进行板书。

比较与众不同的，就是板书"写法"。相对于板书关键词而言，板书写法是比较独特的。毕竟不是每个教师都能解读出文本中的独特写法，而写法解读结果一旦呈现，会引发评委的高度关注。虽说是虚拟教学，也要认识到——关注写法，对写法进行指导，读写结合才能让学生学好语文。

关注写法，会让片段教学显得更有层次。特别是当许多选手在同一时段参加同一个片段的教学竞赛时，关注写法能显得对文本的解读更加深刻。例如《珍珠鸟》一课的板书，除了"信赖"之外，你还可以板书"直接抒情"与"借物抒情"。这一单元的教学目标中，就有"了解课文是怎样借助具体事物抒发情感的方法"。板书写法，不仅展示了教师对教材教学目标的认识，也使得片段教学因触及了更为隐蔽、高级的"写作层面"而显得独树一帜。我们相信，"信赖"这一个关键词是大部分教师都会板书的，而对写法的板书，则有可能造成"人无我有"的优势。

还有一个特别提示：板书写法后，要配合着讲解，不能仅进行贴标签式的写法灌输。

而最酷炫的，莫过于板书"学法"。 在这一片段教学中，教师是否设计了自主、合作、探究、辨析、实验等不同类型的学习方法？如果有，不妨在提出学法的时候，就同步进行板书，直接提示评委关注自己使用的学法。这样的设计，让板书更具有学习的意味。

例如设计《牛和鹅》一课的片段教学，由于涉及"批注"这一学习目标的达成，此案更加适合使用"小组合作"式的学习方法。教师在讲述这一方法的同时，就可以在黑板上书写"合作学习"，让这一学法深入人心。讲一遍，写一遍，就是最好的强调，评委一定能关注到。

最后一个提示。如果教师擅长美术，建议可以适当采用板画。这里的画，专指简笔画。片段教学时间短，没空进行复杂的工笔细描。即便有时间，也不能将语文片段教学异化为美术教学。适当板画，黑板上有了图，也就美起来了。图文并茂的板书，无疑会显得更加活泼、生动。例如设计《圆明园的毁灭》这一课的片段教学时，教师就可以将"众星拱月"这一描绘园林布局的词，以板画的形式进行展示——中间画一个大面积的圆圈，周围环绕着数个小面积的圆圈，一边画一边讲，将"众星拱月"讲清楚。

板书设计得好，片段教学容易得高分。因为板书是片段教学结束之后，唯一可能留下的记录，是留给评委最为直观的印象，是评分的重要参考。

04

片段教学：

学生不在场，怎么办

何捷

片段教学是虚拟的教学活动，考核的是教师的综合素养，涵盖教学解读、教学设计、课堂执行等诸多能力。其中，有一个困扰大家的典型问题，也是片段教学的一大特色——学生不在场。

明明在教学，学生却不在场，怎么办？这样确实会带来一些问题。

其一，提问无人回答。原本教师提问，学生回答，如今学生不在，提问没人回答，教学如何推进？学生不在时，问题是对"空气"提出的。

其二，任务无人执行。原本教学设计中，携带着具体的学习任务。课堂教学的典型样态就是学生接受任务并设法完成，在此过程中获得学习体验。如今，学生不在，事情没有人做，显得尴尬。

其三，难点无人思考。学习最大的乐趣，就在于难点攻关。教学中，学生在教师的指导下突破任何一个难点，都代表着学习正在发生。如今，学生不在，即便教师能瞄准难点，抛出攻关项目，也没有学生参与思考，这样的局面真的有点尴尬。

学生不在场使这三个问题"无解"，让参与片段教学的教师感觉效果难以显现。而这三个问题的背后，暗示着片段教学中的三大缺损。

第一缺损：没有互动，不生动。有教师，没学生，师生互动自然就不存在。少了师生互动，课堂就变得不生动。不生动的课堂，怎么能有良好的效果呢？

第二缺损：没有差异，不深刻。一个问题抛出来，A 同学的回答和 B 同学的回答自然是不一样的。同样一个问题，在课堂教学开始的时候提出，和在课堂结束环节再次强调提出，思考的结果也是不一样的。类似的差异，都体现着学习正在发生，思考趋于深刻。如今没有学生，思考就没有结果，更谈不上思考结果的差异。思考的深刻性没能被体会，教学的效果自然要大打折扣。

第三缺损：没有梗阻，不真实。片段教学是虚拟的，因此，任何一个问题都"不是问题"，不构成障碍。因为提出问题的教师，完全可以自己来解决问题。然而，在真实的课堂教学里，学生在学习过程中是会遭遇到诸多困难的，有的甚至成为"难以逾越的珠穆朗玛峰"。片段教学中的一马平川、毫无阻隔，让教学变得缺乏真实性，自然，也无法保证其效果。

看来，学生不在场，真是个问题，但这又是无法弥补，实际存在的问题。可以说，正是因为这一问题的存在，才使得片段教学成为考核教师素养的重要且常用方式。为了解决问题，结合片段教学的经验，我提示三种方案。

一、片段教学中，教师要学会"接话"

所谓的"接话"，可以认定为片段教学的"核心技术"。就是教师"发话"之后要"接住"自己发出的话。凡是要学生读的，教师自己读；凡是让学生回答的，教师自己回答。只有顺畅接话，才能将教学设计顺利往前推演。接话中最为典型的就是"朗读"和"提问"两个类型。

关于"朗读"的接话，其操作的基本方法就是"教师自己读"。例如，片段教学中，老师抛出问题："都说这猫的性格，实在有些古怪。同学们，课文中哪些地方体现出猫的古怪呢？请找出来读一读吧。"此话一出，赶紧接住，教师在紧接着的下一秒，就应该将需要学生寻找并朗读的内容直接读出。这也可以称之为"接读"。

错误的做法是，老师在提出朗读指令后，说了许多废话。例如说到"嗯，这里有一位同学，他找到的是这一段。他为我们读的是这个内容。"记住，这样的"介绍"完全不需要，而且破坏了片段教学的完整性。直接接读，最为流畅。

关于"提问"的接话，其操作的基本方法就是"教师直接回答"。例如，教师询问："在这段中，哪个词最能体现猫捕鼠时的专注？"问题一抛出，教师就直接回答说："原来，你觉得是'屏息凝视'这个词啊。找得真准。"这样的接话能让片段教学更加流畅，也可以让评委产生较为真实的"现场感"。

二、片段教学中，教师要能"变通"

变则通，不变则死。所谓"变通"，就是力求在虚拟的师生互动中，由老师直接呈现出不同层次的学习结果，让同样一个问题的抛出，有多样的结果展示。

例如，片段教学中教师设计了一个问题："在田忌赛马中，孙膑为什么能给田忌出这样绝妙的主意？他凭什么判断齐威王会同意再次赛马呢？"问题提出后，回答不要单一，要模拟各层次的回答，要在回答中体现不同的学习路径和品质。教师可以连续说："啊，你的回答让我也明白了，孙膑是个善于观察的人，他发现了赛马共分三场，只要能做到'二比一'，就算是获胜。看来，你对赛制也有所了解。""我听出来了，你认为孙膑是很了解人性的。他发现田忌很容易采纳自己的建议，于是就敢于向田忌直接说出自己的设想。""嗯，真不错，你还觉察到细微之处，知道了齐威王在第一次获胜后，有骄傲的心态。这样一来，就容易答应田忌，再赛一次。""这位同学的理解也很不错。原来你发现孙膑看到了最为关键的一点——齐威王和田忌的马，速度不相上下，很有可能通过调整顺序，而获得'二比一'的结果。因此，才做出了这样的建议。"看，这就是变通，同样一个问题，老师给出了多种答案，每一种答案都提供了不同层次的思考，展示了不同的结果。即便学生不在场，也体现了学习中的思维多样性。

我们还有一个重要提醒：教师在做变通的时候，既要有"优质答案"的展示，也要有"问题的主动暴露"，多方位呈现学习的结果，才能体现良好的学习效果。

三、片段教学中，教师要会"设计"

片段教学，就是教师的自导自演。一个人一出戏，难免难以为继，此时，就要特别注重"设计"，这是关乎成败的、需要优先思考的重要支撑力。

　　如果会设计，即便是"一个人的舞台"，也能呈现得丰富、精彩。
关于设计，我们说三样：

　　首先，教师可以通过设计，把简单的一问一答，转化为图画呈现。
最简单的就是让学生画些简笔画。例如，我们会问："西沙群岛一带的
海水，为什么呈现五光十色呢？"紧接着，老师接话说："这位同学，
你的解释很不错，更棒的是，你想用简笔画来表示你的理解。真好，你
就来画吧。"说完，老师可以直接在黑板上绘制"西沙群岛海底的光线
折射图"。这就是将回答转化为图画。

　　其次，教师可以通过设计，把简单的一问一答，转化为行动表达。
例如老师询问："课文中写到白荷花从荷叶中冒出来。这个'冒'字
该怎么理解呢？"提问后老师直接说："真棒啊，大家看，这位同学的
手，就是一朵白荷花，旁边都是挨挨挤挤的荷叶，请你用手来展示，
白荷花是怎么冒出来的？"说完之后，老师直接借助手势，动态呈现
"冒"的过程。这就是将问题转化为表演。

　　**最后，教师可以通过设计，把简单的一问一答，转化为更为激烈的
形式。**例如组织辩论，模拟不同观点；针对同一问题，各自说理……这
些激烈的呈现形式，都会让课堂活跃起来。例如在《狐狸分奶酪》一课
的片段教学中，老师可以设计提问："你认为狐狸是不是很狡猾呢？"
之后，教师直接接话说："哦，你觉得这是一只狡猾的狐狸。""嗯，
我听出来了，你有不同的理解，你认为这只狐狸还挺可爱的，只不过
是，狐狸用了很特别的办法来分奶酪。"之后，老师就可以提议展开辩
论。辩论过程中，教师可以轮流虚拟出两种不同的主张，在最后提议让
学生进行判断。

　　经过设计，简单的提问也变得丰富多彩。

　　片段教学中，即便学生不在场，我们也一样有办法让教学效果显得与众不同。原则就一条——学生不在场，依然要虚拟出互动性，要展示学习的过程与结果。遵循这一原则去设计，就能营造出学生在场的感觉，让片段教学变得生动、活泼起来。

05

片段教学：

如何才能“不走过场”

何捷

什么是片段教学中的“走过场”呢？大概有这几种情况。

第一，只看到老师又唱又跳，十分活跃，但见人不见课。似乎是在上课，但上的是不是语文课，很难判断。吹拉弹唱，样样精通，就是语文不通。不过，至少上过了。这是第一种典型的“走过场”。

第二，只听得不断有提问，有回答，有朗读，但听声不见课。确实，片段教学中有读书声，教师有设计提问和回答环节，有点像语文了，但究其设计，却不怎么样。例如，对教材的解读不清楚，对统编教材的特色没把握，教师自身的素养也无体现，一切都有点玄，不着边际，不着调。这样的片段教学，教师犹如刻意走程序，好像硬撑着把这十几分钟的话讲完就要离开，少了耐性，丢了文心，依然是“走过场”。

第三，教师确实在讲着什么，但心不在焉，在场却不见课。部分教师的片段教学显得相当无趣，自己也知道不妥，上着课，熬着时间，似乎在等着那十几分钟度过,一结束就迫不及待地要离开。也可能是心中无话,不知道该说些什么吧,又不好意思站着不说话,所以就胡乱说了些,熬够了时间立刻走。这是最为尴尬的"走过场"。

为什么会出现走过场呢?可能有以下原因。

第一,时间确实太短,难以留下印象。想一想,片段教学只有10分钟,或者12分钟,最多15分钟。在那么短的时间里,稍有不慎,很容易形成"走过场"的感觉;第二,设计得太花哨,这也做,那也做,东一榔头,西一棒槌。看起来很忙,但是究竟忙了些什么,真让人眼花缭乱,多而繁杂,形成"走过场";第三,也许解读很用心,设计也花了力气,但是在片段展示时,执行不力,操作不当,依然有"走过场"的感觉。

走过场,几乎等于白来,评委打的分数也必然很低,这个问题确实需要解决。片段教学都带有选拔、评比的功能,同比分数低,有可能与美好的前程失之交臂。

如何"不走过场"?我们给大家提提建议。

一、以"三"为大

"三"在中华文化中是大数。但凡能够重复三次,反复三回,或多或少会给人留下较深刻的印象。这样的例子在传统文化中不胜枚举。我们也可以将"三"的魔力运用在片段教学中。

当我们找准一个教学点时,至少以三种不同的方式来呈现,给评委留下深刻的印象。例如,片段教学中,设计《赵州桥》中的一个词——横跨。老师可以这样描述教学:"谁知道'横跨'是什么意思?①你通过查字典,了解了横跨就是横向跨越。非常棒,好习惯。②你通过联系生活来理解横跨。在日常生活中，你常见到许多桥，或是一些高速路，横跨在两地，你还看过跨海大桥啊。③你也不错，能联系上下文，知道赵州桥就是这样横着，立在河上，跨着两岸。你还对照着课文中的插图来理解这个词。真好，今后，大家理解一个词的方法有多种，今后，我们在理解一个词的时候可以查字典，可以联系生活，也可以联系上下文。理解的方法多了，理解轻松又到位。"

以上案例中，教师在片段教学词语，讲解"横跨"这个词的时候，至少提示了三种方法，并在虚拟的互动中不断强调，无论是答案还是方法，都能给评委留下深刻的印象。

再举一个关于句子的片段教学。比如说《桥》一课中有一句"老汉盯着乱哄哄的人们，他不说话，他像一座山。"这句话，老师也可以通过虚拟的学生答案，给出理解的不同层次。"①你的理解是，当人们都在慌乱中奔跑时，老汉是静止的，在背景、环境的衬托下，他像一座不动的山。你直接抓住人物的神态，认为这里还有一种对比的手法运用，人们都慌不择路、非常恐惧时，他神态镇定，犹如人们心中的靠山。②你发现了老汉是全村人都信赖的党支部书记，他的威望像大山那样不可撼动，你的回答也很精彩。③你觉得老汉清瘦的脸上淌着雨水，就像一座岿然不动的山在暴风雨中的样子。"

同样对一句话理解的片段教学，也用上"三"的原则，提供不同层面，不同角度的答案，这才能做到"不走过场"，让这一教学设计给评委留下深刻的印象。

二、细化过程

学习是要经历过程的。片段教学虽然十几分钟就结束，但依然需要模拟出学习的过程。不仅要有过程，还要让过程足够细，让在场的评委如同参与到过程中一样，而不总是"接受答案"。上文的两个例子中，教师的问题一抛出，立刻就自己给出结论，这是最为常规的操作。但除此之外，还可以把应有的学习过程展示出来，给评委留下深刻印象。

片段教学，可以看成教师对学习过程的复盘。

例如，在片段教学中设计小组合作，切不可一布置任务就立刻说："我们来交流你们合作的结果吧。"教师应该努力描述这一合作学习的过程。例如，可以这样说："真不错，我看到这一个四人小组合作得真好。两个同学在积极讨论，一个同学在用心倾听，还做了笔记。第四位同学，关注着正在发生的一切，看起来像是整个小组讨论的主持人。我相信，通过这样的有效讨论、认真合作，他们一定能得出圆满的结果。好的。我们来交流吧，请这一个小组先说。"

教师的这一段过程描述，就营造了浓厚的"现场感"，将评委也带入学习过程中。在场的所有人都感觉到有一个四人小组正在合作。而且，随着之后的合作成果分享，教师的设计也将留在评委的印象之中，绝非"走过场"。

三、多方转化

记得有句话说"一个篱笆三个桩，一个好汉三个帮"。片段教学要给评委留下深刻印象，就要用多种方式来呈现。呈现的是什么呢？是虚拟的学生的思维结果，要将其转化为可观、可感、可触碰的师生互动，要以"眼见为实"来杜绝"走过场"。

例如，在片段教学中教师抛出一个问题，得到学生的回答后，老师可以继续"加工"：其一，添加为板书。从学生的回答内容中，提取出关键词，转化成板书，并强调全体关注。这样的设计，很形象，有效果。其二，添加表演。将学生回答的内容转化为肢体展示，引发关注。这样的设计有一个前提，最佳的选取类型是"动词"，因为最方便展示。其三，添加新的学习项目。老师还可以针对学生的虚拟回答，进一步加工，将答案转化成新的问题，提供新一轮的辩论和思考。这样一个问题就会拓展开来、延伸下去，在评委心中留下印象。

最后一点比较抽象，我们举一个事例。《"精彩极了"和"糟糕透了"》一课的片段教学中，虚拟学生认可"精彩极了"这一种观点，支持文中的母亲。教师可以顺势推进，说："难道父亲的严格之爱就没有人支持？好的，我看见也有不少同学表示认可。这样，不如我们展开辩论，结合你自己的生活体验和理解，说说对这两种爱的思考。"接下来，就是教师虚拟的学生答案。这样的一个片段，以一个问题作为"点"，将学生的发言连成"线"，组织全体进行讨论，推进学习成为一个"面"，教学效果好，给评委留下了"善于处理课堂临时生成的资源"的印象。

印象留下了，教师的片段教学就不是"走过场"。"不走过场"，很有可能获得高分。同时，这样的片段教学倘若还原为真实的教学，也显得扎扎实实，并带来优质的教学效果。

06

片段教学：

如何找到"高光点"

何捷

所谓"高光点"，源于素描，这里指片段教学中的"亮点"。

没有亮点的片段教学是怎样的呢？其一，大家讲的你也讲，你和大家都一样。片段教学是竞赛，是评选，担负着甄别与选拔的功能，没有亮点就无法脱颖而出。其二，讲是讲了，但停留在表面。表面是什么？就是"内容"层面。"里面"是什么？就是文章的结构、精神、写法、价值等，不是"一眼就看完"的。太多教师的片段教学，只讲了"写什么"，而这些都只是浅尝辄止。其三，最可怕的是模仿名师经典桥段。也许是准备时运气好，恰好关注到了"某名师的某种设计"，之后欣喜地进行"蚂蚁搬家"。殊不知，经典就是经典，你能模仿，评委也能找到根源，更何况这里还涉及模仿的水平……

为什么片段教学会变得如此平庸呢？怎么提升呢？

也许，是能力问题，无法深入；也许是观念问题，总是停留在"教课文"的意识中；也许是态度问题，总希望碰运气，"正好准备到"……不管是什么原因，我们都希望解决这个问题。而解决问题不能全仰仗临场发挥。其实，越是依靠临场，发挥好的可能性越小。要有"治未病"的意识，从片段教学之前的教材解读上开始改变。

拿到一篇教材，该怎么读才能让最后的片段教学有"高光点"？

第一，素读。所谓素读，顾名思义就是最为朴素、纯粹地去阅读。拿到教材，从头读到尾，中间不要停留，也不要回读，一口气读下来。但凡编入小学语文课本的课文，最大的特质就是浅显易懂，识得字者皆能读，对于老师来说，读懂更不成问题。

素读之后，可以掩卷沉思。建议大家把教材合起来，在大脑中"过电影"，想三个问题。其一，这篇课文究竟写了些什么？其二，这篇课文到底有哪些特别之处？例如，选词用字，表达方式，文章立意等。凡特别之处，都仔细琢磨。其三，这篇课文和单元同组课文有什么差别？例如：作者的写作风格差别？选材内容差别？一个单元大多为同一主题，为什么选了这些不同的篇目？

全文通读后，再重点阅读一遍需要进行教学的片段。这样完成了第一层的"读"。

第二，细读。细读就是重点研究需要进行片段教学的部分，追踪读，仔细揣摩，反复多次地进行局部阅读。例如，某些语句的表达上比较特殊，某些词汇使用相对陌生，这就值得我们在细读时停留，通过查阅资料、联系上下文、联系生活经验等，予以解读。此外，还要关注结构上的独特之处。例如《十六年前的回忆》使用了倒叙；《记金华的双龙洞》按照游览顺序写等。作者在安排写作结构时，一定有其用意，发现文本特别的结构安排正是你的片段教学获得高分的可能所在。此外，文章立意的独特性也要注意——这些文字到底要传达怎样的思想？这些思想该如何传递给学生？这都是在细读时需要琢磨的。

第三，拓展读。如果忽略了这一种读，教学视野就会比较狭隘。拓展读有四个方向：第一个方向，拓展到本单元。当然，如果考核时没有提供，这条就凭借之前的准备。不过，统编教材的拓展，有一项是无法绕过的，那就是单元导读中的任务提示。这里大有玄机，隐藏着教学要实现的目标、要完成的任务。第二个方向，扩展到同类型的其他篇章。例如同样写春节，老舍的春节和其他人笔下的春节有什么不同；北京的春节和西北的春节、南方的春节有什么差异；我们可以针对同类型文章进行互文关照，这自然也依赖平时的积累。第三个方向，拓展到评论。文学界对这篇文章有哪些评论信息，其他人是怎么看的，百家争鸣的观点能够给我们很多启发。第四个方向，读作者的创作自述。这一点，很多人都忽略了。

看出来了吧，虽然考核的形式是片段教学，考核的实质却是综合素养。准备的时候，切记"磨刀不误砍柴工"。

第四，还原读。还原到作者的本位想一想，作者为什么要写这一篇？他要传递出怎样的信息？还原到编者的本位想一想，在这个单元中编者为什么选取了这一篇？有何用意？当然，最重要的是还原到儿童的视角，从儿童的角度来看，哪些地方是我需要学的，哪些地方是我最感兴趣的，哪些地方是教学中的难点。还原儿童本位，让我们的教学更加贴近儿童需要。

设计教学时，应关注哪几个方面？

第一关注：文体特征。所谓文体特征，就是指这一类文章的总体样貌。文体特征是这一类文章的标志、象征，也可以说是符号、图腾。这一类文章大致的样子就在文体特征中被锁定，可以把握、发现、运用。例如教小说，我们很容易关注到文中所写的环境，关注到故事的情节，关注到人物的形象。在《穷人》一课中，作者对桑娜家里干干净净、温暖舒适的环境着力描写，对屋外海风呼啸的恶劣环境也不忘刻画。两种环境的对比，就能衬托出主人公的品质。关注环境就是关注人。

文体特征的把握是解读教材的第一步，也是关键的、奠基的一步。这让我们的片段教学达到"有模有样"。

第二关注：文学细节。教材中处处有细节，字、词、句、段、篇，文学细节无处不在，但丰富的细节也在提醒我们：一节课不能够兼顾所有。在此，我们给出三个把握文学细节的路径。

第一路径：发现"陌生化表达"。第一次发现的，独一无二的，都属于陌生化表达。陌生的，就是新鲜的，就是值得玩味的。例如在《爬山虎的脚》一文中，有一个词很朴实，却别有深意——"今年我'注意'了，原来爬山虎是有脚的。"这里的"注意"，表示作者开始留心观察，这才有了发现。教学时抓住这个词语，就能够让评委感受到你的敏锐。

第二路径：抓住有趣的细节。例如《猫》一文中写到猫的性格实在有些古怪。有时候老实、安分；有时候活泼、勇敢；有时候恋家，有时候又义无反顾地出走。这一些有趣的表达，就能够体现出猫性格古怪的特征，抓住这些有趣的细节，就如解开了绳索中的结扣。

第三路径：瞄准可复制的内容。例如《观潮》中"双线并行"的写法，即注重写潮水的样子变化，又注重写潮水的声音变化，这是可以带得走的方法。还如前文中描述猫的性格古怪的"矛盾对比"写法，这些都可以在未来的创意写作中模仿，都可作为细细品味的文学细节。

有了细节，课堂就有了抓手，教学就有了重点。我们就可以在一个相对集中的教学环节中，教出语文课的特性，让评委也感受到浓浓的语文味。

第三关注：写法秘妙。写法，一直是个密码。作者在写这一篇文章时，是何种情形，是如何写成的？这篇文章的写作与我的写作上有何差别，有何借鉴意义？特别说明的是，我们所谓的写法，不是指某一句话如何写，也不是指在修辞上重复教学，而是指整篇的写作运作方法，特别是选材、立意、组织、加工等大环节上有什么可取之处。例如《晏子使楚》中，语言描写是特色。作者对语言的描写有哪些可取之处？各种语言表达如何组装成一篇文章？这些就值得探索、值得教学。又如《巨人的花园》一课中，王尔德编写的童话故事有何特点？花园的变化如何呈现，巨人的内心怎样探寻？故事怎么写才吸引人？这些和写作构思息息相关的写作密码，应在教学中予以涉及。很多时候，看似教阅读，实则教了写作。教阅读为教写作服务，教阅读的同时也教了写作。如果你能这样设计片段，未来能这样执教语文，那么学生是有福气的。他们未必要正儿八经地参与写作课，因为教师在阅读教学的过程中已经完成了写作教学的任务。

解读教材的三个层次，既可兼顾又可突出某一个。如果兼顾，你的课堂将更加周密严谨，给人以完整感。如果凸显某一方面，你的片段教学将更有风格，在评委心中留下的印象更为深刻。

片段教学有了"高光点"，如同夜空中亮起了一闪星光。

07

片段教学：

要解决的三个典型问题

何捷

部分教师参与片段教学的评比、竞赛、考核的时候，很容易掉以轻心，认为片段教学就是一种虚拟教学。因为心里认定"这不是真的"，所以很自然地觉得"不要太在意"。也有人认为片段教学无非就是考试的需要，很难具备艺术性，即便再努力，也很难达到理想的状态。于是考过之后，再也不练。

其实，有这样想法的教师，你真的想错了。

如今，教师资格考核、职称晋级和其他各类赛事、评选中，基本都会"遭遇"到片段教学。这已经成为教师业务考核中最为典型且全国通用的形式，我们简称为"全国粮票"。可以肯定地说——片段教学，不仅不应掉以轻心，还应该设立一个专项课题进行研究。

在近三十年的持续关注中，我发现数以千计的选手在参加各级各类片段教学比赛中，存在着几个相当普遍、极为典型的问题。这些问题，或者说是困惑，需要在未来的片段教学准备中予以解决。

第一个问题：仅教片段还是教全篇？

答案很肯定——要教全篇。

请不要以为这个答案能被教师轻易接受。有不少教师坚定地认为，既然叫片段教学，那么真的就只要集中瞄准这几个片段讲就好。如果片段在文章的中间，则开头不涉及，结尾不要讲。殊不知，这样的想法将导致你集中力量也做不好事，因为你的眼睛只盯着一处，太局限，太极端，自然讲不好。如同鲁迅说的"蜜蜂酿蜜不能只盯着一处，这是酿不出蜜来的。必定要采过许多花，才能酿出好蜜。"

片段教学要关联全篇，这契合我们学习语文的基本路径，也符合基本规律。规律就是从整体到局部，再从局部回到整体。因此，即便是执教片段，也要有整体观。再从片段教学本身需要来说，必定涉及全篇。例如，开篇导入，教师要讲述对全文的了解，要对文章的写作框架有所把握；讲述具体片段过程中，教师依旧要关联到其他段落；到了片段讲述的最后拓展部分，也要把剩下的教学内容予以提示。可见，关联全篇，势在必行。

以统编教材中的《西门豹治邺》的片段教学为例。假设片段的教学任务集中在"西门豹治理巫婆和官绅"这个故事的高潮部分，教师在解读教材与设计片段教学时，也一定会涉及之前的"西门豹调研工作"这个部分。调研中，他向老百姓提出四个问题，分别询问邺这个地方田地为什么荒芜，河神娶的新娘从哪里来，河神到底神不神等。这些情况的调研，这一提出问题的环节，会关联到之后对巫婆、官绅的惩治，所以不讲都不行。在高潮部分讲完之后，邺这个地方有没有变化，人民群众生活怎么样，也需要提一下。片段教学，讲述既要集中，也要瞻前顾后。

总结回答这个问题：片段教学，要有精准指向，也要有整体观、全局观，不要将片段孤立。只有这样，才能教好片段。

第二个问题：真的可以凭套路来讲吗？

这个问题的前提是——片段教学是有套路可循的。

不要谈套路色变，有时候，套路真的管用。我们在近三十年的研究中，也总结并归纳出一些片段教学的套路给青年教师，特别是入职考试中的片段教学，对于新手教师而言，套路简直是"法宝"。

总体来说，只要你是初级教师，是年轻的选手，你就可以用套路。进入到高级阶段，如果资深型教师还迷恋套路，那就是死路一条。

新手教师，要有一些套路。有套路，临场时就不至于一片空白、惊慌失措。至少，依据套路，你能够有话可讲；至少，面对一个新的文本，你能够知道如何开始，从哪里入手。一旦开始就好办了，接着用套路往下推进，讲完片段不成问题。万事开头难，开了头就不难了。

例如，我们曾经给出的片段教学套路如下：用板书课题的方式导入新课后，抓住片段中的关键词。既然是套路，务必管用。因此，在抓关键词这一程序上，我们给出的套路中具体到——关键词要抓两个，抓动词更容易讲。之后就是抓关键句，讲两句就够。其中一句是段落中的中心句，另一句可以选择"修辞手法"使用较好的句子。之后是分析写法，从文本中解析出一处常见的写法，进行写作提示。最后再总结全文，提示关注本文的写作特点、精神主旨……这个套路，不知道让多少年轻老师成功通过了片段教学考核。

2019年全国使用统编版教材之后，各种变化等，让套路越来越不好用。特别是许多新选编的课文，带有具体、明晰的"目标""功能"，有的为了学策略，有的为了学写作，有的为了学方法……在这些新篇目面前，套路只能"举手投降"了。

倘若你有意在片段教学中胜人一筹，只知道套路，仅依赖套路，这可不是好的选择。

第三个问题：古诗词、作文等，会变成考核项目吗？

很多教师有此疑问。答案也是肯定的——会！

虽然从目前的情况看，片段教学考核古诗词、古文的概率很小，几乎没有在我们所主持的考核中出现，但也不能说他们不会出现。要知道，语文核心素养的第四个素养为"文化素养"，而文化素养的第一核心内容就是"中国传统文化"的继承与担当。正因如此，12 册统编教科书中的古诗词和古文数量超过了 200 篇。而之前颁布的《义务教育语文课程标准》中，推荐的古诗词篇目仅有 70 余首。

照这样看，古诗词、古文是否必定会成为考核篇目？可能性还是不大。只能说"不大"，但无法打包票。

为什么呢？试想一下，倘若以古诗词、古文为内容进行片段教学考核，考场上要呈现较为优秀的设计，需要借助大量的资料、包括古诗词、古文的写作背景知识，历史人文知识等，这些在考场上是无法获得，也无从查询的。闭门造车式地解读古诗词、古文，对教师来说是不公平的，意义也不大，因为这无法检测出真正的素养。

而作文更是尴尬。小学语文教学领域中历来很少涉及作文教学，作文也一贯是小学语文教学研究中的薄弱项。片段教学的考核，目的不是"找软柿子来捏"，而是要最大程度展示教师的专业素养。因此，选择古诗文、作文来考核，是不大合理的。所以，目前我们接触到的片段教学考核，基本都选择阅读课。

从统编教科书编撰体系来看，阅读课类型的选择是非常灵动的：有的是不带星号的教读课，有的是标注星号的自读课。虽说两者都在"阅读"这一范畴之内，但不同课型的设计教学应各有侧重。教读课，设计时多考虑"怎么教，学生才能学会"；自读课，多安排"如何学，能巩固之前所学"的内容。

最后还需强调一句：谁都不能保证考核中不会出现古诗文、作文的篇目。同时，再次提醒教师——即便是阅读教学，也要更多尝试"读写结合"的教学设计总体路线，也务必在文本内容解析之后，更多地侧重到对写法的关注、对文章结构的探秘。设计到达了这一层次，才会让你在同一篇目的片段教学中显得与众不同。要知道，一般情况下，片段教学都是集中举行，半天内有十多位选手参与，如果大家都停留在"内容"层面，很容易让人产生厌烦。

只要教师们注重日常研修，主动端正教学研究态度，对教学有执着而真诚的热爱，我相信——这三个问题就不是问题，考核就是你大显身手的时候。

你不是来碰运气，也不是来讨巧的，你是因为自身的教学素养而胜人一筹。

08

片段教学：

单元导读页面，是不是"鸡肋"

何捷

片段教学的题库，少不了提供教材页面。全面使用统编版教科书之后，还追加提供这一教材所在单元的"单元导读"页面。切记，提供的都是重要的，都是不得不提供的。

然而，不少教师在教材解读中，却忽视了单元导读页面，也有教师认为单元导读是可有可无的。难道，单元导读页面真的是"鸡肋"么？当然不是。可以说，在片段教学中，解读好这一页面，也就解决了大问题。

单元导读，在哪里？

统编版教材从三年级开始，在每一个单元的首页，都为师生编撰呈现了"单元导读"页面。单元导读的位置就固定在单元首页。这里的"首"字给我们一些提醒。

第一，从序列上看，单元导读务必"首先"被重视、被解读、被设计。在教学这一单元之前，必须优先关注导读，这是整个单元教学分析与设计的第一件事，排在单元教学的第一位。

第二，从作用上看，单元导读就是这个单元的"首要"任务，提领全局。这个单元要教什么，达到什么效果，实现什么目标，借助单元导读一目了然。例如统编版小学语文三年级上册第二单元提出"运用多种方法理解难懂的词语"与"学习写日记"。导读让教师一下子就关注到"日记写作"这一特别的教学内容。再观照本单元的习作任务，匹配的就是"写日记"，导读提示教师"日记"这一常用文体的写作教学起点。单元导读对单元教学分析有重要的指导作用，也是单元教学结果的检测依据。因此，对导读的解读，成了教学任务之首。

第三，从地位上看，单元导读就是整个单元教学的"首脑"，统领学习。单元导读的重要性是不言而喻的。例如统编版小学语文三年级下册第五单元导读中提示"走进想象的世界，感受想象的神奇"与"发挥想象写故事，创造自己的想象世界"。很显然，整个单元都将在"想象"的世界里驰骋；导读中独特的"笔"的图标也在提示我们，这是独特的"写作教学单元"，阅读要为写作服务。这就是单元导读在学习重心上给我们的指引。如果将整个单元看作是一个小的课程系统，单元导读就是这个系统的纲领；如果将整个单元看作是一个学习项目，单元导读就是项目的总指挥；如果将整个单元看作是一个建设工程，单元导读就是工程开工时的第一抔土。单元导读的地位是无法撼动、无可替代的。

单元导读，有什么？

有意境图。单元导读的构成要素之一，就是这一单元教学的意境图。意境图就是贴近整个单元教学内容、符合教学情境的图案。例如统编三下第二单元为"寓言"教学单元，单元导读中绘制的意境图，就是中国古典寓言《鹬蚌相争，渔翁得利》。中国传统的水墨写意画，将带领学生走进独具魅力的寓意探索之路。

有编者语。单元导读中编撰的文字，由两类构成。这是教材编者给教师和学生最为紧要的告示。

第一类：单元引导语。引导语，就是教材编者编撰的，专为引导教师和学生明白本单元教学"三要素"的话语。三要素为"单元内容究竟是什么""单元教学究竟教什么""单元学习究竟学什么"。内容，教学，学习结果，三位一体，构成本单元的教学系统，在单元导语中予以提示。例如，统编版小学语文三年级上册第四单元的引导语是"猜测与推想，使我们的阅读之旅充满了乐趣"。而这一单元，就是针对阅读中的重要策略——预测的学习。再如，统编版小学语文三年级下册第二单元的引导语是：寓言是生活的一面镜子。这句话很简单，可至少包含三层意思：第一层，提要了教学内容，本单元即将学习的是寓言故事；第二层，提示了文体特质，本单元的故事有着独特的文体属性，这也决定了单元学习的要点与难点；第三层，提炼了人文意韵——"生活的一面镜子"，可见，寓言虽短，却能折射出生活的方方面面，让我们反观自身，防微杜渐，给未来生活以启发与引领。多读寓言，读懂寓言，能在生活上更智慧，不会重蹈覆辙。

第二类：单元教学目标。单元导读页面中，简洁、明晰地列出了本单元的教学目标。以统编版小学语文三年级下册第二单元为例，目标有两条：第一，"读寓言故事，明白其中的道理"，这是关于阅读教学的目标；第二，"把图画的意思写清楚"，这是关于习作教学的目标，配合的单元习作是"看图写作文"。单元导读中的教学目标陈述，给我们三层提示：第一层，目标对教学行为有所指示。例如，两条目标中，指示了寓言单元的教学应注重"读"，多读、读懂是前提；注重"悟"，道理是要从故事中悟出的，学习的过程不是轻而易举的；注重"写"，之前的阅读，就是为了最后能顺利完成写作任务，结果是可视、可测的。第二层，目标对教学构成有兼顾。原先我们特别注重阅读教学，忽视写作教学。统编教材单元导读设定的教学目标，兼顾读写，在两个方面都提出要求，这就给师生一个重大提示：读写并进，协同发展。第三层，目标体现着对语文学科核心素养的特别关注。例如，"读"决定了"悟"，"悟"反过来也影响"读"，"读"的结果都要努力转化为"写"。一个单元的学习，从语言学习角度看，注重言语习得的实践；从思维角度看，注重过程的探索与发现；从审美角度看，注重正确价值观的培养；从文化理解与传承上看，注重对优秀文化的理解与把握。单元导语中的教学目标，充分体现了统编教材"人文属性"与"语文要素"双线编撰的特色。

单元导读，好不好？

统编教材的单元导读逻辑性、系统性都很强。前后关联、循序渐进的目标，旨在辅助学生实现语文能力与素养的螺旋上升。很多教师拿到教材后，习惯"看一课教一课"，备课时"教到哪一课就备哪一课"。这样支离破碎的教材解读，真是辜负了教材编撰者的良苦用心。片段教学中，忽视单元导读，更容易导致"错教""漏教""少教"三个问题。因此，教师要充分关注各个单元的导读部分，看清目标，形成全学期的教学目标层级递增的意识。

单元导读，如何用？

片段教学中要将单元导读纳入设计，那么单元导读具体怎么用呢？我们提供两种用法。

第一种："了解"与"明晰"。指导学生在教学单元首篇之前，认真阅读理解单元导读。了解本单元的教学内容，明确本单元的学习目标。一句话：知道自己要去哪里，要干什么。这有点类似于射箭之前的定靶，要想射中，需要先好好瞄准靶心。因此教学中重在让学生知道"哪些地方可以预测""如何结合文本实施预测"。预测的位置与方法，成为教读的重心。

第二种："对应"与"执行"。在设计片段教学过程中，不断回看单元导读，对应导读中提出的要求，一一落实，严格执行，纠偏教学行为，校正教学方向。用教学目标对教学结果进行校正，评测。依然以射箭来比喻，这类似于发箭的时刻，要瞄准靶心，用力射出。

统编教科书的单元导读，在整个单元教学中占据重要位置，因此在片段教学过程中必须高度重视、认真分析、严谨施教，确保实现教学目标。总的来说，在设计片段教学之前，要读好"单元导读"；片段教学设计中，不断回看"单元导读"；设计好后的试说环节，还要再结合"单元导读"自我检验。

单元导读不是"鸡肋"，它是指南针，是护航舰。

09

片段教学：

解读统编版教科书有"基本法"吗

何捷

片段教学是大多数考核、选拔的测试项目。一般的流程为给定时间，进行现场设计、准备，之后再给定时间，进行片段讲解。讲得好不好，关键看解读。

2019 年 9 月，全国小学统一使用国家编撰的语文教科书。片段教学的"教材解读"也随之统一在统编教科书上。那么，有没有一种较为通用的、管用的、好用的解读法呢？我们称之为，统编版教科书解读的"基本法"。

一、锚定教学目标

"锚定"这个词很好理解，如同停船时要抛锚，以防偏倚。目标锚定，就是要在教学之前明确目标、锁定目标，朝着目标实施教学。锚定目标，首先要仔细阅读"单元导读"。

基本法的口诀一：单元导读好好读。

单元导读中出示了本单元的教学目标。如何做到"好好读"呢？

首先自然是"细读每一字，理解每一句"。目标表述就简单一两句，这一两句一定要读得细致，要知道"目标是什么""目标如何达到""目标有何用"。例如统编版小学语文四年级上册第六单元的教学目标是"学习用批注的方法阅读"。目标是"批注的方法"；达成目标的方式是"学习"；目标达成后产生的功能是"阅读"。可见，这一目标就指示着本单元教学要注重学习的是批注；要学会各种批注；学习批注的意义在于让阅读更加有效，将阅读推向深入。

其次是在整个单元中的"寻读"。教学目标不可能一步到位，一定会分散到单元的各篇教学中，否则，为什么一个单元要由多篇课文构成呢？因此，接下来不要急着读"某一篇"，还是应该整体观照整个单元，看一看"每一篇"。读一读每一篇在落实目标上，到底承载着何种任务，能够达到什么样的"微小目标"。也就是说，大目标应该分解成一个个小目标，分散到每篇课文的教学中去执行。一个单元课文教完了，这个大目标也就实现了。例如统编版小学语文四年级上册第六单元的教学目标是"学习用批注的方法阅读"。而第一篇《牛和鹅》承载的是"学习多角度去批注"；第二篇《一只窝囊的大老虎》承载的是"学习质疑式批注"；第三篇《陀螺》承载的是"批注体会深的地方"。三篇教学共同完成总目标"学习用批注的方法阅读"。

所谓"好好读"，就是要明确目标是什么，目标是怎么分解的。解读统编教科书，不要一下子扑到细处，应该站得高一点，先翻看整个单元，实行"统领式"解读。

二、设定检测系统

根据"逆向式教学设计原理",在解读时目标锁定后,为确保教学有效,要优先设定"检测手段"。检测,本身就是教学中的一个流程,同时又是教学质量的保障,是解读统编教科书时不可缺少的一步。

基本法的口诀二：助学系统好好读。

统编教科书由三个系统组成：单元导读为"导航系统"；课文篇目为"内容系统"；语文园地、课后练习、交流平台、泡泡提示等为"助学系统"。当解读目标完成之后,依然建议大家不要立刻解读"内容系统",而应再次翻看整个单元中,散布各处的"助学系统"。

例如,读一读每课的课后练习,读一读单元中出现的泡泡提示,读一读课文旁出现的批注……聚焦这些助力系统,对于解读有着以下几个作用。**第一,确保目标达成**。例如,课后练习与教学目标极为匹配,练习如果能完成,就能基本确保目标达成,练习就是目标达成的检测；**第二,构思教学流程**。课后练习的出题次序,课题下的"阅读提示",交流平台中的对话内容等,都能为我们构思教学流程提供参考。例如,统编版小学语文四年级上册的《蝙蝠和雷达》一课的"阅读提示"中提出"一位同学读了这篇课文,在旁边和文后提出了一些问题。你的问题是什么呢？提出来,和同学交流。"教学时就可以按照"提示",先让学生自读课文,熟悉内容；再聚焦旁批和尾批中提出的"问题",具体关注这些问题是如何提出的；之后再组织学生尝试提出自己的问题；最后,针对这些问题进行讨论,梳理出提问的相关策略。

解读时,关注课后练习、交流平台等助学系统,不仅是对"目标"的再次回望,也让即将进行的教学设计逐渐明朗,同时完成对整个单元的整体把握。到单篇解读时，依然要保证这些助学系统在教学时的融入，让其成为教学中的检测环节，成为实现教学目标的工具，从而让教学设计有序列、有创意，让语文要素在教学中实现"软着陆"。

三、审定文本内容

说到解读，离不开的是对文本最为朴素的阅读和理解。必须说明的是，原先我们的解读，一下子是扑向"内容"的——细读文本，根据内容确定要教什么。解读统编教科书，先确定了目标，再确定了检测工具，最后才看文本。这一流程让每一节语文课具有微小的"课程属性"，而不仅是组织了一次漫无边际的"教育活动"。

基本法的口诀三：课文内容好好读。

就算到达第三步，我们也建议大家不要一下子就沉入"某一篇"，不妨先看看"每一篇"。一下子就细读单篇，很容易陷入单篇教学"过细"的窠臼之中，出现前文所述的"教不完"的烦恼。单元统领解读，站得高，看得远，有助于树立全局观，践行"教材无非是个例子"的理念，以教材促进能力生长，培养核心素养。

作为例子，应该怎么解读呢？审定内容时，要朝哪些方向呢？

其一，关注文章。解读一篇文章，就要关注文章中的字、词、句、段、篇、语法、修辞，理解表达的逻辑。其实，这也提示我们——解读要细，要关注语文要素组成中的每一环。我们称之为教师解读的基本功。例如：本课中有没有陌生的词语，特殊的句式，强有力的修辞运用，结构明晰的段落等，一边读，一边就要批注，优秀教师的教科书上，都有学习和思考的痕迹。

其二，关注文学。执教语文除了让学生获取知识、提升能力之外，还承载着端正和提升审美的功能。课文即美的依存，教学就是让学生亲近美，学习如何以美的方式表达审美的结果，这是语文学科必须承载的教学任务。因此，解读时关注文本文学性，在教学设计中努力提高学生审美的鉴赏力，成为基本的方法之一。例如，阅读体会——文中哪些地方能够体现美？探索追踪——文中哪些写法与众不同，具备独特之美；哪些特殊的表达方式是第一次出现的，具有无可替代的价值之美等。这些都可以在解读时标注好，在教学时落实好。

其三，关注文化。语文学科核心素养要求每一位语文教师必须在教学中承载起文化的传承与担当之责任。统编教科书中的每一篇，都是优秀文化的载体。解读文本，就要关注文本中的文化内涵，转化为教学设计，以学习养护文心，用教学培育学生成为文化的传承人。例如统编版小学语文六年级的《桥》中蕴含的社会主义核心价值观，统编版小学语文三年级《司马光》中承载的中华民族传统文化基因，统编版小学语文六年级《为人民服务》中的革命历史文化等，都需要在解读时予以高度重视，在教学中予以明显体现。

片段教学考试考核时，一般情况下只提供需要考核的课文，有时提供了单元导读，但基本不会提供整个单元的内容，这该怎么办呢？很简单，平时要多阅读，要熟悉教材。如果你对教材是极为陌生的，即便有"基本法"，也起不了作用；如果你熟悉教材，多少都能回忆起一些，用在片段教学设计中，就会大放异彩。

说白了，片段教学考核中，包含着你日常的敬业精神。

片段教学：

平时要做哪些准备

何捷

临阵磨枪，不亮也光。的确如此，很多教师都是到了"马上要进行片段教学"的时候，才开始准备。其实，如果平时多准备，真到了"上阵"的时候，心里才不会慌。

平时的准备，大概有两类。其一为实践，不断在自己的课堂上进行自我修炼。其二为阅读，不断提高自己的理论修养，让理论指引自己的实践。第一条，自不必说，大家也能做到。本次重点和大家说第二条，结合真实的阅读历程，和大家分享——如何阅读，才能在片段教学时心里有谱。

年轻的时候，我们基本只读杂志。各种教育教学类的杂志，成了教师最爱。很多人认为，杂志就是随手翻翻。但从"准备"的角度和大家分享的是：即便是随手翻，能否有收获，也取决于你会不会翻。阅读杂志，也是有讲究，有方法的。

一、阅读栏目设计

不少老师拿到杂志，一下子就看自己喜欢的文章，看过之后，对其他的文章也就只剩下随手翻翻。这样读，真有点浪费，也有点盲人摸象的意味。实际上，在阅读自己喜欢的文章之前，一定要看看目录。看看目录中的栏目设计，对这本杂志的总体定位做到心中有数。一本杂志，到底都由什么栏目构成？到底偏向于发表哪一类文章？到底有怎样的选文风格？

二、阅读相关案例

这是指向片段教学的重要一点。教师拿到杂志，大多爱看案例。教师看案例，喜欢一边看，一边搬。所谓的学习，就是"照着做"。相信大家会发现一个有意思的结局——照案例描述去上课，都是以失败告终。记住，跟着发表案例中的文字描述去上课，产生偏差是在所难免的。这里还有个大多数人不愿意说的秘密——很多老师发表出来的案例，都是经过包装后的完美文案。即便是本人，也难以完全照搬。用文字呈现的时候，许多问题被遮蔽了，留下的都是美好的结局。青年教师爱读杂志中的案例，完全可以理解，也必须支持。读案例，就是成长的开端，也是杂志阅读的起步状态。只是提醒大家注意：用杂志中的案例进行实践时，要根据自己的理解，以及班级的学情进行变更，将杂志中提供的案例看作是设计框架、教学思路、执行方向，这样比较合适，成功率也高。

三、阅读"第一版块"

每本杂志的"第一版块"都是极为重要的。要么，是政策、法规；要么，是理论前沿。不少老师认为这"与我无关"，恰恰相反，这是老师最应关注的。关注"第一版块"，能为自己的教学确定方向，让自己少走弯路。例如，2017 年，随着《高中语文课程标准》的颁布，全国基础教育中的语文教学，进入学科核心素养时代。"高中语文教学"是基础教育的"星空"，我们从中得到指引，确定语文学科核心素养为教学总目标，以此指导小学教学，就能让自己教得更加理性。但不少教师缺乏对这一信息的捕捉，教学依旧混沌茫然。其实，杂志中大量登载这一类的文章，只是大家没有发现而已。

又如，大部分老师不喜欢阅读理论类文章。实际上，理论前沿是一本杂志的精髓，也是一本杂志层次高低的表现。阅读理论文章，能够让你知道当前研究的热点是什么，很有可能就解开自己心中的困惑，找到瓶颈的突破口。当然了，阅读有深度的文章并不轻松，但应该尝试。最后你会明白，阅读这一类的文章，收获远远超过阅读案例。

其实，最主要的阅读应该是整本的理论专著。如果你只阅读杂志，一定会出现零散、片面、碎片化的结果。所以我还是建议大家：最有效的准备，应该是尽快进入专著的阅读。

和大家一样，刚开始读理论时，我也感觉生涩与枯燥。后来读得稍微多一些时才知道，实际上这里有两个问题：其一是习惯，习惯了就好了；其二，你还少了一些储备。阅读理论书，有三个储备，我称之为"三名主义"。第一个是相关的名词，第二个是有关的名人，第三个是他们捣鼓出来的名堂。一些学术话语，有专属的"名词"，你不了解，阅读时就不能理解。当你不断接触，多方了解，储备好"三名"时，阅读理论书籍，也就变得轻松了。

怎么读理论专著呢？我给大家分享我的阅读体会。

其一，读一些普适性比较强的。同样是理论专著，有一些理论类似于原理，是理论产生源头的理论。先阅读这一类，我称之为"大教育观"的理论书籍，你就算是入门了，就能够大致了解某一学术领域内的历史演变、发展流程，也就知道今人的研究现状及其对推动发展变革起到的作用了。这一类理论书，确实应该优先阅读，因为它往往会带你发现本初的真相。请关注一本书《一天十五分钟———一线阅读地图》。这本书的第一板块中就罗列了一些语文教师必读的，带有源头性质的理论书。这些书，是大家关注语文教学时打底的书。为什么这么说呢？首先，它是如今各种个性化教育教学实践的理论依据；其次，它是如今各位名师提出各种教学主张的理论基础；最后，它是与学术界谈论时的公共话题，是应知应会的理论。所以，这一类的书，必须优先阅读。

其二，追踪阅读，主题阅读。也有些一线教师喜爱阅读，但是有点"小猴子下山"的慌乱。今天读这个，明天读那个，看上去你都在读，但读的效果特别差。为什么？因为你缺乏阅读的系统性。所以，我们建议一线教师开展对于相关理论书的追踪式阅读。

以《一天十五分钟》中的其他版块为例。你会发现，有一个版块追踪阅读的是和阅读主题相关的理论书。而另一个版块，切换到了追踪写作主题的理论书。每个理论的阅读，其间至少一年时间，所以这部书的写作"战线"拉得也很长。但是，这样的长线阅读，时间花得值，因为读出了系统，了解得更加周全。

一线教师的理论阅读，可以自行确定一个主题，追踪往下读。记住，这是阅读理论书籍的一个通用路径，十分好用。关于主题的确定，最开始可以是自己感兴趣的，之后追着读，以其为主题进行大量阅读。

例如，上海师范大学的王荣生教授是我认可的当代课程论、语文教学论中的著名教授，因此我就追踪阅读王荣生老师的专著……这样的追踪阅读，让自己的知识建构更为系统，同时也可以发现学者的研究历程，对整个研究的面貌有一个比较全方位的了解。

其三，读到源头去。我们强调：在你阅读了一段时间的理论书之后，你还可以往上再走一层，读这些理论之上的理论——哲理。当然，西方哲学家的话语我们读起来更为困难，依然是前文说的两个话题，多读就好了。而我更倾向于建议大家读一点东方哲学，读一点东方文化，读一点东方历史，读一点东方美学。这些书看上去和我们的教学无关，但实际上关系密切，具有指导意义。之前看的教育教学类的理论，都是这些"母体"生发出来的"子理论"。任何的研究和思考，最终都指向对人的关注，对人的研究。

所以，读哲学、文化、历史、美学，就是阅读切近人的最本初的面貌，我称之为源头上的理论。

例如，作为堂堂正正的中国人，执教教语文，就要读《诗经》，不学诗，你连说话都不会；作为堂堂正正的中国人，执教教语文，你必须读一读《论语》，做老师的不看《论语》，你会很羞愧；作为堂堂正正的中国人，执教教语文，你必须读一读《道德经》，读一读《易经》，认识中华哲学的基础，亲近群经之首……这些，都是我称之为源头的书。

有了阅读作为基础，有了理论作为滋养，你的片段教学才会厚实，才能在短短十几分钟内，让评委感受到你的真才实学。

小学语文教材全新教学实践指导

片段教学

何捷 主编

下册

人民邮电出版社
北京

目 录

01

统编版三年级下册

《燕子》

陈瑾　执教

一、扫描文本

　　《燕子》是统编版小学语文三年级下册第一单元的第一篇精读课文，改编自现代杰出的爱国主义作家郑振铎的散文《海燕》。文章描写了春天百花盛开、绿柳轻扬、燕子活动的情景。作者用轻快、活泼的笔触将大自然中的小生灵——燕子描写得活灵活现、充满生机。通过对燕子的外形特点、飞行动态以及停歇静态的描摹，让读者对燕子产生了无比喜爱之情。春天，因为燕子而有了生机，有了希望。

二、教学速构

（一）教学内容

课文 1~3 自然段。

（二）教学目标

1. 有感情地朗读课文，边读边想象画面，从中感受燕子的活泼与可爱。

2. 背诵积累优美的语句，学习正确书写"聚"字。

（三）教学重难点

有感情地朗读课文，边读边想象画面，从中感受燕子的活泼与可爱。

三、教学流程

（一）趣答"算术"，引课题

1. 孩子们，数学加法算术题都会做吧？今天，老师让你们来算算"语文加法算术题"。哈哈，想见识见识吗？

2. 瞧！（课件出示：长耳朵 + 红眼睛 + 短尾巴 = 谁？原来，是兔子；扇子耳 + 柱子腿 + 墙壁身 = 谁？是大象；再看，乌黑的羽毛 + 剪刀似的尾巴 + 轻快有力的翅膀 = 谁？是可爱、活泼的小燕子啊！）

3. （板书：燕子）让我们一起亲切地呼唤这可爱的朋友吧！燕子。今天，我们就一起走近大作家郑振铎先生笔下的燕子吧！

【要点提示：此环节为导入环节，用时1~2分钟。教师巧妙地运用"语文加法算术题"引出燕子，激发学生的学习兴趣。演绎时，语言要生动活泼，能调动起学生的学习激情，使导入环节富有创意。】

（二）文中寻画，练概括

1. 同学们，在过去的学习中，大家都学过读文字想画面的阅读方法，今天就重新回顾这个方法，自由轻声地读课文，边读边思考：你能从文中找到哪些画面？

2. 好的，读得很认真，我们来分享你们看到的画面吧！

（转述学生1的话：你在第一段中看到了可爱的小燕子。真好！这是描写燕子的外形，我们给这个图画起个名字——外形图。）（板书：外形图）

（转述学生2的话：你也找到一幅画，第二自然段描绘了燕子赶来，加入美丽的春光中，你也给这幅画面起了个名字——赶春图。）（板书：赶春图）

（转述学生3的话：你说你发现第三、四自然段都是描写了燕子怎么飞，你就给这些画面起了个名字叫——飞行图。）（板书：飞行图）

（转述学生4的话：你读完最后一段，给最后这幅画面起了个名字——停歇图。）（板书：停歇图）

3. 小结：瞧，你们都是会读书的孩子，把文字读成了一张张美丽的图画。郑振铎先生又是怎么用语言描绘出这一张张生动形象画面呢？先让我们走进第一幅——燕子的外形图。

【要点提示：此环节为导入环节，用时2分钟。"一边读一边想象画面"是本单元语文要素之一，在这个环节中，教师要巧妙地引导学生走进全文寻找画面。想象画面对于这个年龄段的孩子来说不难，教师

在演绎时可以选用富有童趣的语言，让孩子走进文本，学会从整体入手，用语言描述画面。】

（三）读中挑战，品语言

1. 谁愿意和老师一起配合着读第一自然段？你愿意，好的，请你来！

2. 咱们怎么配合呢？你读，我画，你用口，我用手，合作展现出一只活泼机灵的燕子来，好吗？

（边读边板画：简笔画燕子）

3. 瞧，生动的语言就好似形象的画面。反过来，你能把形象的画面带进生动的语言吗？

4. 我们来试试？（手指板画上的燕子）引读：一身——乌黑的羽毛，一双——剪刀似的尾巴，一对——轻快有力的翅膀，凑成了——那样可爱的活泼的小燕子。

5. 读得真好！下面来挑战自己，在最短的时间内能把第一段背下来吗？你会用多少时间？10秒？20秒？好的，那我给你们30秒，挑战开始！

6. 谁来背？嗯，真了不起！能这么快背下来，你们一定有绝招！

（1）你说你发现了这段文字中有规律。什么规律啊？

（转述学生的话：你发现第一段每一句的句子都是"什么的什么"。）

（2）真厉害！注意到了每个短语的结构，这个句子其实是由三个结构一样的短语组成。

（3）你也发现了秘密？请说说。

（转述学生的话：你发现了作者是先写了"羽毛"，再写"尾巴"，最后写"翅膀"。）

（4）老师有问题了，以前我们都知道写小动物的外形要按照一定的顺序，郑振铎先生这样写有顺序吗？

（转述学生的话：你知道，原来他是按照从整体入手，先写"羽毛"，再写局部"尾巴和翅膀"。）

（5）老师还有问题，一只燕子还有头、眼睛、爪子，为什么不把这些都写下来呢？

（转述学生的话：你说得真好，是的，这就是抓住事物的主要特点来写。）

7. 同学们，为什么这里用了一个动词"凑"？我把它改一改：组成了那样可爱的活泼的小燕子。对比读一读，哪个好？

（转述学生的话：你读出感觉了，你觉得"凑"比"组"好，"凑"好像是把小燕子每个部位拼在一起，显得那么协调、那么有趣；而"组"读起来显得过于生硬。）

是啊，一个"凑"字多么生动，将活泼可爱的小燕子送到了我们眼前，看着这些可爱的燕子我们一起背背第一段，把它们介绍给大家吧！

8. 接着，大家再走进赶春图看看，默读第二自然段，找找作者在这段中描写了哪些春天的景物。

（1）谁来说说？

（转述学生的话：你找到了如毛的细雨、千条万条的柔柳、红的白的黄的花、青的草、绿的叶，还有伶俐可爱的燕子。）

（2）文中有一个词"赶集"是什么意思呢？大家请看这幅图，这是民间的风俗，特别是在过去的农村，人们会在一个日子集中到集市上去买卖货物。瞧，人山人海，多热闹啊！

（3）再猜猜这个字"𦥑"。下面是"𠈌"三个人字，表示众多人。后来隶书变形，下面部分就变成了"𣥂"，但中间还保留一个

"亻"，所以"爪"的第一笔是撇，不是横。请和老师一起书写一个"聚"字。

（4）"赶集""聚拢"都是和人有关，在这儿作者把它们放到了谁的身上？是的，放到植物身上了。发挥想象，把自己也变成一棵小草、一片嫩叶、一朵小花、一条柳枝，你赶着来做什么呢？

（转述学生的话：①你是小花，你赶来在春天和其他的花儿比美啊！②你是柳枝，你赶在春天抽枝发芽呢！③你是小草，你要在春天努力生长，看看外面精彩的世界。）

（5）哇，有了各色的小花尽情开放，有了嫩绿的小草冒出头来，有了青青的柳枝随风飘舞，难怪这个春天的图画是——烂漫无比的，是光彩夺目的呀！我们一起朗读这段描写春天的话，边读边想象美丽的赶春图！

9. 同学们，赶春图已如此美妙，为什么作者还要在第二自然段后面写上燕子呢？

（转述学生的话：①你说文章的题目是"燕子"，写春光也是为了引出燕子；②你说没有了燕子，春天就没有了生机了；③你说这句话是为了后面描写飞行中的燕子做准备的。）

10. 你们真会读书！阅读有自己的思考与想法。是的，燕子才是作者笔下春天的主角啊！

【要点提示：此环节为重点段落教学环节，用时 10 分钟。学习就是一种挑战，该段落教学中，教师要不断地向学生发出挑战，调动学习兴趣，让学生在老师的引导下不知不觉地走进文本，体会语言之精妙。第二学段教学中，教师要善于用语言创设春天的美妙情境，唤醒学生的生活体验，从而感受这幅赶春图的美好。】

（四）情境接读，学积累

1.同学们，在音乐声中，我们一起走进美丽的春天吧！瞧，谁来了？——一身乌黑的羽毛，一双剪刀似的尾巴，一对轻快有力的翅膀，凑成了那样可爱的活泼的小燕子。

2.二三月的春日里，轻风微微地吹拂着，你看到了——如毛的细雨，你还看到了——千条万条的柔柳，红的白的黄的花，给春光平添了许多生趣的还是它——伶俐可爱的燕子。

3.这些描写春天与燕子的词语，同学们要好好积累下来，让你的文字也有美妙的画面。小燕子又是如何在春天的野外自由飞行呢？我们下节课再继续学习吧！

【要点提示：此环节为结课环节，用时 1 分钟。这个环节，教师要用优美的语言衔接，创设美妙的课堂情境，在情境中引读，学生接读背诵，从而积累语言。】

四、板书设计

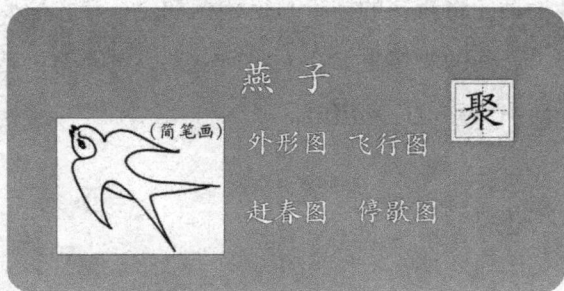

02

统编版三年级下册

《荷花》

谢娟 执教

一、扫描文本

《荷花》是统编版小学语文三年级下册第一单元的第三篇精读课文。这篇课文改编自叶圣陶先生的《诗的材料》，看似普通的语言文字，处处精妙生动，将荷花的样子写得栩栩如生，让人感受到其出淤泥而不染的魅力。后面的联想更加让人眼前一亮，情不自禁地走进叶圣陶先生想象的画面中，和他一起沉醉。

二、教学速构

（一）教学内容

课文 2~3 自然段。

（二）教学目标

1. 正确、流利、有感情地朗读课文。学写"瓣"字。

2. 借助插图，边读边想象画面，通过作者优美生动的语句描写，体会到这一池荷花是"一大幅活的画"。

（三）教学重难点

借助插图，边读边想象画面，通过作者优美生动的语句描写，体会到这一池荷花是"一大幅活的画"。

三、教学流程

（一）诗上开花，创设情境

1. 同学们，我们告别春天的信使——小燕子，现在让我们一起去夏天的公园里面赏荷花吧。（出示课件：荷花图片）（板书课题：荷花）那么，你还记得哪些我们学过的和荷花有关的诗呢？

（转述学生的话：你知道《江南》，真棒！背得真流利。还有上学期的《采莲曲》，你学得真扎实。）

2. 荷花圣洁美丽，出淤泥而不染，在古代诗人的笔下绽放出独特的美。那么在现代作家的眼中，荷花又是怎样的呢？今天我们就和叶圣陶爷爷一起闻香而来，欣赏——（齐读）荷花。

【要点提示：导入环节，此环节用时约1分钟。借助荷花的图片，通过回忆学过的和荷花有关的古诗，唤醒学生已有的旧知识，带动学生进入欣赏荷花的情境中。】

（二）自由品读，想象画面

1. 现在，请同学们捧起书来，自由读第二自然段，边读可以边想象：这段话有哪些词语和句子让你觉得写出了荷花的风姿，哪些字词的表达让你觉得精妙？请你边读边勾画出来，待会儿和大家一起分享。（板书：赏荷）

刚才老师观察到，有的同学静静默读，有的同学低头沉思，有的同学勾画批注……学习的氛围可真好！现在，请同学们一起来分享吧。

（转述学生的话：①你觉得"挨挨挤挤"这个词特别的美。因为从这个词看出来荷叶又多又密。就是"莲叶何田田"的样子；②你要补充，你觉得这是把荷叶写活了，你挤我碰，真像课间玩游戏的你们；③你也对这个词语有想法，你还想到了"接天莲叶无穷碧"这句古诗。你太会联想了！）

2. 简单的一个"挨挨挤挤"，同学们就能够从中读出这么多的东西！这个词让荷叶从静态中一下"活"了起来，富有动感。而且同学们的发言有理有据，抓住关键词进行联想分析，分享自己的感受。（板书：荷叶 挨挨挤挤）你还能再找找，像这样富有动感的词语吗？

（转述学生的话：①你觉得"冒"这个字也很好，让人感受到荷花突然出现。荷花在荷叶的衬托下特别显眼；②你觉得荷花比荷叶长得更高，更突出，所以用了这个冒字；③你仿佛看到在挨挨挤挤的荷叶中间，荷花挤啊挤，终于找到一个小缝隙，一下迫不及待地冒出来呼吸新鲜空气。真有画面感，老师仿佛也看到了。）

3. 这两个词语让荷花一下生动了起来，展示出一种生机蓬勃之美。还有哪些词语让你觉得特别美呢？

（转述学生的话：①"碧绿的大圆盘"让你知道荷叶是绿的，形状是圆形。你觉得这个比喻特别生动；②"嫩黄色的莲蓬"让你觉得好可爱。）

4. 叶圣陶爷爷多么善于使用这些描写事物色彩和形状的词语呀！现在让我们带着自己对于这些词语的感受，再认真地读一读第二自然段，读出荷花的美和动感。

【要点提示：此环节用时估计 3 分钟。"试着一边读一边想象画面"是本单元学习的要素之一。对这些关键词语的品读，让学生能够更好地体会到这一池荷花是"一大幅活的画"，同时也为单元写作提前做好铺垫，学习如何用恰当的词语描写自己观察到的事物和感受到的情感。】

（三）赏荷之姿，细读美文

1. 同学们把这篇文章读得真美，老师也感觉荷叶和荷花仿佛一下子活了起来。请大家再捧起书来，美美地品读一下第二自然段，荷花可是开的不少，这里哪一朵的姿态是你觉得最美的？（板书：荷花　不少）

（转述学生说的话：①你最喜欢的是花瓣儿全展开、绽放的荷花。因为一片碧绿的荷叶上，白色的花瓣全展开，露出嫩黄色的小莲蓬，特别美；②你最喜欢的是才展开两三片花瓣儿的荷花，像一个害羞的小姑娘，就开一点点花，让人对它特别期待，想知道里面全开有多美；③你最喜欢的是花骨朵儿，作者这句"饱胀得马上要破裂似的"，感觉很夸张，好像下一秒，这朵荷花"啪"的一声，就会完全盛开。）

2. 荷花的花瓣真美。同学们发现了吗？这个瓣字中间是个瓜，在我们以前接触过的字中，还有些字和它是相似的。谁能来分辨一下，这些字怎么区别它们呢？

（转述学生的话：①辩论需要用语言，所以这个"辩"表示和说话有关的争论、说明；②还有辨，你用组词"辨别"的方式理解；

③"辫"字是女孩子绑辫子，所以中间用"丝"。）

3.所以，现在我们一起来看看这个顺口溜，帮助同学们一下分清楚。

（课件展示——辨 辩 辫 瓣

一点一撇小眼睛，认真观察来分辨。

人类沟通用语言，你言我语来辩论。

长长秀发细如丝，巧手编成小辫子。

西瓜切开分瓜瓣，荷花花瓣全展开。）

4.会认还不行，还得写好呢。请同学们抬起手和我一起写，瓣字左右都是辛，但是注意左边的辛最后一笔是短撇。左中右三个部分要写紧凑，注意各部分的避让和穿插。

5.（课件呈现课文第三自然段）我们再来看看，叶圣陶爷爷最喜欢哪一朵荷花呢？他觉得——（学生：这么多的白荷花，一朵有一朵的姿势。）看看这一朵——（学生：很美。）看看那一朵——（学生：也很美）。让人难以抉择。如果把眼前的一池荷花看作一大幅活的画——（学生：那画家的本领可真了不起。）

6.一朵有一朵的姿态，你能联想到什么词语呢？

（转述学生的话：①你觉得是千姿百态；②你还想到了形态万千。）

对啊，千姿百态、形态万千的荷花，犹如一幅活的画生动地展示在我们面前，你觉得这个了不起的画家会是谁呢？是的，就是我们的大自然。大自然真神奇，创造出这样生机勃勃的画面，是大自然让我们能够感受到如此姿态万千的荷花之美。（板书：姿态多）

7.自然这位作家真的是鬼斧神工，本领了得。叶圣陶爷爷用了"有的……有的……有的……"串联起来荷花初绽、绽放、含苞待开三种姿态。你愿意结合画面和想象，来试一试加上描写，给这一大幅活的画添上精彩的一笔吗？默读第二自然段，尝试一下吧。

（转述学生的话：①有的荷花上滚动着露珠，像一个刚沐浴完的仙子；②有的躲在荷叶后面，只露出一片花瓣向我们招手。）

8. 你们也是了不起的小画家，想象出来这么美而生动的画面，荷花时而幻化成为仙子，时而是个调皮的孩子，这池荷花真的活了。

9. 小结：叶圣陶爷爷善于描写，通过他的笔，大家仿佛也看到荷花的形状和姿势，他写活了一池荷花，淋漓尽致地表达他的喜爱。现在请带着自己想象出来的画面，在音乐声中，一起来品读这美好的姿态，品读这夏日清晨的美好。（板书：美）

【要点提示：此环节为重点段落教学环节，用时 10 分钟。围绕单元语文要素"试着一边读一边想象画面"和"体会优美生动的语句"展开教学。让学生在梳理课文内容的基础下，边读边想象画面、联系生活经验、仿写句子等，去体会这一池荷花是"一大幅活的画"，读出作者发自内心对于荷花的喜爱。】

（四）积累表达，学习写法

1. 今天，我们领略到叶圣陶爷爷笔下的荷花的各种姿态，有的——（学生：才展开两三片花瓣儿。）有的——（学生：花瓣儿全展开了，露出嫩黄色的小莲蓬。）有的——（学生：还是花骨朵儿，看起来饱胀得马上要破裂似的。）你在生活中，有自己最喜欢的植物吗？它在你心中，应该也有很多美好的姿态吧。课后，同学们可以学习第二自然段的写法，写一写你最喜欢的一种植物。把你喜爱的植物写"活"。（板书：活的画）

2. 这一池美丽的荷花不仅缘于大自然的神奇和伟大，也依赖于叶圣陶爷爷的妙笔生花，通过细致的观察、巧妙的遣词造句，带给我们无尽的想象。我们仿佛看到这池荷花的美，又仿佛看到更多。大家以后遇到这样的文章，都可以将文字幻化为画面，将自己融入画面中去，去感受作家笔下的神奇。

【要点提示：此环节为总结环节。用时约 1 分钟。通过前面的关键词句的学习，想象画面，仿写句子，学生已经有足够能力进行练笔仿写。通过想象画面阅读，强化单元要素，为第四自然段的学习打下基础。】

四、板书设计

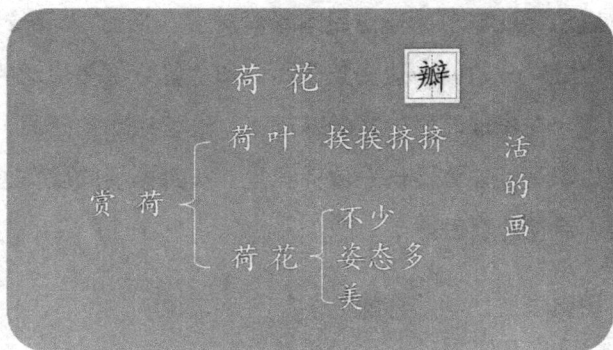

统编版三年级下册

《鹿角和鹿腿》

李明霞　执教

一、扫描文本

　　《鹿角和鹿腿》是统编版小学语文三年级下册第二单元的第三篇精读课文，是一篇寓言故事。本单元集中学习"寓言"，单元教学的意图在于"读寓言故事，明白其中的道理"。此文讲述一只小鹿先是喜欢美丽的鹿角，厌恶难看的鹿腿，之后发生狮口逃生的紧急情况后有所领悟的故事。本课的语言简洁生动，尤其是小鹿的四句独白值得回味推敲，寓言的道理蕴藏在故事中，耐人寻味。教学时，应当集中指向目标，探寻故事中蕴藏道理的方法，了解故事，感悟道理，获得认知和成长。与此同时，应当逐级引导，先梳理，再加工，借助关键词学会讲故事。

二、教学速构

（一）教学内容

课文 1~4 自然段。

（二）教学目标

1. 正确、流利、有感情地朗读课文，学写"鹿"字。

2. 读出鹿的心情变化，通过变化初步感知故事中蕴含的道理。

3. 根据词语提示，用自己的话把 1~4 自然段的内容说清楚，讲生动。

（三）教学重难点

读出鹿的心情变化，通过变化初步感知故事中蕴含的道理；根据词语提示，用自己的话把 1~4 自然段的内容说清楚，讲生动。

三、教学流程

（一）言"鹿"入题，定目标

1. 大家看，这是什么字？看看这些字有什么变化？

（课件出示"鹿"的字形演变）

甲骨文像长着一对棱角的动物。金文突出了灵巧的四蹄。篆文淡化了鹿角，绘制了四蹄。从隶书开始，鹿的形象逐渐消失，到今天的楷书，是这样的——"鹿"。和老师一起书空，这是一个半包围的字，注意"广"字要把里面的部分包裹起来。

2. 我们今天要一起读一个故事，这个故事就和鹿有关（板书课题：鹿角和鹿腿）。学习之前，一起来看单元学习目标。

（课件出示单元目标，学生齐读：读寓言故事，明白其中的道理。）

3. 这就是我们这节课最主要的学习目标。我们将围绕这个目标做两件事。一是阅读故事，二是从故事中发现。发现什么呢？

（转述学生的话：从故事中发现道理，你说得真准。）

4. 是的，我们把蕴含着道理的故事称之为寓言故事，"寓"是什么意思？

（课件出示：寓是"寄托"的意思，即把道理寄托、隐逸在故事里。）

【要点提示：此环节为导入环节，用时1~2分钟。解读鹿字，引入本课，同时再次复习寓言的文体特色，让学生明确本课的学习目标。这样才能有助于学生向着目标学习，最终才有可能实现目标。】

（二）初读全文，明道理

1. 在寓言故事中，小动物也像人一样会思考，会说话。要明白故事的道理，得先从话语入手，找出人物的心理活动。边听录音边跟读课文，用"＿＿＿＿＿＿"画出体现小鹿心理活动的句子。

（转述学生的话：①"咦，这是我吗？"②"啊！我的身段是多么匀称，我的角多么精美别致，好像两束美丽的珊瑚！"③"唉，这四条腿太细了，怎样配得上这两只美丽的角呢！"④"两只美丽的角差点儿送了我的命，可四条难看的腿却让我狮口逃生！"）

2. 想一想，这四句话中哪一句最能体现出故事的道理？这只小鹿最后懂得了什么道理？

（出示填空：小鹿明白的道理是＿＿＿＿＿＿＿＿＿＿＿＿。）

（转述学生的话：第四句。①你说"两只美丽的角差点儿送了我的命，可四条难看的腿却让我狮口逃生"，从文中找答案，真会发现；②你说小鹿从狮口逃生后，改变了对角和腿的看法，鹿角美丽却差点儿让自己送命，鹿腿难看却能救自己的命，很会思考；③你说这只小鹿明白了自己欣赏的美丽鹿角却差点儿让自己送命，而难看的腿却能在关键时刻救自己的命。是的，我们看问题的角度不同，事物在我们眼中就变得不一样了。）

这是小鹿明白的道理，同学们读了这个故事，明白了什么道理呢？

（出示填空：同学们明白的道理是＿＿＿＿＿＿＿＿＿＿＿。）

（转述学生的话：①你说漂亮的东西不一定是好的，难看的东西不一定是不好的；②你说不能仅根据表面样子来判断一样事物；③你说我们看问题需要全面一些，不能只看到一个东西的短处，而忽略了它的长处。）

3. 小结：小鹿只是就事论事地明白了"两只美丽的角差点儿送了我的命，可四条难看的腿却让我狮口逃生"，同学们明白的道理才是这个寓言真正想说明的道理，比小鹿的理解深刻得多。读寓言故事，不仅要读懂故事内容，还要思考故事说明的道理。这样才是真正读懂了这个故事。

【要点提示：此环节为过渡环节，用时2~3分钟。有机地将朗读和理解寓意结合在一起，既让学生读懂读熟了课文，又引导学生理解了故事的寓意。一箭双雕，简捷有效。采用比较的方法，说明小鹿懂得了什么道理，同学们又懂得了什么道理。通过具体的实例，让学生体会怎样从具体到抽象、从个别到一般地概括出故事的寓意，引导学生的思维从低层次向高层次发展。在这个过程中步步深入，渗透并实践阅读寓言的方法：先要读懂故事内容，再去思考故事要说明的道理。】

（三）精读段落，寻变化

1. 对于鹿角和鹿腿，小鹿并不是一开始就这么想的。默读 1~4 自然段，结合之前勾画的句子，想一想：开始时，小鹿对自己的角和腿分别是什么态度？

（转述学生的话：你说小鹿欣赏自己的角，抱怨自己的腿。概括得既准确又简洁。）

2. 在认识自己的整个过程中，小鹿的心情有什么变化？假如每次只能用一个字，你会怎么来概括？

（转述学生的话：咦，啊，唉。）

这三个语气词分别表达了小鹿什么样的心情？

（板书：欢喜　欣赏　抱怨。）

3. 谁来说说鹿是怎样欣赏自己的角的？

（转述学生的话："啊！我的身段是多么匀称，我的角多么精美别致，好像两束美丽的珊瑚！"）

他为什么欣赏自己的角？（板书：美丽）你从什么地方看出角很美丽？

（转述学生的话：①你说匀称；②你说精美别致；③你说像两束珊瑚。）

你就是这只美丽的鹿，快夸夸自己吧！小鹿们都迫不及待要夸自己了，那就自己夸夸吧！（指名读）

4. 小鹿都快要陶醉了，但是他为什么还要抱怨呢？（板书：难看）小鹿怎样抱怨的？

（转述学生的话："唉，这四条腿太细了，怎样配得上这两只美丽的角呢！"）

你看，小鹿们都在抱怨呢？（自由读）谁最能读出小鹿对鹿腿的厌恶？（指名读）

5.看你们读得如此有滋有味，老师也想加入，欢迎吗？老师当解说员，你们读小鹿的话，可要听好老师的提示。

漂亮的小鹿们，你们从来没有注意到自己是这么漂亮，这天突然发现，所以惊喜万分。

（学生："咦，这是我吗？"）

你们不急着离开了，对着自己的身影大加赞赏。

（学生："啊！我的身段是多么匀称，我的角多么精美别致，好像两束美丽的珊瑚！"）

但是，当你们看到自己难看的细腿之后，不禁噘起了嘴，皱起了眉头，抱怨道——

（学生："唉，这四条腿太细了，怎样配得上这两只美丽的角呢！"）

【要点提示：此环节为重点段落教学环节，用时8~9分钟。《语文课程标准》中指出："应尊重学生在阅读过程中的独特体验。"在此环节的朗读训练中，鼓励学生读出对文中情感的不同体验，并结合具体语段来说说自己的朗读体会，充分表现出自己的个性。同学之间互相评论，相互促进，加深对课文的理解。这一朗读训练，使学生自然而然地走进文本，和文本对话，为下文体会鹿的思想转变奠定了基础。一轮轮的朗读，会使学生的朗读水平得到一步步的提升。】

（四）尝试复述，寻秘诀

1.请小朋友们根据板书内容，试着复述一下1~4自然段的内容。

（板书引导：欢喜；角：美丽、欣赏；腿：难看、抱怨。）

这个故事写得很有趣，但是要复述得有趣，似乎有些难度。作者是怎么讲好这个故事的？写好故事到底有哪些秘诀？需要我们仔细体会。

2. 同学们看，老师会变！（出示前四个自然段，将小鹿说的话改成叙述句。）看这段话和课文有什么不一样？（转述学生的话：小鹿说的话没了。）读一读，会读书的同学，你又有什么发现？

（转述学生的话：你说如果故事中的人物不会说话，故事就没那么生动了，也不知道他心里是怎么想的。）

3. 我们将《陶罐和铁罐》中陶罐和铁罐的对话描写也改成叙述的形式，对比读一读，说一说你的发现。

（转述学生的话：你说去掉了对话，故事不生动了，不吸引人了。）

会读书的同学就是会发现！通过这样的比较我们发现，写好寓言故事的一个秘诀就是——（课件出示：通过大胆想象，让故事中的主人公会说话。）

4. 说到这里啊，故事才刚刚开始，后来，美丽的鹿角让它差点儿送命，难看的鹿腿却让它狮口逃生，（板书：差点儿送命　狮口逃生）小鹿对鹿角和鹿腿的态度，也发生了翻天覆地的变化。其中一定经历了一段惊心动魄的故事，究竟发生了什么？我们下节课继续走进《鹿角和鹿腿》的故事。

【要点提示：此环节为总结延伸，用时 3~4 分钟。由借助词语简单复述，到通过比较让学生深切地体会到——让故事中的人物说话能够使故事变得更加生动、有趣，从而进行生动复述，学生的复述能力拾级而上。这里设计了两个案例的比较，先体会《鹿角和鹿腿》，再体会不久前学过的《陶罐和铁罐》，与之前学习过的课文进行对照，不但具有单元整体性，也更容易使学生提升对语言表达和写作规律的理解。】

四、板书设计

鹿　　鹿角和鹿腿
　　　　欢喜
角：美丽　欣赏　差点儿送命
腿：难看　抱怨　狮口逃生

04

统编版三年级下册

《纸的发明》

邓倩倩 执教

一、扫描文本

　　《纸的发明》是统编版小学语文三年级下册第三单元的第二篇精读课文，它是一篇语言准确、简练且生动的说明文。读着课文，我们似乎穿越千年，沿着祖先的足迹，看到那时候的人们为了能有更好地记录事件的方法，不断进行着发明和改进，才有了今天我们手中日不可缺、轻便而利于书写的纸。了解了纸的前世今生，我们不禁感叹：造纸术凝结了我国古代人民的智慧，并传遍世界，极大地促进了文化和社会的发展。

二、教学速构

（一）教学内容

课文 2~4 自然段。

（二）教学目标

1. 会认本课"创、携"等 7 个字，会写"验"字。

2. 学生通过默读、品读，抓住关键词句，厘清纸的发明过程。了解课文怎样围绕一个意思把一段话写清楚。

（三）教学重难点

1. 帮助学生厘清纸的发明过程，了解课文怎样围绕一个意思把一段话写清楚。

2. 从纸的发明过程中，感受我国古代人民智慧凝聚的力量。

三、教学流程

（一）折纸趣聊，引新课

1. 同学们，你们喜欢玩折纸吗？你会折什么呀？

（转述学生的话：喜欢！①你会折青蛙，跳得可远了呢；②你喜欢折小船，放在水面上，拨动水还会顺水流；③你还会折坦克、飞机，我猜你一定是个小小"军事迷"。）

2. 是啊，我们手中这普普通通的纸张，除了能用于书写，还能这般千变万化呢！爱玩纸的你们，知道这纸是谁发明的吗？你们又是怎知道的呢?

（转述学生的话：①你说纸是蔡伦发明的，还从网络上查到了资料；②你说是古代人发明的，是课文告诉你的。）

3. 究竟他们谁说的才是最准确的呢？不着急，今天老师要带你们玩一回"时空穿越"，去看看那《纸的发明》。（贴课题）

【要点提示：此环节为导入环节，用时2分钟，教师需用童真、童趣的语言跟学生聊折纸，唤起他们对纸的好奇。用"你知道谁发明了纸？"这个问题连接文本，自然导入片段的学习。】

（二）通读文本，抓关键

1. 早在几千年前，我们的祖先就创造了文字。文字的出现象征着我国文明的进步，可当时的人们并不像现在的我们，用纸来记录文字。请同学们默读2~4自然段，认真思考一下：纸，是谁发明的？动笔找出文中关键词句。

2. 现在请你们用反馈器，选出心中的答案。

（课件出示）：读完课文，我认为纸是（　　）发明的？

A 古代人民　　B 蔡伦　　C 其他

3. 我们一起来看看结果：大部分人选择了蔡伦，少部分人选择了古代人民，还有个别人选择了其他。

4. 我很好奇，想先问问选"其他"的人，你为什么这么选？

（转述学生的话：你认为纸是蔡伦跟古代人民一起发明的。原因是文中写道："大约在一千九百万年前的东汉时代，有个叫蔡伦的人，吸收了人们长期积累的经验，改进了造纸术。"）

5. 谁也找到了这一处？请你来读一读。

6. 我注意到你课本上还圈画了"吸收""改进"这两个词，你是怎么想的？

（转述学生的话：你说，这两个词说明在蔡伦以前，古人就已经发明了记录文字的方式，例如我们熟知的甲骨文，其实是把动物的壳作为"纸"，只是后来蔡伦在他们的基础上改进并发明了造纸术。）

7. 你不仅熟读课文，还能结合课外知识谈自己的理解，真不简单！

8. 同学们，在这句话中还藏着一个我们要学会写的生字（课件出示：验），这个字特别有意思，你发现了吗？

9. 刚才这个同学给我们一个启示"马的半张脸"，古时候"马"与"金"合起来代表马的两面，意思是只有从马的两面才可以观察出马的整个状态。也是在告诉我们：在生活中，对事物的观察也要全面。

10. 你还想说？

（转述学生的话：马拴小屋边，屋内有二梁，住着鸟三只，停在梁中间。）这位同学也说得很好，还提醒了我们书写"验"字要注意的地方。

11. 请同学们跟着老师写一写：马字旁要写瘦窄，屋顶的上梁这一横可别漏掉，两点短左起，一撇长右起，最后收笔横要长。（老师边指导边范写）

12. 现在你们在田字格中描一个，写一个，写字时注意姿势。

13.（展示学生的字，点评）我们一起来看看，这位同学的"验"字，写得左窄右宽，均衡美观，给他打上★。（老师边点评边批改）

14. 你们的字怎么样，自己对照看看，给自己打个分数，看看能得到★吗？给自己打★的举手。看来，同学们写字很认真，值得表扬。

【要点提示：此环节为初读环节，用时2分钟，找出文中承前启后的一句话，作以铺垫。引导学生进一步深入学习课文，开启通往纸的前世今生的穿越大门，一睹纸的诞生与发展。】

（三）穿越千年，谈演变

1. 其实，当古代我们有了文字，古人就开始动脑筋想着如何把生活中有趣、有意义的经历一个字一个字地记录下来了。那么在没有纸的最初，他们又是怎么记录文字的呢？请大家自读课文 2~3 自然段，同桌为一小组，按顺序互相练习说一说。

2. 下面我们召开一个"穿越发布会"，汇报的小组中一个成员说记录文字的方式，另一个成员说这种方式的缺点。其他同学作为小记者，要认真听，提问题。

3. 听清要求了吗？哪一个小组想先来说一说？好，你们这组就是"穿越1号"，我们看看"穿越1号"都看到了什么？

（转述学生的话：你们看到要记录一件事，他们就用刀把文字刻在龟甲和兽骨上，或者把文字铸刻在青铜器上。"古人"说："用刀刻字，刻得我手酸疼。铸刻更是耗费了不少时间。"）（课件出示：甲骨器皿耗时耗力）

4. 好的，"穿越2号"已迫不及待，你们发现了什么？

（转述学生的话：后来，人们又把文字写在竹片和木片上。"古人"说："搬一次家可不容易，我都得用好几辆马车来运书呢！"）（课件出示：竹简　笨重）

5. 我们听听"穿越3号"带回的信息是什么。

（转述学生的话：再后来，有了蚕丝织成的帛，就可以在帛上写字了。"古人"说："哎，我是个穷书生，这帛价格太贵，买不起呀！"）（课件出示：帛　昂贵）

6. "穿越4号"要与我们分享的是什么呢？

（转述学生的话：两千多年前的西汉时代，人们已经懂得了用麻来造

纸，但麻纸比较粗糙。"古人"说："哎，这麻纸一写就破，太粗糙了，真难用！"）（课件出示：麻　粗糙）

7. 没想到，在蔡伦改进造纸术以前，人们用过这么多种记录文字的方法，（课件出示：甲骨 金鼎 竹简 帛）（图片）此刻小记者们有什么疑问吗？

8. "小记者1"提问：人们要记录事件，可这些"纸"不是笨重就是昂贵，不是粗糙就是量少，这可怎么办？

9. "穿越×号"答：正因为如此，蔡伦吸收前人经验，（板书：吸收）改进了造纸术。

10. "小记者2"提问：可前人试了那么多种方法，都没能发明出好用的"纸"，难道蔡伦这一次就会成功？

11. 这是个好问题！我也很想知道，同学们快快连线文中的蔡伦，去找找答案吧！

【要点提示：此环节为重点段落教学环节，用时5分钟，营造一个有趣的穿越情境，让同桌两人一组去讨论和发现，一来调动学生们积极思考和参与表达的热情，二来帮助他们厘清纸的发明过程。】

（四）提炼信息，说流程

1. 蔡伦是用什么方法改进了造纸术？请大家细读第四自然段，用横线画出相关的句子。

2. 找好了吗？来汇报你找了哪些句子吧！

（课件出示：他把树皮、麻头、稻草、破布等原料剪碎或切断

浸在水里捣烂成浆

再把浆捞出来晒干

就成了一种既轻便又好用的纸）

3. 瞧！这些就是蔡伦改进造纸术的过程，（板书：改进）花时间读读吧。

4. 课文用了这些句子，才把造纸术的发明写清楚。我先读第一句"他把树皮、麻头、稻草、破布等原料剪碎或切断"，再圈一圈（课件圈画）提取关键信息，贴一贴，这样理解起来就容易多了。

5. 看着这个思维导图，谁来说一说？

6. 这位同学能抓住关键信息把意思说得很明白，接下来你们能用上读一读、圈一圈、贴一贴、说一说的方式学习下面的句子吗？

7. 大家按要求自学第四自然段，可以读出声。

8. 你都提取了哪些关键信息？

浸 捣 捞 晒（打乱）

9. 这些关键信息，老师全贴在（副）黑板上，下面要完成贴一贴流程图，请谁呢？

树皮 ＼

麻头 　剪碎或切断→浸→捣→捞→晒

稻草 ／

破布……

10. 刚才这两位同学配合得很不错，像一对"黄金搭档"。我听到有同学小声嘀咕，浆是液体怎么捞出晒干呢？（播放视频）看看就能明白了。

11. 这只是造纸术的一个环节，造出这轻便又便宜的纸需要这么多道工序。现在谁能说一说蔡伦造纸都经过了哪些劳动，才满足了多数人的需要并传承下来？

12. 我们来一个个轮着说，请你们这组开火车。

13. 这组同学说得真好。还有要说的吗？可以几个人合作。你们几个人合作？三个人，你们说我们听，开始吧。

14. 几个人合作会说了，挑战可要升级啦，谁能一个人把它说完？

15. 刚才，我们用读课文、提取关键信息、借助流程图等多种方式，学会了造纸术是怎么改进的，看来学习方法很重要哦！

16. 没想到一张平平常常的纸竟要经过那么多的劳动才能传承下来，（板书：传承）难怪这种纸——（男同学读："既轻便又好用！"）

17. 为了能够大量制造，蔡伦反复研究了前人的经验，不断试验，然后改进，难怪这种纸——（女同学读："既轻便又好用！"）

18. 同学们，回到课文的初始问题，现在，你们觉得纸是谁发明的呢？拿起手中的反馈器，再次按下你的选择。

19. 我们看到这一次大部分人选择了古代人民。我请你说：为什么原先选择了蔡伦，现在却选择了古代人民？

（转述学生的话：①经过学习，我明白了，尽管前人发明的纸并没能方便书写，但因为有了他们的经验，才给了蔡伦灵感去改进，让纸变得更轻便好写，所以我觉得是他们一起发明的；②我想造纸术的流程是那么的烦琐，仅凭蔡伦一人之力，不一定能完成，这其中应该有许多工匠和他一起在努力。）

20. 总结：是啊，我们身上穿的，平时用的，都是经过很多人的劳动才做成的。纸可是古代人民长期劳动的积累和智慧的结晶啊！（板书：劳动 智慧）

【要点提示：此环节为重要段落教学环节，用时5分钟，教师从示范学法，引导学生学会提炼关键信息，圈画摆放记忆，多种形式练说，了解课文是怎么围绕一个意思把一段话写清楚。】

（五）延伸课外，多阅读

同学们，你们在课外还可以阅读一下《中国四大发明》这本书，它会让你们了解到中国更多伟大的发明，感受中国劳动人民智慧凝聚的力量。

【要点提示：此环节为总结拓展环节，用时 1 分钟，将阅读延伸到课外，让孩子对纸发明过程的了解和理解，不局限于课本的字里行间，更进一步去感受四大发明对我国乃至世界的影响。】

四、板书设计

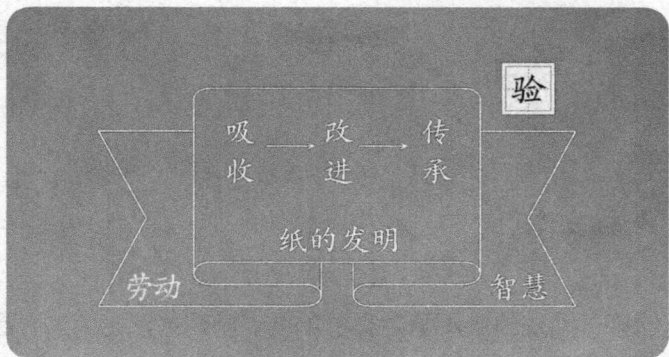

05

统编版三年级下册

《赵州桥》

田丽 执教

一、扫描文本

　　《赵州桥》是统编版小学语文三年级下册第三单元的第三篇精读课文，是一篇结构严谨、表述清晰、语言平实准确又富有感悟的说明文。全文可分三个部分，先概述了赵州桥的地理位置、设计者及建造年代等相关情况，然后介绍了赵州桥雄伟、美观的特点，最后总结了赵州桥的历史价值。从作者准确的说明性语言和生动的描写性语言中，我们可以领悟我国古代劳动人民的智慧和才干。

二、教学速构

（一）教学内容

课文 2~3 自然段。

（二）教学目标

1. 正确、流利、有感情地朗读课文，学写"创举"一词。

2. 边读边思考，理解赵州桥"雄伟、美观"的特点，感受其历史文化魅力，领悟古代劳动人民的智慧和才干。

（三）教学重难点

边读边思考，理解赵州桥"雄伟、美观"的特点，感受其历史文化魅力，领悟古代劳动人民的智慧和才干。

三、教学流程

（一）看插图，初感知

同学们，通过学习，我们已经知道了赵州桥是一座什么样的桥。

（转述学生的话：对！世界闻名！）（板书：世界闻名）

请同学们仔细观察课文的插图，你注意到了赵州桥的什么特征？

（转述学生的话：①你看到了赵州桥有一个大桥洞；②你看到了赵州桥还有四个小桥洞；③你看到了赵州桥栏杆上有浮雕。）

小结：从插图中，我们注意到了赵州桥的一些基本特征，对比生活中见过的很多桥，也许这桥看上去并没有什么稀奇。幸好今天本文的作者茅以升本身就是著名桥梁专家，他用两段文字为我们精准描述了赵州桥的特点。

【要点提示：此处是第二、三自然段的片段教学的导入环节，用时1~2分钟。教师需要承接第一自然段的内容，不能凭空、突兀地开启学习。要顺应儿童认知规律，从插图开始学习，让学生既感简单又觉有趣。另外，教师可让学生理解"插图也是重要的学习资源"。】

（二）叹雄伟，赏美观

品读第二自然段

1. 朗读课文第二自然段，这段主要讲了赵州桥的什么特点？——（学生：雄伟！）（板书：雄伟）从哪些词句中表现出来的呢？

（转述学生的话：你说表现在赵州桥很长、很宽。"桥长五十多米，有九米多宽，中间行车马，两旁走人"。）

2. 课文用了列数字的说明方法，可是我们对数字概念不强，你能给我们打个比方吗？

（转述学生的话：这就好比咱们的教室宽五米，这桥长就大概是十个教室的宽度，大约是两个教室的宽度。你可真会活学活用啊！）

3. 是的，这些数字对于现代人来说，没有什么了不起，可是在一千四百多年前的隋朝呀，可以说是非常——（学生：雄伟！）还有什么特别的吗？

（转述学生的话：你说表现在结构上。"这么长的桥，全部用石头砌成，下面没有桥墩，只有一个拱形的大桥洞，横跨在三十七米多宽的河面上"。）

4. 这里有什么特别的吗？（转述学生的话：哈哈！你说你见过的桥都有桥墩是吗？）

5. 老师准备了一些照片，请大家来看看。大部分的桥都有桥墩，因为桥体需要支撑，而有一些江南小桥则没有桥墩，也不需要支撑，因为它们跨度才两三米。赵州桥全部用石头砌成，没有桥墩也能成功的其中一个原因是，当时的设计师李春采用的是"拱石之间腰铁相连"的技术。（出示课件：安济桥拱石之间以"腰铁"相连）

6. 除此以外，还有一个非常重要的原因。请你们细读本段，找出来。

（转述学生的话：你说你找到了这句"大桥洞顶上的左右两边，还各有两个拱形的小桥洞"。）

这有什么特别的吗？

（转述学生的话：这样的话，"平时，河水从大桥洞流过，发大水的时候，河水可以从四个小桥洞流过"，就能够减轻流水对桥身的冲击力，使桥不容易被大水冲毁。）

是啊！这种设计对于当时来说真是非常特别了，课文用了一个什么词？——"创举"。

"创举"是什么意思，请同学们用自己喜欢的方法来说说对这个词语的理解。

（转述学生的话：①你说用拆词法可以理解为创造和举动，连起来就是有创造性的举动；②你说查字典可以查出来，是"从来没有过的重要行动或做法"的意思；③你说通过举例子的办法可以知道以前没有，现在才有的，比如在大桥洞顶上左右两边各凿了两个拱形的小桥洞。你们的理解非常精彩而准确！）

小结：同学们，这项创举不仅是中国的创举，也是世界建桥史上的创举啊。想想就更加觉得赵州桥真是无比——（生：雄伟！）相信同学们现在一定是自豪感满满，让我们带着这种自豪感把"创举"这个词语

写一遍吧。写的时候要注意"创"字是左宽右窄，"举"字的一撇一捺
要写舒展。（板书：创举）

品读第三自然段

通过第二自然段的学习，我们深刻了解了赵州桥的"雄伟"。这是
一座非常坚固、在风雨中屹立不倒的桥，非常实用。不过，难道这只是
一座非常实用的桥吗？

（转述学生的话：你不同意，你说"这座桥不但坚固，而且美观。"）

这是一个过渡句，具有承上启下的作用。也就是说，这句话前半句
说的是上一个自然段的意思，后半句说的是接下来的意思。接下来这段
话都是在讲一个意思——（学生：美观）（板书：美观）

一座桥的美观可以表现在很多方面，课文主要刻画的是什么呢？

（转述学生的话：是啊，桥面两侧石栏板上精美的雕刻。）

雕刻里的图案都是什么？（学生：龙！）为什么呢？

（转述学生的话：①对，我们中华民族也被称为龙的传人，龙代表
着尊贵祥和、国泰民安。）

看，这些龙刻得怎么样？（学生：所有的龙似乎都在游动，真像活
了一样。）

哇，像活了的在游动的龙！课文具体是怎样描写的？请读一读，边
读边想象画面：（学生："有的刻着两条相互缠绕的龙，嘴里吐出美丽
的水花；有的刻着两条飞龙，前爪相互抵着，各自回首遥望；还有的刻
着双龙戏珠。"）

请同学们进行小组合作，把这些画面都表演出来，表演之前，告诉
我们，你会抓住哪些词语进行表演？

（转述学生的话：你说你会抓住"相互缠绕"这个词。）

请你把这个词语通过动作表演出来吧！

（转述学生的话：噢，你需要一个搭档。）

两个学生表演相互缠绕的动作。

请其他同学评一评他们俩表演得怎么样。

（转述学生的话：你说他们像"环抱"，不像缠绕。）

（出示课件）

看，这就是赵州桥栏杆板上两条相互缠绕的龙。

那你来试试看。再请同学来评一评。

（转述学生的话：有缠绕的感觉了。）

现在请每个小组中的两个同学表演，另外两个同学观察并评价，然后交换角色来一轮。

通过表演我们再次确认这些精美的图案，读——（学生："有的刻着两条相互缠绕的龙，嘴里吐出美丽的水花；有的刻着两条飞龙，前爪相互抵着，各自回首遥望；还有的刻着双龙戏珠。"）

是啊！所有的龙似乎都在游动，真像活了一样！所以说这样的一座桥多么——（学生：美观呀！）

【要点提示：此环节为重点段落教学环节，用时 8~9 分钟。教师首先要让学生的视角从现代回到一千四百多年前的隋朝，尽量以当时的心态来理解赵州桥。通过细细品读课文的语言，不断加深对赵州桥"雄伟""美观"这两个特点的理解，从而有所感悟。】

（三）学构段，习写法

1.通过 2~3 自然段的学习，我们知道了赵州桥不但——（学生：雄伟），而且——（学生：美观），是建桥史上的一个——（学生：创举）。

2.同学们，你们发现了吗？第二自然段和第三自然段的开头句直接告诉了我们赵州桥的特点，后面的句子跟第一句是什么关系呢？

（转述学生的话：你说是"总分"的关系。）

3. 像这样围绕一句话，整段都是写这个意思的结构就叫"总分结构"。你们觉得这种结构读起来有什么感受？

（转述学生的话：你觉得读起来很明白。你说这种结构让你对赵州桥的特点一目了然。）

是啊！《赵州桥》作为一篇说明文，无疑是成功的。它非常清晰而准确地介绍了赵州桥的特点。你们读到了吗？

（转述学生的话：①你说第二自然段中的"没有""只有""横跨"等词语，朴实却充满霸气；②你说"左右两边""各有两个"等词语非常清晰地呈现了赵州桥的独特设计；③你说用"既……又……"简明扼要地阐述了如此设计的妙处……）

作为一篇说明文，《赵州桥》无疑是精彩的，大家看第三自然段的描写美不美？（学生：美！）请读出来，（学生："有的刻着两条相互缠绕的龙，嘴里吐出美丽的水花；有的刻着两条飞龙，前爪相互抵着，各自回首遥望；还有的刻着双龙戏珠。"）

是啊！"有的……有的……还有的……"散文式的语言用在这篇说明文里，增添了可读性和吸引力。

同学们，如果由你来雕刻图案，你会呈现什么样的画面，试着生动地说明吧！用上"有的……有的……还有的……"

（转述学生的话：你说你会刻上神话人物，有的刻着盘古顶天立地，有的刻着女娲求雨灭火，还有的刻着大禹治理水患……）

【要点提示：此环节为了落实统编教材的写作要素，用时2~3分钟。这篇课文结构清晰，语言晓畅，学生一读就懂，教师应让学生自己去发现写作方法，并且进行当堂训练。】

（四）引资料，促思维

1. 这里雕刻的龙就像这些神话人物一样，寄托着赵州桥永远不被洪水冲塌、人们想要战胜自然的美好愿望。只是，这桥真的会永远屹立不倒吗？

（转述学生的话：①你认为迟早都会塌；②你认为没有什么是永远不坏的。）

2. 是的，没有什么是永远不坏的。尽管赵州桥如此雄伟、坚固，但曾在岁月流转中历经了 10 次水灾、8 次战乱和多次地震，虽然没有塌，但是已经受到多次损毁。即使没有任何灾难，仅仅是经历风雨，赵州桥也不可能安然无恙啊。你们同意吗？（学生：同意！）

3. 所以你们再看插图，这么美的赵州桥，就像新的一样，其实是1956 年整修后的模样。

事实上，1933 年我国著名建筑师梁思成等人已经探访过赵州桥，当时桥体已损毁严重。（出示课件图片）

4. 同学们，看到赵州桥的这个样子，你有什么感想？你觉得它还有价值吗？请小组讨论交流。

（转述学生的话：①你觉得心里不好受，因为跟自己想象的不一样；②你说能理解，毕竟经历了一千四百多年，损毁能够理解；③你认为它依然有价值，虽然桥坏了，但是桥的意义是存在的。）

5. 小结：是的，说得真好！赵州桥的价值不仅在于桥本身的雄伟和美观，同时也在于李春的设计是建桥史上的创举，还在于它体现了劳动人民的智慧和才干（板书：智慧）。赵州桥是世界闻名的历史文化遗产。1991 年 9 月 4 日，美国土木工程师学会评定赵州桥为最悠久的"国际历史土木工程里程碑"。希望大家以后有机会，一定要去看一看。（学生：好！）

【要点提示：此环节为总结板书、拓展资料部分，用以引发学生思维的震荡，用时 2~3 分钟。细心研读教材后会发现：课文插图中的赵州桥可真新啊！历经千年，还能这么新吗？这可能是学生想问但又不太敢问的问题。赵州桥一定不能塌吗？这可能是学生想不到，却非常重要的问题。教师应具有引人深思、促人成长的意识和本领。】

四、板书设计

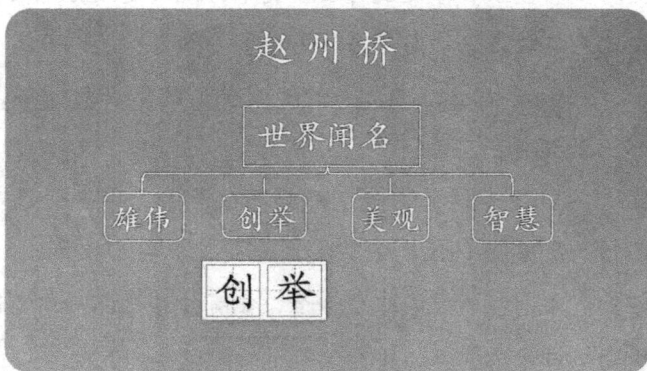

06

统编版三年级下册

《花钟》

林威　执教

一、扫描文本

　　《花钟》是统编版小学语文三年级下册第四单元的第一篇精读课文，是一篇文字优美的科学小品文。在课文生动的词句中，我们跟随作者了解什么是花钟，认识了花钟让花在不同时段开放的原理。文章结构十分严谨，段落紧密围绕中心句来展开描写，系统、全面、有逻辑地将花钟介绍得十分清楚。

二、教学速构

（一）教学内容

课文1自然段。

（二）教学目标

1. 正确、流利、有感情地朗读课文，学写"芬芳"等字。

2. 学会抓住关键词句来概括一段话的大意，品味优美词句，体会花钟之美。

（三）教学重难点

学会抓住关键词句来概括一段话的大意，品味优美词句，体会花钟之美。

三、教学流程

（一）看花钟，引课题

1. 同学们，看，这是什么？（课件出示：花钟图片）瞧，多美呀？你看到了什么？感受到了什么？

（转述学生的话：①你看到了色彩斑斓的大花坛，美丽极了；②你看到了这些花摆成钟表的形状，很有特色。）

2. 这就是花钟。（板书：花钟）齐读课题——花钟。花钟是那么美，带着感情，再读——花钟。看到这个题目，你想问些什么问题吗？

（转述学生的话：①你想知道，为什么它叫作花钟。②你想了解，它的名字既然叫花钟，是不是也像钟表一样可以报时。）

3. 多么令人好奇。究竟什么是花钟呢？这么美丽的花钟，又是怎么形成的呢？就让我们带着这些问题，一起走进——花钟。

【要点提示：此环节为导入环节，用时1~2分钟。教师用花钟的精美图片，把学生带入花钟的美丽场景中，通过提问激发学生兴趣，引

导学生走进文本。】

（二）读花钟，识字词

1. 请同学们自由读课文第一自然段，读通句子，读准字音。

2. 同学们，都读好了吧？让老师来检查看看，你们都会读了吗？（出示课件：鲜花朵朵　争奇斗艳　芬芳迷人）你来读，全班跟着一起读。

3. 这些都是形容花的成语，很美吧？你还能想到哪些用来形容花朵的成语呢？

（转述学生的话：①百花齐放，嗯，一定是个美丽的大花园；②花团锦簇，真好，很有画面感；③群芳吐艳，太棒了，这词语是多么生动啊。）

4. 课文第一句就用这三个成语，将花钟的美高度概括了出来。

5. 在这里，注意"芬芳"二字是本课要学习的生字，请同学们伸出手，跟着老师，一起来书空这两个字。它们都是草字头的，注意书写的结构。怎么样？会写了吗？请在课本上再试着写一遍吧。

6. 有了疑问就有了阅读的兴趣，带着疑问与探究的兴趣赶紧走进课文吧！

【要点提示：此环节目的在扫清字词障碍，完成生字会读会写的任务，用时 3 分钟。教师通过三个形容花钟美的成语来检验学生的字词掌握情况，并初步了解课文，感知大意。】

（三）品花钟，学表达

1. 同学们的字词掌握得不错，接下来，让我们再读课文的第一自然段。这一回，请你边读边想：这一段是围绕哪一句话写的呢？

（转述学生的话：①你觉得是"鲜花朵朵，争奇斗艳，芬芳迷人"；②你不同意，你认为应该是这一句："要是我们留心观察，就会发现，一天之内，不同的花开放的时间是不同的。"）

2. 大家更同意哪一句呢？联系上下文看一看？哦，是第二句。不错，这第二句话提示了段落的主要意思。这一段话，都是围绕着不同的花在不同时间开放这个中心来写的。（板书：有中心）这是全文的中心句。

3. （出示课件）看！作者写了这么多种花，分别在不同的时间开放，让我们一起来读一读吧。老师读时间词，你们来读花的开放。凌晨四点—五点左右—七点—中午十二点左右—下午三点—下午五点左右—晚上八点—九点左右。

4. 同学们，读得不错。这一读，你发现了什么？

（转述学生的话：①作者每写一种花的开放，都带上了时间词；②作者写这些花的开放，是按照从早到晚的时间顺序来写的，很有条理。）

5. 不错，很会发现。你看，作者就是用这一个又一个时间词，将不同时间开放的花写得很有顺序，很有条理。（板书：有条理）而且在这句话里，都用分号将每种花分隔开，也显得结构清晰。

6. （出示课件）现在，我按照分号的顺序，一句一行地竖着写，再请同学来读。你来读。嗯，读得真好！怎么样？这么一变，是不是像诗一样朗朗上口？

7. 但是，这句话，我如果改成这样，好不好？（出示课件）凌晨四点，牵牛花开花了；五点左右，艳丽的蔷薇开花了；七点，睡莲开花了……

（转述学生的话：①不好，因为这样写，每一种花的开放都用开花来描述，显得很重复，也不生动；②不好，太死板，太生硬，没有美感。）

8.看来，作者写作的秘密又被你们发现了。作者写花朵的盛开，并不仅仅只是交代花开放了，还用很优美的词句来把它们的开放写得很生动，写得各有特色。那现在就请你再读读这一句话，说一说，哪一朵花的开放，吸引到了你？

（转述学生的花：①噢，你喜欢牵牛花，这里用吹起了紫色的小喇叭这种拟人的手法，把牵牛花的颜色和形状都写得很传神，真不错，带着你的喜欢，再读一遍；②你喜欢这一句，艳丽的蔷薇绽开了笑脸，这个"绽开"一词用得好，把蔷薇的艳丽写得如此形象，让我们也带着笑脸，读一读吧。）

9.仔细一看，原来这里用上了这么多有趣的动词：吹起、绽开、醒来、欣然怒放、苏醒、舒展开、含笑一现……这些动词有什么特点？都是人才有的动作，或者是带有人的情感色彩，这就是拟人。使用拟人的修辞手法，能把事物写得更生动，更形象。（板书：有美感）

10.同学们，让我们一起来演一演这些可爱的花朵们吧！带上动作，跟着老师，一起来表演读。凌晨四点，牵牛花吹起了紫色的小喇叭（带着学生，做出吹喇叭的动作）；五点左右，艳丽的蔷薇展开了笑脸（带着学生，做出摆笑脸的动作）；七点，睡莲从梦中醒来（带着学生，做出从梦中苏醒的动作）……

11.多有趣呀！每朵花开放的样子都不一样，通过作者的描写，我们想象到了这一幅幅生动有趣的画面，每一朵鲜花，仿佛都有了生命。

【要点提示：此环节为重点段落教学环节，用时8分钟。"学会抓住关键词句来概括一段话的大意"为本单元的语文要素之一，为落实此训练点，教学中以品味优美词句来体会花钟之美，也是本课教学目标之一。通过反复品读、精读、细读，从指名读，到全班读，再到表演

读，逐步感受作者写花钟的顺序和条理，想象文章营造的画面和情境，带着学生入情入境，进入花钟的美丽世界。】

（四）写花钟，会应用

1. 把按时开放的花朵写得如此有条理、有美感，这位作者真厉害，让我们一起来认识一下他吧！他是谁呀？（出示课件）他就是林奈。林奈是瑞典自然学者，现代生物学分类命名的奠基人，是一位著名的植物学家。通过长期观察和研究，他发现各种植物开花都有一定的时间。人们把林奈这个发现称为"花钟"。林奈能将自己的观察所得生动地写下来。我们也来试一试吧！

2. 下面是其他几种花每天开花的时间，请依照第一自然段，学着写一写。

3. 已经有同学写好啦，让我们来欣赏一下，你是怎么写的？

（转述学生的话：①清晨六点，龙葵花缓缓地抬起了头，露出了笑容；②下午五点，紫茉莉打开了它的裙摆，在风中翩翩起舞；③晚上七点，剪秋罗探出了头，和刚刚上班的月亮阿姨打招呼。）

4. 同学们写得太好了，学会用不同的动词来表达鲜花的开放，用上了拟人的修辞手法，把花儿们写得这么生动。这就是写作的魅力。以后，大家可以继续用这样的方法去描写事物。

【要点提示：此环节为迁移应用，用时3分钟。教师将第一自然段所学习的写法进行迁移应用，结合课后的小练笔，让学生马上试着写其他几种花卉开放的样态，掌握拟人的修辞手法，学以致用。】

四、板书设计

花　钟

芬芳

有中心
有条理
有美感

07

统编版三年级下册

《蜜蜂》

谢娟　执教

一、扫描文本

　　《蜜蜂》是统编版小学语文三年级下册第四单元的第二篇精读课文，选自著名的科学家法布尔的《昆虫记》。文章以"我"的角度写了科学家法布尔所做的一个实验，即证实蜜蜂是否具有辨认方向的能力。全文充满着科学的态度和求实的作风。教师教学时，不仅要让学生了解关于蜜蜂的知识和实验的过程，还要引导学生感受科学家善于思考、严谨求实的科学态度。教学中需要紧扣单元主题——"留心观察，会有新的发现"，让学生从阅读中明白——只要做生活的有心人，留心观察身边的事物，多动脑思考，就会有所发现，有所收获。

二、教学速构

（一）教学内容

课文 1~2 自然段。

（二）教学目标

1. 正确流利朗读课文，学会正确书写"蜜蜂"两个字。

2. 借助关键词句梳理法布尔实验的初始步骤，感受法布尔作为科学家的善于观察和严谨作风。

3. 运用多种方式，体会课文用词的准确性。学习把实验过程中的观察和思考写清楚。

（三）教学重难点

运用多种方式，体会课文用词的准确性，引导学生模仿观察和思考的语句。

三、教学流程

（一）猜谜导入，学写课题

1. 同学们，今天老师邀请了一位朋友来到我们的课堂，请大家一起来猜一猜，它是谁？

（出示课件：

全家住在格子间，团结劳动小模范。

日常花丛去忙碌，造出黄金甜蜜蜜。）

2. 对啦，就是我们的花间小小劳动者——蜜蜂。现在请同学们和老师一起来书写课题。（板书：蜜蜂）这两个字都是形声字，"宓"和"夆"是声旁，"虫"为形旁，提示了我们这个词语和昆虫有关系。这两个字笔画较多，书写的时候要注意间架结构要紧凑。请同学一起齐读——蜜蜂。

3. 古人认为蜜蜂春夏酿出蜜汁，秋冬靠存蜜度日。你还知道哪些和蜜蜂有关的科学知识吗？

（转述学生的话：①你知道蜜蜂尾巴有毒针，被蜇到会红肿，很痛；②你还知道采花蜜的是工蜂，在采花同时还帮助植物授粉；③你还知道，蜜蜂不容易迷路，会通过跳舞通知同伴地点。）

4. 蜜蜂真是全身充满神秘的昆虫。有一个著名的科学家——法布尔，他是一个从小热爱观察并且不断探索昆虫世界的人，今天我们就要一起来看看他做的一个关于蜜蜂的小实验。

【要点提示：此环节为导入环节，用时 1~2 分钟。通过猜谜引发学生的兴趣，学生介绍自己对蜜蜂的了解，加强了直观的感受，还简单介绍法布尔，关注到作者是一位科学家。"蜜蜂"两个字为本课要学的生字，在导入中直接完成学习。】

（二）发现神奇，了解目的

1. 请同学们默读第一自然段，边读边找出法布尔发现的蜜蜂的"神奇之处"在哪儿。

（转述学生的话：①蜜蜂的神奇之处是有辨别方向的能力，可以回到原处；②你要补充，是无论飞到哪里，总是可以回到原处。你真的是个细心观察的孩子，一下子抓住了"无论……总是……"这组关联词，知道蜜蜂辨认方向的能力是非常强的。）

2. 法布尔已经知道蜜蜂有这个能力了，为什么还要做实验呢？

（转述学生的话：①他只是听说，自己没有看到过；②他是一个科学家，要有实验证明才能确定一个知识。）

3. 现在请同学们一起来看看资料袋的内容，作为一位严谨的科学家，道听途说的内容可以成为他的科学成果吗？不可以。法布尔说："在对某个事物说'是'以前，我要观察、触摸，而且不是一次，是两三次，甚至没完没了，直到没有任何怀疑为止。"这就是科学家！从不盲从别人的结论，而是要自己动手做实验。（板书：实验 验证）

4. 那他又是如何进行实验的呢？相信同学们也很好奇，现在就让我们走进法布尔的科学实验！

【要点提示：此环节用时约2分钟。第一自然段通过两个问题和资料袋信息的补充，引导学生借助关键词语了解实验目的，初步感知法布尔作为一个科学家，具有着严谨求实的科学精神。】

（三）研读实验，感受严谨

1. 请同学们默读第二自然段，思考一下：法布尔的实验初始阶段是怎么操作的？请借助关键词句，试着说一说。

（转述学生的话：①捉住一些蜜蜂，放到纸袋里面，到四公里外，做上记号放飞，等着看它们会不会回来；②你来补充，先捉住一些蜜蜂，再放到纸袋，接着请女儿等着，然后带到四公里外，最后做上记号放飞。）

2. 你们解说得真好，特别是使用了一些关联词来帮助梳理过程。在写实验过程的时候，我们也可以借助这样的词语，把实验过程写清楚。可是这样多的步骤也太麻烦了吧，中间有的步骤可以省略吗？请你再默读第二自然段，和你的同桌讨论一下，看看这些步骤都有什么作用呢？

（课件展示）

实验步骤	作用

（转述学生的话：①放在纸袋，为了避免自己被蜜蜂蜇到，而且防止蜜蜂依靠眼睛记住回来的路；②小女儿等在这里，可以记录下来蜜蜂是否回来，四公里比较远，太近没有实验的意义；③做记号，才能认得这是参加实验的蜜蜂。）

3. 不深入思考不知道，原来简单的一个实验，每个步骤后面都有深刻的用意。了解到这些内容后，你觉得法布尔是一个怎样的科学家？

（转述学生的话：①思考缜密的科学家；②做事严谨的科学家；③力求科学验证的科学家。）（板书：科学严谨）

4. 这样一个做事严谨的科学家不仅表现在做科学实验的时候，连他写的文章都带着严谨客观的风格。请你再认真读一读第二自然段，圈一圈，哪些词句还能说明他的严谨？

（转述学生的话：①你从"好像""大概"这两个词，看出这个是他的猜测，而不是肯定的答案，用词准确；②你从"几乎"也看出他观察很仔细，蜜蜂并没有触到地面，在大风中艰难地飞行着，用词严谨。）（板书：用词准确）

5. 科学家写科学文章就是这样，用词准确而严谨，以免误导了读者。让我们给法布尔点个大大的赞！完成实验的放飞阶段之后，就直接等待实验的结果吗？请同学们认真读一读第二自然段，看看法布尔进行了哪些观察和猜测。

（课件展示）

观察	思考、猜测

（转述学生的话：①你发现他观察到蜜蜂四面飞散，进行了猜测——蜜蜂好像是在寻找回家的方向；②你还发现法布尔观察到因为刮起狂风，蜜蜂飞得低，猜测到蜜蜂这样是为了减少阻力；③你要补充，你还发现法布尔还想到蜜蜂飞行过低，会不会看不到遥远的家。）

6. 不仅仅是法布尔善于观察和思考，你们也是善于观察的小能手。在一段话中找到了这么多的细节。请你们再读一读这两句话，读出他对蜜蜂的担心。（板书：善于观察思考）

7. 在生活中，你有遇到这样的情况吗？说一说你的观察和思考。

（转述学生的话：①你的观察和思考是夏天下着大雨的时候，大家不撑伞就会被淋湿，可是荷叶却不会，大概荷叶表面有一层防水的保护膜；②冬天树上的叶子都落光了，可能是因为冬天少雨，大树为了减少水分蒸发，所以早早把叶子都落光了。）

8. 小结：我们每个人都有一双善于观察的眼睛，有一个喜欢思考的大脑。要想成为科学家，就要像法布尔那样，仔仔细细地观察事物的变化，然后把观察和思考的过程写下来。

【要点提示：此环节为重点教学段落，用时约 10 分钟。"观察事物的变化，把实验过程写清楚"是本单元的语文要素之一。紧抓"严谨"，通过读一读、圈一圈、填表格等方式，不仅让学生感受到法布尔作为一名科学家用心观察、勤于思考，科学实验过程严谨，在写科学文章时一样用词准确。通过了解课文的写法，仿写观察和思考的句子，为单元写作提供帮助。】

（四）学习科学，习得写法

1.同学们，作为一位科学家，法布尔得到结论不是因为听说，他希望通过（学生：实验）进行（学生：验证），所以他进行了这次实验。我们也看到他是一个（学生：科学严谨 善于观察思考）的科学家，身为作家（学生：用词准确）。

2.你想知道实验的过程中还发生了哪些事情吗？想知道实验的结果如何吗？我们下节课将继续学习法布尔的实验过程，感受他严谨求实的科学态度！

【要点提示：此环节为结束，用时约1分钟。总结板书，总结写法，并且激发学生们对后面学习内容的兴趣，下节课继续进行阅读。】

四、板书设计

蜜 蜂

实验　验证

科学严谨　善于观察思考　用词准确

08

统编版三年级下册

《剃头大师（前半部分）》

李明霞　执教

一、扫描文本

　　《剃头大师》是统编版小学语文三年级下册第六单元的第二篇精读课文，选自儿童文学作家秦文君的作品《调皮的日子》。课文内容贴近学生的生活，能唤起学生对童年生活的回忆。课文的语言生动活泼，能吸引学生的阅读兴趣。课文的篇幅长，难懂的词句较多。结合单元学习目标，确定"理解难懂的句子"是本课的学习重点之一。课文虽长，但板块清晰。比较老剃头师傅和"我"给小沙剃头的过程有何不同是本课教学的难点。教学时，应当重视学生的真实阅读起点，对接学生已有的知识积累和生活体验，追求"以学生为本"的课堂教学目标，促进学生思维能力的提升。

二、教学速构

（一）教学内容

课文 1~6 自然段。

（二）教学目标

1. 正确、流利、有感情地朗读课文，学写"理""鬼""骂"字。

2. 学习运用多种方法理解难懂的词语和句子，了解老剃头师傅给小沙剃头的过程，思考老剃头师傅被称为"害人精"的原因。

（三）教学重难点

学习运用多种方法理解难懂的词语和句子，了解老剃头师傅给小沙剃头的过程，思考老剃头师傅被称为"害人精"的原因。

三、教学流程

（一）介绍作者，揭示课题

1. 提到"大师"这个词语，你想到谁？

（转述学生的话：①你想到了音乐大师贝多芬，看来你很喜欢音乐；②你想到了国画大师齐白石，齐白石画的墨虾那可是一绝呀。）

2. 是的，"大师"指的是在学问或艺术等方面有很高造诣的人。"剃头大师"指的是谁？

（转述学生的话：你说得对，是指剃头技术很高超的人。）

现在，我们不叫剃头，而是叫理发。伸出手指，跟我一起书空

"理"。"理"字是常见的左窄右宽的字，大家在田字格里描一个，写一个。

3.之所以会出现这类用词的差别，认识完这篇文章的作者，你们就清楚了。（课件出示作者秦文君简介及主要作品《男生贾里全传》《女生贾梅全传》《调皮的日子》）

因为作者是"50后"，在他们小时候的那个年代，理发就叫剃头，有意思吧。我们今天要学习的这篇文章《剃头大师》就选自秦文君的作品《调皮的日子》，齐读课题，和我一起书空。（板书课题：剃头大师。）

【要点提示：此环节为导入环节，用时 1~2 分钟。从学生熟悉的作家和作品入手，拉近学生与文本之间的距离，诱发学生的阅读期待。基于三年级学生仍以形象思维为主的思维特点，让学生结合生活经验说说知道的"大师"，再由教师总结"大师"的意思，这是基于学情、以学生为本的教学原则的体现。】

（二）回顾方法，聚焦词语

1.课文中除了"剃头大师"之外，还有一些词语，因为有些年代感，现在都不常用了，所以有点儿难理解。自由读课文，把难懂的词语圈出来，再运用一些方法试着去理解词语。有哪些方法可以用？

（转述学生的话：①你说可以查字典，懂得利用工具书的人最会学习；②你说可以联系上下文猜一猜，有依据地大胆猜测，真是一个好方法；③你说可以请教同学，说不定同学知道，三人行必有我师，很不错。）

动手吧，用这些好方法试试看。

2.根据大家圈画的情况来看，最难理解的词语是"耿耿于怀""一绺""时髦""锃亮"。老师发现，不少同学已经通过自学弄懂了，哪位同学来选择一个词语说一说你的好方法？

（转述学生的话：①我不理解"耿耿于怀"的意思。我就读上下文，发现这些段落讲的都是令小沙不开心的事情。我再查字典，发现"耿耿于怀"的意思是"不愉快的事情在心里难以排解"，跟我猜的差不多；②我不太理解"一绺"这个词语到底是指一根还是一束？我查字典才知道线、麻、头发、胡须等许多根顺着聚在一起叫"一绺"；③我不理解"时髦"的意思，我就问同桌，同桌说是时尚、流行的意思；④我不理解"锃亮"的意思，但我联系"亮"，就猜可能是指老师傅的剃刀很锋利、很亮。）

3. 小结：遇到难懂的词语时，我们可以通过联系上下文、结合生活经验、向他人请教、查字典验证等方法来理解它的意思。

（出示课件：联系上下文、结合生活经验、向他人请教、查字典验证。）

【要点提示：此环节为过渡环节，用时3~4分钟。这一环节让学生通过自主学习，聚焦难理解的词语，引导他们回顾理解词语的方法，获得解决问题的途径，并指导学生通过查字典验证来理解词语的准确意思。在准确理解词语意思的基础上，理解难懂的句子也就水到渠成了。】

（三）由词及句，了解原因

1. 扫清了这些障碍，文章读起来就更有趣了。再次读文章，看看文中有哪些人物。

（转述学生的话："我"的表弟小沙、姑父、老剃头师傅和"我"。）

2. "我"的表弟是一个什么样的小孩儿？

（转述学生的话：你分析得很正确，他是一个胆小鬼，因为他怕很多东西，比如怕鬼，怕喝中药，怕做噩梦，还怕剃头。）

3. "鬼"是一个独体字，要写好可不容易，大家跟着老师书空，注意观察老师如何占格。拿起笔，在田字格里描一个写一个。

4. 从哪些地方可以看出来小沙很害怕剃头？

（转述学生的话：①"小沙每次都是被押进理发店的，姑父还得拿一把木尺在旁边监督。"你找得真准，从姑父的特殊督促确实能够看出来，对于剃头，小沙真的不乐意；②"谁给小沙剃头，小沙就骂谁'害人精'，还用仇人一样的目光怒视对方。"你找到的这句话很能体现出小沙发自内心的不喜欢。）

5. "骂"这个字很形象，"马"字头上两张"口"，伸出手指，我们一起写一写。

6. 刚刚的句子中有一个词语，现在也很少用了，就是"害人精"。（板书：害人精）运用咱们刚刚总结出来的查字典的方法，我们一起来理解一下"害人精"这个词语。先猜一猜，说说"精"是什么意思。

（转述学生的话：①你猜是精灵；②你猜是精明；③你猜是很厉害的人。）

7. 拿出字典，一起查一查"精"字，看看准确理解"害人精"的意思。（出示字典图片，选择"害人精"的"精"在字典中的义项。）

要准确理解词语的意思，还要勤查字典。

8. 课文中的"害人精"指的是谁？（板书：老剃头师傅。）

9. 默读 4~6 自然段，用直线画出小沙觉得老剃头师傅是"害人精"的理由。

预设：

句子1：老师傅耳朵不好，听不清小沙的抗议，而且，他有一把磨得锃亮的剃刀，所以，小沙只得规规矩矩由老头摆布。

句子 2：最痛苦的是，老师傅习惯用一把老掉牙的推剪，它常常会咬住一绺头发不放，让小沙吃尽苦头。

句子 3：老师傅眼神差了点儿，总把碎头发掉在小沙的脖子里，痒得小沙哧哧笑。

句子 4：这一会儿痛一会儿痒的，跟受刑一样。

句子 5：最让小沙耿耿于怀的是，每次剃完头，姑父还要付双倍的钱给"害人精"。

10. 这些句子哪些让你感触最深？

（转述学生的话：你觉得对"碎头发掉在小沙的脖子里，一会儿痛一会儿痒的，跟受刑一样"这个部分印象最深。你在理发的时候，可能也碰到过这种情况吧，碎头发粘在身上，有时很扎人，有时却痒得受不了，恨不得马上冲回家洗个澡。如果身体出汗了，这些碎头发怎么都弄不下来，非常难受，就像课文里说的，跟受刑一样。）

11. 猜一猜什么叫"受刑"？

（转述学生的话：你觉得受刑就是让人很难受。）（板书：受刑）

这个词我们不理解，那用什么办法可以知道它的意思呢？对，老办法，查字典。

（课件出示"刑"在字典中的释义。）

12. 瞧，这就是"刑"在字典中的解释。联系字典里的意思，现在你知道什么叫"受刑"了吗？（学生：受刑就是对犯罪嫌疑人进行体罚。）生活中你遇到过像受刑一样十分难受的经历吗？

（转述学生的话：之前你和爸爸妈妈坐船旅游的时候遇到过，是的，船舱都是封闭的，浪又很大，船老是晃，你坐在那儿当然就跟受刑一样了。）

13. 这碎头发让小沙感觉跟受刑一样，看来真是不好受呀。还有哪里也让你感同身受呢？

（转述学生的话：①"老师傅的推剪常常会咬住一绺头发不放"，我在剪头发的时候，理发师的剪刀也很钝，剪着剪着就把我的头发卡住了，但是理发师没有发现，还把我的头发往外拉，疼死我了；②"师傅有一把磨得锃亮的剃刀，所以小沙只得规规矩矩由老头摆布。"我在理发的时候，理发师的剪刀看上去十分锋利，闪闪发亮，我就坐着一动也不敢动，怕剪刀会蹭到我。）

14. 看来剃头还真是一件让人难以喜欢的事情。再读一读 1~6 自然段吧，带着自己的理解，读出小沙剃头的那种痛苦。

【要点提示：此环节为重点段落教学环节，用时 8~9 分钟。这一环节紧紧围绕课后习题来落实语文要素。课后有这样一道题："'剃头大师'和'害人精，分别指谁？为什么这样称呼他们？"这一片段主要解决"害人精"的问题，"为什么称呼'我'为'剃头大师'"放到下节课学习。"害人精"中"精"的意思，学生是模糊不清的，所以这里借助查字典的方法来理解。理解了"害人精"的意思，再聚焦为什么称呼老剃头师傅为"害人精"，就体现了从词语学习过渡到文本学习的思路。在交流时，从具体的描写中，学生了解了老剃头师傅是如何给小沙剃头的，并感受到了语言的幽默生动，这为下一步"比较剃头老师傅与'我'给小沙剃头过程的不同"做好了铺垫。】

（四）表格比对，留下悬念

1. 根据刚刚的学习，我们可以完成下面这个表格的左边部分，试试吧。

	老剃头师傅	"我"
工具		
过程		
结果		

交流并出示答案：

	老剃头师傅	"我"
工具	一把老掉牙的推剪	
过程	推剪常常会咬住一绺头发不放，让小沙吃尽苦头	
结果	剪完的头发整齐有型	

2. 课文不仅写了老师傅给小沙剃头的经历，还写了"我"是怎样给小沙剃头的，两者有什么不同呢？到底谁才是"剃头大师"？谁是"害人精"？下节课，我们再来探讨。

【点评：此环节为总结延伸，用时 1~2 分钟。通过表格对老剃头师傅的剃头过程进行整理，一来对教授的段落进行梳理，二来可以为下节课教授的内容进行铺垫，留下悬念。】

四、板书设计

09

统编版三年级下册

《剃头大师（后半部分）》

林辰靓　执教

一、扫描文本

　　《剃头大师》是统编版小学语文三年级下册第六单元的第二篇精读课文，这是一篇幽默风趣的小说。作者秦文君在文中塑造了表弟小沙、"我"、姑父和老师傅这四个角色。这四个角色中两个大人，两个小孩，他们组合在一起的时候便会有神奇的事情发生。本应该是剃头高手的老师傅在小沙看来是十足的"害人精"，而没有任何剃头经验的"我"却被小沙所认可，这其中充满了啼笑皆非的经历，但这也是成长最有趣的滋味。文章在两位剃头师傅带给小沙的不同剃头感受的对比中，突出了小沙和"我"的天真，其实也通过诙谐的语言批评了"我"的无知和调皮，但也让读者感受到了童年的真与成长的趣。

二、教学速构

（一）教学内容

课文 7~18 自然段。

（二）教学目标

1. 认写生字"趣"。

2. 默读课文，能运用多种方法理解难懂的句子，从中发现"我"剃头的过程与老剃头师傅不一样的地方。

3. 结合课文相关句子，判断真假剃头大师，理解题目的深层含义。

（三）教学重难点

默读课文，能运用多种方法理解难懂的句子，从中发现"我"剃头的过程与老剃头师傅不一样的地方。判断真假剃头大师，理解题目的深层含义。

三、教学流程

（一）寻找"大师"

同学们，看，他是谁？对啊，小沙最怕的老师傅。（板书：老师傅）昨天的课上有的同学认为老师傅是剃头大师，有的同学认为他不是剃头大师。而我们的小沙为了不去理发店受折磨，今天找了一位大师，那就是"我"。（板书："我"　大师）

【要点提示：此环节为导入环节，用时 1 分钟左右。教师可以用设疑、激趣的方式引导学生回顾前面所学课文，同时逐渐过渡到"我"给小沙剃头的内容。】

（二）"大师"剃头

1."我"怎么给小沙剃头呢？下面请同学们读读课文，找找看，用横线画出相关句子。

（转述学生的话：①你说，剃头速度快。你找得真快。是呀，"我"咔嚓两剪刀，就剪下一堆头发；②你说，理发工具不同，"我"用的是剪刀，而老师傅用的是剃刀。）

2.大家见过剃刀吗？想看吗？看，其实老师傅用的是两样工具，先用剃刀，再用推剪。如果给你理发，你会选用哪个工具？

（转述学生的话：（1）你会选择剪刀，咔嚓两下，速战速决；（2）你从文中发现师傅的剃刀是磨得锃亮，字典中说"锃亮"这个词表示反光发亮的意思，你猜想老师傅的剃刀非常锋利，要是他一不小心还会划破皮。）

3.真棒，你用上了我们理解难懂词语时所用的方法，这也是理解句子的好方法哦！（板书：查字典）

4.这把刀——冒着寒光，十分锋利。换作是你愿意被剃刀剃头吗？大家都摇头了，你们的感受和小沙一样，让我们用朗读来传递小沙内心的恐惧。

（转述学生的话：①你发现老师傅给小沙剃头的时候，常常会咬住一绺头发，让小沙吃尽苦头，还会把碎头发掉进他的脖子里，可难受了；②你有补充，你从"咬"感觉小沙不是在剃头，而是在受刑；③你还发现小沙是一会儿痛，一会儿痒。）

5. 如果是你会有怎样的感受？

（转述学生的话：（1）你不想剪了，只想弄出衣服里的碎头发；（2）你也想如小沙一样夺门而逃。向哪逃？向门外逃。）夺是用尽全力地跑，如果给"夺门而逃"换个词，想到哪些？迫不及待、急不可待、火急火燎……看来大家的感受和小沙一样，下面我们把感受送回句子，一起来读读第五自然段。

6. 所以我们还可以联系生活理解小沙理发的痛苦。（板书：联系生活）

7. 乍一看，"害人精"还真有点害人，"我"真有点剃头大师的风范。还发现了什么？

（转述学生的话："我"的技术很麻利，小沙很信任"我"。）

8. 具体说说。

（转述学生的话：哦！是呀，不一会儿姑父的睡衣就像一张熊皮，而老师傅总是会把碎头发掉到小沙的脖子里，让他受尽苦头。）

9. 在对比中思考，真是个会读书的孩子。

（转述学生的话：你有补充，小沙央求"我"的时候希望"我"别剪破他的耳朵，而且还要"我"发誓，说明曾经他的耳朵就被老师傅的剃刀伤过。）

10. 能够联系上下文来理解，这是一种很好的读书习惯。（板书：联系上下文）

（转述学生的话：你发现小沙原本是店里最不受待见的顾客，而在"我"这里却是世界上最优秀的顾客。）

11. 原先理发是什么样？对了，每次剪头发都是被姑父押进理发店；而且，姑父还得执一把木尺在一旁监督。否则，小沙准会夺门而逃。

（转述学生的话：你从"押"看出小沙特别不愿意，因为电视上罪犯就是被押走的。真棒，联系生活理解词语意思。而"我"认为，世界上再也没有比他更优秀的顾客了。）

【要点提示：这个环节大约用时8分钟，这里面主要包含了文章内容的理解和用多种方法理解词语意思。在教学中学生通过寻找并分析"我"的剃头方式的相关语句，抓住关键词理解词语意思，从而把握难理解句子的大意。这些句子也带有童趣，在互动问答中，通过联系生活，更能激发学生的学习兴趣，感受"我"剃头的与众不同。】

（三）真假大师

1. 技术好不好，嘴上说的不算，还得看效果。请同学们把目光聚焦到13~18自然段，你还发现什么不同？

（转述学生的话：剃头效果不一样。老师傅至少理了一个合格的头，而"我"把小沙的头剃得坑坑洼洼，像大峡谷一样，像梯田一样，像一团团麻绳。是呀，头上坑坑洼洼的，就像不平的路面，都不好意思出门了。小沙原本就怕剃头，"我"还害他剃了个大光头。）（板书：大光头）

2. 小沙是名优秀的顾客，但"我"却不是一名卓越的剃头大师。那么谁才是真正的剃头大师呢？请小组同学相互交流一下。

（转述学生的话：你说老师傅才是剃头大师，"我"是"害人精"。因为你发现姑父还要付双倍的钱给"害人精"。）（板书：害人精）

3. 你从双倍的钱读出姑父特别感谢他，只有他才能降服小沙的头。（板书：双倍钱）

（转述学生的话：你发现只要磨得锃亮的剃刀一出现，小沙就得规规矩矩。）

4. 说明老师傅有办法。你抓住关键词来回答，这也是理解词语的方法。

（转述学生的话：①你有不同的意见，你觉得老师傅不是剃头大师，因为小沙每次剃头后都是耿耿于怀，而且老师傅眼神差还让小沙一会儿痛，一会儿痒，和受刑一样。感受很糟糕；②你发现老师傅用的是老掉牙的推剪，"老掉牙"说明工具特别破旧还不利索，而且还会有皮肉之伤，而"我"至少用的是剪刀。）

5. 运用对比的方法，也能让我们理解难懂句子的意思。那么究竟谁是剃头大师呢？

"双倍钱"和"大光头"是大人眼中的世界（板书：大人眼中），"害人精"和"大师"是孩子眼中的世界（板书：孩子眼中）。其实文中并没有真正的"剃头大师"，自封大师的"我"也是对自己差劲技术的自我嘲笑，但谁的童年没有犯过错呢？正因为有这些天真和调皮的经历，才让我们回忆起来更有滋味、更有乐趣，这也就是成长的滋味。（板书：趣）所以有趣的故事，也应当有一个幽默的题目。（板书：幽默）

6. 这篇文章选自秦文君的《开心男孩》，书中还有许多精彩的故事，同学们可以翻开原著读一读，继续感受这天真有趣的成长滋味。

【要点提示：这个环节，引导学生在"我"与老师傅的对比中理解文章题目含义，大约用时4分钟。这部分内容是基于学生在前面初步掌握理解难懂句子意思的基础上，进行自主阅读和交流。教师在这个过程中语言要突出学生所寻找到句子的"关键词"，进行着重强调。同时对"害人精""双倍钱""大光头"这三个板书词语进行再次突出，以加深学生对题目内涵的思考。】

四、板书设计

剃头大师

趣

老师傅　"我"
害人精　大师
双倍钱　大光头

幽默

孩子眼中
大人眼中

查字典
联系生活
联系上下文

10

统编版三年级下册

《肥皂泡》

陈瑾　执教

一、扫描文本

　　《肥皂泡》是统编版小学语文三年级下册第六单元的第三篇精读课文，是一篇非常贴近儿童生活的回忆性散文。文章的文笔清新自然，情感真挚淳朴，意境深邃优美。冰心奶奶童年最爱玩吹肥皂泡的游戏，她用清丽的文字带着读者走进她的童年记忆。每个人读后都会被她的文字所感染，感受她充满骄傲、幸福与希望的快乐童心。根据本单元"运用多种方法理解难懂的句子"的训练要点，教学时要引导学生阅读课文，展开多角度思考，运用多种方法深刻体会语中意、言中情。

二、教学速构

（一）教学内容

课文 3~4 自然段。

（二）教学目标

1. 运用联系生活、想象画面、查用资料等多种方法理解文中难懂的句子，感受丰富表达下的美好情感。

2. 有感情地朗读课文，产生对美好童年的向往。

（三）教学重难点

运用联系生活、想象画面、联系并运用资料等多种方法理解文中难懂的句子，感受丰富表达下的美好情感。

三、教学流程

（一）挑起"玩"兴，引课题

1. 同学们，谈到"童年"，你们一定会马上联想到一个字——玩，是的，玩是孩子们的天性，是孩子们童年最快乐的事。

2. 来，都说说你们童年最爱玩什么！

（转述学生的话：①你说你最爱玩捉迷藏；②你爱玩"老鹰捉小鸡"的游戏；③你爱玩跑跑抓。）

3. 你瞧，谈到玩，大家的小眼睛都会发光，而有一个人也爱回忆童年的游戏，回忆起童年玩时的情景，她的心中就会充满快乐、骄傲与希望！

4. 她是谁呢？是的，她就是著名的作家冰心奶奶。她最善于写童年了，她曾经在作品中这样写道："童年呵，是梦中的真，是真中的梦……"

5. 那今天就让我们走进这如梦般的童年故事吧！齐读课题——肥皂泡。注意："皂"字是本课的生字，上下结构，书写时注意布局要合理，和老师一起书写。

【要点提示：此环节为导入环节，用时 1~2 分钟。教师的语言要有情境感，一下子把学生的学习兴趣调动起来，让童年的游戏在学生脑海里浮现，把童真与童趣立刻带入课堂。】

（二）质疑"玩"法，巧过渡

1. 同学们，冰心奶奶回忆了她童年的什么乐事啊？是的，那就是吹泡泡。

2. 大家都玩过吹泡泡吧？咦，冰心奶奶那个年代玩吹泡泡和我们现在有什么不同呢？

3. 是啊，最大的不同就是得自己亲手制作泡泡水。那也是玩的一部分啊！同学们，想学学怎么制作吗？赶快走进课文第三自然段，和冰心奶奶一起学习学习吧？

【要点提示：此环节为过渡环节，用时 1 分钟。教师引导学生将现在的玩法与过去的玩法进行比较，发现最有趣的部分，也就是手制玩具，让学生带着兴趣进入第三自然段的阅读，直奔重点段教学。】

（三）实践"玩"法，学语言

1. 现在请大家默读课文第三自然段，边读边画出如何制作泡泡水的语句。

2. 谁来读读？你说说制作泡泡水哪个动词最重要！是的，"和弄和弄"。请同学们注意"和"是一个多音字，联系文本在这里它表示搅拌、掺和的意思，所以应该读"huò"，读"和弄和弄"。

3. 这"和弄"到什么程度？快速找到一个关键词——黏稠。这黏稠度可重要了，依据大家玩的经验，太黏的，泡泡就太重吹不起来；太稀的，泡泡就无法成型啦！

4. 看来，制作泡泡水那可是细致活啊！玩也要玩出水平！冰心奶奶是怎么吹泡泡的呢？大家再次默读第三自然段，圈出描写她玩肥皂泡的动词，读一读，想一想，待会儿咱们就要来一场吹泡泡大赛啦！

5. 我们一起来说说这些动作是：蘸、吹、提、扇。这就是冰心奶奶那时候玩肥皂泡的方法啊！大家尝试着边读边做做这些动作，体验一下，体验完大家来分享一下你吹出最大最美的泡泡有哪些秘诀。

6. 我们找找咱们班最厉害的"吹泡泡达人"在哪里，谁来介绍介绍？

（转述学生的话：是的，首先要调制出黏稠适中的泡泡水，这很重要；然后要用一支竹笔套管蘸上泡泡水，一定要慢慢吹。）

请问，为什么要"慢慢"吹呢？

（转述学生的话：要让空气慢慢进入肥皂水中，才不会一下子吹破。）

非常有经验，说得有理有据！继续介绍。

（转述学生的话：吹到泡泡差不多大小时候，要轻轻地一提。）

为什么要"轻轻一提"？

（转述学生的话：这样泡泡的外壁才会从竹管上自然脱落，太急会让空气冲破泡泡，那就白吹了！）

看来，你很有研究啊！真是玩中有思考。

（转述学生的话：如果想让泡泡飞得更高，还可以用扇子在下面轻轻地扇。）

7. 同学们才读了一两遍第三自然段，就可以把吹泡泡的方法说得如此细致，这既说明了冰心奶奶写得细致到位，又体现了大家能用联系生活经验的方法理解课文。（板书：联系生活）真棒！这就是学习，阅读思考需要不断运用自己大脑中存储的旧知识与旧经验，这样你就会很快读懂一段话的意思了。

8. 冰心奶奶仅仅告诉我们怎么吹泡泡吗？她还向我们介绍了她是怎么玩的，在玩中看到了什么，想到了什么。请大家自由朗读课文第四自然段，这一段中冰心奶奶可玩出了许多美丽的泡泡，说说你最喜欢哪一种？为什么？开始朗读吧！

9. 我们来欣赏美丽的泡泡吧！一起朗读这一段，谁来说说你最喜欢哪个泡泡？

（1）你说你最喜欢的是"五色的浮光，在那轻清透明的球面上乱转"。

（出示图片）瞧，多美的泡泡呀！像这样，颜色丰富而且还有光泽就叫"五色的浮光"。

可是它为什么会在球面上乱转呢？（出示动图）谁查过资料来给大家介绍一下？原来，液体的流动导致肥皂泡薄膜厚度的细微变化，因此薄膜上的彩色斑纹也随之流动。（板书：查用资料）

多么神奇呀！来，快把你观察到的肥皂泡读给大家听——五色的浮光，在那轻清透明的球面上乱转。继续交流你喜欢的肥皂泡。

（2）你说你最喜欢的是"一个大球会分裂成两三个玲珑娇软的小球，四散分飞"。

哎呀，看到漫天飞舞的小泡泡，来，一起抓，抓到了吗？哪个词告诉你一抓就破？

（转述学生的话：四散分飞。）

谁能用词义相加法描绘一下，玲珑是什么样的？娇软又是什么样的？

（转述学生的话：玲珑指泡泡娇小灵活，而娇软指它非常软嫩，一碰就会破。）这两个词准确、生动地描绘出了漫天飞舞的泡泡的形态、质感、动态之美啊！

（3）有的同学还喜欢文中描述到的"这脆薄的球，会扯成长圆的形式，颤巍巍的，光影零散"的泡泡。

依据你的经验，说说为什么会有这样的泡泡呢？

（转述学生的话：有的同学说是扇子扇得太猛，使泡泡上的水分流动起来，泡泡自然就变成"颤巍巍"的了。）

大家看，这是老师找来的录像，里头可以找到你们心中想到的、文中写到的泡泡，我们赶快来找找。

（转述学生的话：你找到"颤巍巍"的泡泡。）展开想象，联系生活，说说它好像什么？

（转述学生的话：①你说它好像一位走路缓慢的老爷爷；②你说它好像正生气得全身发抖的人；③你还找到了，这就是四散分飞之后的小球。多像一粒粒小珍珠啊！你还找到了"双胞胎"，你还找到了"姐妹花"……）

（4）就这样一边读一边想象画面（板书：想象画面），我们仿佛走进了冰心奶奶的童年，走进了那美好的瞬间啊！读——这时大家都悬着心，仰着头，停着呼吸，——不久，这光丽的薄球就无声地散裂了，肥皂水落了下来，洒到眼睛里，大家都忽然低了头，揉出眼泪。

（5）孩子，如果是你"悬着心，仰着头，停着呼吸"，你在想什么呀？

（转述学生的话：①你在想"我的泡泡别破！别破！飞得高高的"；②你在想"我可爱的小泡泡，你是最美丽的，你要飞得最高最远"；③你也在想"小心啊！别撞到别的泡泡，看路，仔细飞，飞得又圆又高"。）

（6）可是，孩子，最终泡泡还是碎了，那揉出的眼泪是代表着什么样的心情呢？

（转述学生的话：①你觉得眼泪代表着快乐，因为泡泡没了，希望还在；②你觉得有点伤心，因为小孩子总是希望自己吹出来的泡泡最大，飞得最高；③你认为这眼泪有喜有忧，喜在吹泡泡是很有趣的游戏，破了可以再吹，而忧是因为每一次我都希望自己这一次吹出的泡泡最大，飞得最远，但是一破，就有点失望。）

总结：同学们，你们道出了冰心奶奶童年的心声！冰心奶奶也用她的文字道出了你们童年的心声！这就是文字的魅力，这就是阅读的快乐！

【要点提示：此环节为重点段落教学环节，用时 10 分钟。教师用充满童趣的语言带着孩子们走进课文，在玩中不知不觉地学习，走进文字背后的趣与情。在一次次朗读与思考中，引导学生用联系生活、想象画面、查用资料等方法理解一些难理解的语句，从而感受到冰心奶奶笔下的童年之乐。】

（四）寄托"玩"梦，延续思

同学们，冰心奶奶说："童年呵，是梦中的真，是真中的梦……"今天，我们走进她的文字中，真切地感受到了她对童年的美好回忆。她在泡泡身上寄托了怎样的梦？她给予了童年什么样的梦想呢？继续学习之后，你一定会有所发现与思考！

【要点提示：此环节为结课环节，用时 1~2 分钟。教师运用唯美的语言回扣导入环节中冰心的话语，以"梦"导入，以"梦"结束，让片段教学首尾呼应，如有入梦出梦之感，进而使学生的思考延续。】

四、板书设计

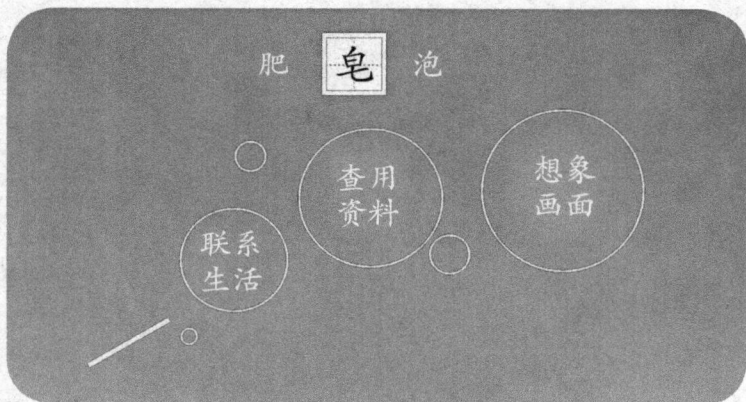

11

统编版三年级下册

《海底世界》

薛米 执教

一、扫描文本

《海底世界》是统编版小学语文三年级下册第七单元的第二篇精读课文。这是一篇介绍海底世界的科普性课文。文中没有华丽的辞藻，没有刻意雕琢的痕迹，用真切流畅的语言拉近了读者与自然的距离。作者的描写生动形象，为读者描绘了一个景色奇异、物产丰富的海底世界，遥远的海底世界仿佛就呈现在我们眼前。

二、教学速构

（一）教学内容

课文 1~3 自然段。

（二）教学目标

1. 正确、流利地朗读课文，了解课文脉络，能说出课文是从哪几个方面来表现海底世界景色奇异和物产丰富两个特点的。

2. 理解"窃窃私语"等词语的意思，体会它们的表达效果。

3. 激发学生对海底世界的好奇，和探索大自然的兴趣。

（三）教学重难点

了解课文脉络，能说出课文是从哪几个方面来表现海底世界景色奇异和物产丰富两个特点的。

三、教学流程

（一）激发兴趣，导入课文

1. 孩子们，今天我们来当一次潜水员，一起游到大海深处探秘吧，你最想了解海底的什么奥秘？

（转述学生的话：①你想知道海底到底有多深；②你想知道海底有什么生物；③你想知道海底是不是有童话中的美人鱼。）

就让我们潜入深海，去探寻海底世界的秘密。（板书：海底世界）

2. （指导书写"底"）注意"底"字，这个点，原来写作横，表示停止，如果不停止，说明还没有到底。可别把它丢掉啦。

3. 一起读课题——海底世界。

【要点提示：此环节为导入环节，用时 1~2 分钟。教师创设潜水情境，用提问激发学生的好奇心，让学生带着探索热情走进文本。】

（二）初读课文，理清脉络

1. 潜海之前，老师请大家猜猜：大海深处离海面有多远？

（转述学生的话：①你觉得有 500 米；②你猜有 3000 米。）

告诉你们，大海最深处离海面有一万多米，把世界上最高的山峰珠穆朗玛峰放进去也绰绰有余！

2. 距离我们如此遥远的大海深处是什么样的呢？（板书：？）我们一起到课文中去寻找答案吧。打开书本，放声读课文，边读边想海底是个怎样的世界？

3. 谁来说一说，海底是个怎样的世界？

（转述学生的话并板书：景色奇异　物产丰富。）

4. 作者具体从哪些方面，表现海底景色奇异、物产丰富？

（转述学生的话：环境宁静黑暗、动物窃窃私语、动物活动多样、植物差异很大、矿产资源丰富）

（板书：宁静黑暗　窃窃私语　植物　动物　矿物）

5. 小结：原来课文在开头提出问题，在结尾做出回答，一问一答，首尾呼应，中间再从多个方面详细描写，把海底世界景色奇异、物产丰富的特点写明白。

【要点提示：此为过渡环节，用时 1~2 分钟。利用板书，把课文结构层次直观呈现在学生眼前，学习本文层次清晰的写法特点。】

（三）品读文章，感受奇异，学习表达

听、读学文，感受奇异

1. 听老师读第二自然段，闭上眼睛想象画面，待会说说你的感受。

（转述学生的话：你感受到了海底非常宁静。）

我也感受到了海底宁静的特点，即使海面上波涛澎湃，海底也依然很宁静。

你们见过"波涛澎湃"的海面吗？瞧！（出示课件，手指屏幕）一个接一个的巨浪相互撞击着，多么有气势啊！无论海面怎么汹涌澎湃，海底依然很宁静。（出示海底图）多么奇异呀，让我们读出他们的截然不同。

2. 为什么会这样？

（转述学生的话：你从课文中找到了答案：最大的风浪，也只能影响到海面以下几十米深。）

3. （出示课件：阳光射不到海底，水越深光线越暗，500米以下就全黑了。）

眼见为实，我们往下游去看看吧。（手指屏幕）不仅风浪影响不到深海，连阳光都很难射进。小潜水员们，快跟紧我，到达水下200米了，光线暗了些，潜得越深，光线——（学生：越暗），再深一点400米了，几乎看不见前面了。到500米了，环顾四周，一片漆黑。看到这景象，小潜水员，你有什么感觉？

（转述学生的话：①你觉得周围好黑；②你觉得非常恐惧。）

4. 在这一片黑暗中，生活着会发光的深水鱼，见过吗？老师带来了它们的视频资料。你有什么感觉？

（转述学生的话：①你觉得像繁星点点真美丽；②你觉得海底世界真是奇妙；③你感到好意外，居然还有会发光的生物。）

带着这种感觉，读一读。

（出示课件：在这一片黑暗的深海里却有许多发光的深水鱼像闪烁的星星，那是有发光器官的深水鱼在游动。）

聆听"窃窃私语"，学习独特表达

1. 刚才我们一起了解了海底的光线变化，感受了海底景色的奇异。那海底这么黑暗宁静，是不是就一点声音也没有呢？谁能用课文中的话来说一说？

（转述学生的话：海底的动物常常在窃窃私语。）

2. "窃窃私语"是什么意思？你跟同桌表演一下。像这样，只有他能听到、其他人都听不到的私下小声说话，就叫"窃窃私语"。

3. 不仅人类能窃窃私语，大自然中的万事万物发出声音，也可以用上"窃窃私语"。

我们一起来看这句话。（出示课件：夏夜的草丛中，＿＿＿＿＿。）
谁能用上"窃窃私语"说这句话？

（转述学生的话：夏夜的草丛中，虫儿在窃窃私语。）

4. 课文里海底动物也在窃窃私语呢，要想听到他们的悄悄话，还得用上这个秘密武器——水中听音器。（出示课件：听音器图片）瞧，海洋工作者正在倾听海底的动静。

5. 他们听了哪些声音？从第三自然段找找。

（转述学生的话：嗡嗡、啾啾、汪汪、打呼噜。）

我也听到了这些声音，写下了这么一句话，老师写的这句和书中有什么不同，哪句更好些？"你用水中听音器一听，就能听见各种声音——嗡嗡、啾啾、汪汪、呼噜。"

（转述学生的话：你觉得课文把海底动物发出的声音跟我们熟悉的陆地上的小动物的叫声来比较，听起来很亲切很熟悉。）

带着这样的感受读句子。读出亲切，读出喜欢。

6. 我们配合着读读这四种声音，我的手势高低表示声音的大小，准备好了吗？发现了吗？（转述学生的话：你发现这些声音一个比一个响。)

看来，作者的表达非常有序，把四种声音从小到大地排列出来。

7. 海底还能听到哪些声音？谁能仿照课文的句式说一说？

（课件出示句式："如果你用上特制的水中听音器，就能听到各种各样的声音：有的像____，有的像____，有的像____……")

（转述学生的话：如果你用上特制的水中听音器，就能听到各种各样的声音：有的像小猫喵喵，有的像鸭子嘎嘎，有的像喇叭嘀嘀。）

8. 是啊，海底的动物还会发出许多的声音，作者没有全部写出来，而是用什么来表示？（学生：省略号）

9. 而且啊，不同的动物发出的声音不同，就算是同一种动物在不同的时候发出的声音也不同。（引读）它们吃东西的时候发出——行进的时候——遇到危险的时候——

10. 像这样神奇有趣的海底动物你们认识吗？（课件出示：课外资料）

石首鱼就有这样的本事。它以善叫而闻名，有时候发出碾轧声，有时候发出打鼓声，还有蜂雀的飞翔声、猫叫声和呼哨声。一种鱼就能发出这么多种的声音，多神奇呀！

11. 海底怎么会有这么多声音呢？（学生：鱼多、种类多）用上课文中的词？（学生：物产丰富）

12. 小结：这段的前两句先介绍了海底有很多声音，后面才具体介绍有哪些声音。先概括，后具体，让句与句之间的联系更紧密，仿佛给我们展现了一场别开生面的海底音乐会。

13. 让我们捧起书本，用朗读奏响这奇妙的乐章。一起读第二、三自然段。

【要点提示：此环节为重点段落教学环节，用时 10 分钟。此环节的教学要引导学生从海面波涛澎湃、海底却黑暗宁静，海底虽然黑暗、但也有点点光亮，海底虽然宁静、但动物仍在窃窃私语，这三个方面感受海底世界的奇妙。此外，还要学习文章的表达，感受比喻的生动和"窃窃私语"的表达效果，由此让学生体会到海底世界的奇妙有趣。】

（四）点题，结课

时间过得太快了，我们的潜水之旅要暂时停一停了。这节课上，我们一起观赏了前所未见的海底世界，相信海底黑暗宁静的环境、窃窃私语的动物给大家留下了深刻的印象。如果你还想继续探索，可以在课后查阅海底的相关资料。下节课我们再继续潜游这景色奇异、物产丰富的海底世界。

【要点提示：此环节为总结延伸，用时1分钟。教师在此环节要总结板书内容，强调海底景色奇异、物产丰富的特点。】

四、板书设计

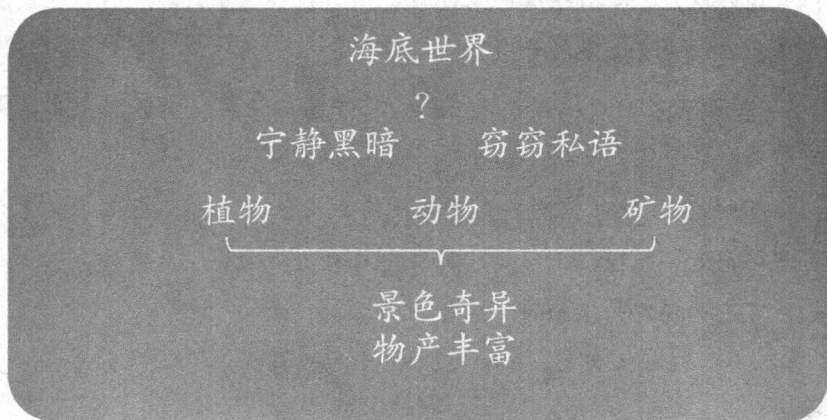

12

统编版三年级下册

《慢性子裁缝和急性子顾客》

王云琴　执教

一、扫描文本

　　《慢性子裁缝和急性子顾客》是统编版小学语文三年级下册第八单元的第一篇精读课文。故事讲了在一个冬天，一个性子很急的顾客想做一件棉衣，遇到了一个性格截然相反的慢性子裁缝让他到明年冬天来取。由于急性子的顾客想尽快穿上新衣，一次又一次地改变要求，把冬装改成秋装，又改成夏装，最后改成春装。而每一次要求，裁缝都不紧不慢地满口答应，因为布料还在柜子里一动没动，他什么都还没开始做呢。这个故事以对话形式展开，人物特点鲜明，讽刺了急性子的人做事过于浮躁，慢性子的人工作效率太低。

二、教学速构

（一）教学内容

课文 1~13 自然段。

（二）教学目标

1. 学写"性"字，理解相应的词语。

2. 分角色朗读课文，读出裁缝和顾客对话的语气，通过人物对话感受其性格特点。

（三）教学重难点

分角色朗读课文，读出裁缝和顾客对话的语气，通过人物对话感受其性格特点。

三、教学流程

（一）性格入手，揭题激趣

1. 上新课前，老师想请大家一起来看看这个字"性"，谁会读？

2. 是的，它是后鼻音，要读准。一起读。

3. 观察一下，这个字左边是"竖心旁"，右边是"生"，发现了吗？从心而生就是"性"。伸出手跟老师一起写这个字，要注意左高右低，左窄右宽。我们常说江山易改，本性难移，每个人从出生起，就已经有了自己特有的性格特点。比如说，有些人总是急躁，讲话速度快，做决定也特别快，常常没有思考清楚就要立马行动，不愿意等待，这样的人我们说他是急性子。还有一些人态度和蔼，容易相处，办事讲究质量，但速度较慢，这样的人通常是慢性子。

今天咱们就来学习——（板书课题）慢性子裁缝和急性子顾客。

【要点提示：此环节为导入环节，用时2分钟。教师以"性"字导入，让学生充分理解不同的性格特点，让学生明白不同性格特点会体现在人的言行举止上，为理解课文做好铺垫。】

（二）多元读题，感受性格

1. 谁愿意来读读课题，用朗读让我们感受一下他们不同的性格特点。一个急性子和一个慢性子在一起会发生怎样有趣的故事呢？咱们赶紧一起走进故事吧。

2. 故事发生在冬天，裁缝店里走进了一位顾客。

【要点提示：此环节为过渡环节，用时1分钟。通过对题目的多元朗读，读出不同性格的特点，为读好文章的对话奠定基础。】

（三）抓住特点，品读对话

1. 接下来请同学们自由读1~13自然段，边读边想急性子顾客有什么要求？慢性子裁缝的反应是什么样的？

2. 谁来说说急性子顾客有什么要求呢？

（转述学生的话：你知道原来他想做件棉袄。）

3. 从哪里看出他是个急性子的人？

（1）请问师傅，您准备让我什么时候来取衣服——秋天？夏天？春天？……

（转述学生的话：①一连三个问号，三个问句让你感受到顾客一次比一次急切，急着要答案，急着拿衣服；②从一个省略号中你感受到这个顾客语速快，表达急，噼里啪啦一通说；③是呀，他问师傅什么时候可以取衣服时，都等不及裁缝回答，他就三连问——秋天？夏天？春天？确实够急的。）

（2）顾客噌的一下子跳起来："这么慢啊！"

（转述学生的话：①从"噌的一下子跳起来"这个动作你感受到顾客的急性子，所以反应快，动作大；②这个感叹号让你体会到这句话几乎是他叫出来的，说明他语气急，语调高。）

（3）顾客说："那当然。我可不愿意把新衣服藏在箱子里。"

（转述学生的话：①这句话让你仿佛看到急性子的顾客有了新衣服就迫不及待要穿出来的样子；②从"那当然""我可不愿意"这些语句让你感受到了顾客不愿意等待，甚至觉得不等待是理所当然的。）

（4）"那就算啦，我还是去找刚才的师傅吧。"顾客夹起布料就要走。

（转述学生的话：①从夹起布料就要走的动作，你感受到他的性子急，话没说两句，说走就要马上走；②从"那就算啦"你体会到顾客一刻都不愿意耽误，做决定特别快，这性子真够急的。）

4. 这些都是急性子顾客说的话，你能选一句试着读出急性子顾客的"急"脾气吗？（课件出示句子）

5. 同学们可真会读书啊！能够通过标点、语言、动作，感受人物的性格特点，还能把对文本的理解用自己的朗读表现出来，真是了不起！（板书：标点、语言、动作）

6. 但是，这位如此急性子的顾客，偏偏遇到了一位慢性子的裁缝。接下来请用刚才学习的方法，小组交流，课文第一部分的哪些语句让你感受到慢性子裁缝的慢。

7. 传神的朗读往往能把无声的文字转换成一个个鲜活的画面，下面请两个同学分别扮演裁缝和顾客读第一部分，让我们现场感受一下急性子顾客的急脾气和慢性子裁缝的慢条斯理。

【要点提示：此环节为重点段落教学环节，用时 10 分钟左右。分角色朗读课文，注意读出裁缝和顾客对话的语气，是本课训练的重点。要落实此训练点，在教学中要让孩子学会抓住标点符号和文中的关键语句，通过人物的动作、语言体会人物的性格特点，从而读出急性子顾客急的语气，然后用同样的方法迁移学习慢性子裁缝的慢，分角色朗读就水到渠成了。】

（四）总结学法，尝试复述

1. 同学们，这节课咱们认识了一个慢性子的（裁缝）和一个急性子的（顾客），知道了性格特点决定言行举止，言行举止又体现了一个人的性格特点。学习课文时抓住关键标点符号及描写人物言行举止的语句，可以帮助我们更好地了解人物特点，读好人物对话。

2. 学习语文就是内化课文语言，学习表达的过程。请同学们今天回家用自己的话，把课文的第一部分内容说给家长听。

【要点提示：此环节为总结延伸，用时 1 分钟。教师在此环节要总结板书内容，并提炼学法，将学法延伸至课文后面几个部分的学习中。在指导学生理解文本、分角色朗读的基础上，让孩子课后尝试复述课文第一部分。】

四、板书设计

慢性子裁缝和急性子顾客

标点

性

语言

动作

13

统编版三年级下册

《漏》

游伟　执教

一、扫描文本

　　《漏》是统编版小学语文三年级下册第八单元的第二篇精读课文。本单元的语文要素是了解故事的主要内容，复述故事。关于复述，《义务教育语文课程标准》中年段阅读目标作如下描述："能复述叙事性作品的大意，初步感受作品中生动的形象和优美的语言，关心作品中人物的命运和喜怒哀乐，与他人交流自己的阅读感受。"鉴于低年段对复述已经有"能复述大意和自己感兴趣的情节"的能力要求，因此，本课将在此基础上，对学生复述能力的要求会再提升，体现在：一、认识人物角色，准备复述；二、图文结合，方便复述；三、掌握故事规律，更好复述。

二、教学建构

（一）教学内容

全文。

（二）教学目标

1. 会读"婆、脊、贼"等8个生字，指导写"漏"字。
2. 默读课文，了解故事的主要内容，学习复述故事。
3. 分角色朗读课文，体会故事的趣味。

（三）教学重难点

了解故事的主要内容，学习复述故事。

三、教学流程

（一）谈话导入，解课题

1. 同学们喜欢听故事吗？（转述学生的话：都喜欢啊！）

为什么喜欢呢？（转述学生的话：①你是被故事有趣的情节吸引；②你是觉得故事中的人物很可爱……）

2. 今天，老师将带领大家一起走进一个有趣的故事，这个故事名字叫作《漏》。"漏"是一个生字，请大家跟着老师一起书空。（边板书课题，边讲解）屋子里居然进"雨"了，这"雨"是怎么进来的？哦，从缝隙里流进来的。对，这就是"漏"的意思。

【要点提示：此环节为导入环节，用时2分钟。从故事导入，引

导学生关注故事中的人物或是故事情节，为后续抓住关键点复述故事做铺垫。解题并指导学生写生字"漏"。】

（二）初读课文，认角色

1. 虽然这个故事的题目只有一个字，但是故事却很长，需要我们认真读。请看自读提示。

（1）默读课文，给每个自然段标上序号。

（2）认真思考：老爷爷和老婆婆说的"漏"是指什么？老虎和贼说的"漏"指的又是什么？

2. 这个故事有趣吗？如果你想把它分享给没看过这个故事的人，比如说爸爸妈妈，你会用什么方式？

（转述学生的话：①你想推荐他们也看这本书？好主意。②你想把里面的故事讲给他们听……）

对，用自己的话把故事讲给别人听，就叫"复述"。（板书：复述）

3. 复述这个故事真的很难，谁来试试看？（点评提示学生复述难点）讲不下去了。看来这篇故事很困难，对吗？请坐。因为：（出示课件）

字数统计：1067 个字

段落统计：20 个自然段

角色统计：老公公、老婆婆、虎、贼、驴、"漏"。所以，想要复述好这个故事，先要认清角色。（板书：认角色）

【要点提示：此环节为过渡环节，用时 3 分钟以内。课文篇幅很长，人物多，情节变化大，对于三年级学生的阅读有一定的难度。要引导学生带着问题初读课文，把握"漏"在不同人物眼中不同的感受，初步感知课文内容。阅读不容易，复述更难。让学生尝试复述，既可以了

解学生学情，又可以让学生体会困难，激发学生学习复述的欲望。】

（三）选择趣点，分块说

1. 复述时认清角色后，还有困难，对吗？别急！下面，请同学们再次快速地把故事浏览一遍。故事中哪些内容你觉得最有意思，选择一处分块说一说。（板书：分块说）

2. 谁先来说呢？听你说。

（转述学生回答：你觉得结尾老公公和老婆婆在说"漏"的时候最有意思，那就把这个部分说给大家听一听吧！天亮了，老公公和老婆婆起床了。他们看着屋顶上漏下的雨滴，叹了一口气说："唉，说怕漏，偏就漏雨了。"）

哦，故事读到这里，我们才知道，把老虎和贼都吓跑的"漏"原来是"漏雨"的"漏"！真有趣啊！其实故事的开头老公公和老婆婆也谈到了"漏"，对吗？

请两位同学分角色读读这个部分，读出故事的趣味来！

（根据学生的交流，适时出示课件中的事件关键词及地点图片，呈现故事有趣的部分。）

【要点提示：此环节为重点段落教学环节，用时6~7分钟。鉴于低年段对复述已经有"能复述大意和自己感兴趣的情节"的能力要求，本环节将复述整个故事拆解为分块复述有趣之处，给学生逐级而上的阶梯。在每个故事的节点中，学生复述前都进行分角色朗读，既是落实课后第二题的目标要求，也是给学生熟悉故事情节，为复述全文做铺垫。】

（四）梳理情节，按序说

1. 你瞧，刚刚大家分块进行复述，把故事中有趣的部分都复述出来了。不过，这样复述可没有顺序，如果大家能按照一定的顺序进行复述，就更加有条理了。（板书：按序说）

2. 你瞧！这些关键词没有顺序，请你根据故事的发展顺序进行调整。（模拟学生拖拽关键词，出示：失足、相撞、狂奔、撞翻、虚脱）

这个顺序对吗？（转述学生的话：是的，这就是故事发展的顺序。）

3. 在故事发展的过程中，地点也在不断发生变化。（课件出示地点图片：山上、山下、驴圈、屋顶、歪脖老树跟前、山坡）

（学生根据情节变化进行地点图片的匹配，利用希沃白板拖拽功能）

4. 接下来，请大家借助黑板上的示意图进行同桌轮流复述。

5. 谁愿意来尝试复述？（通过老师的评价展示学生的进步和变化）你看，他借助黑板上图片和文字的提示，把故事复述得多有意思啊！

【要点提示：此环节为重点段落教学环节，用时3分钟。本环节结合课后第三题展开，借助上一环节产生的关键词形成文字提示，让学生按照故事顺序摆放，梳理故事发生的先后顺序。接着，借助故事发生的地点，完善"图文结合"的图示支架，引导学生看图复述，降低复述的难度。】

（五）掌握规律，更好说

1. 其实，这个故事中还藏着两个很有意思的规律呢！如果大家能够发现这两个规律的话，复述故事会更容易！

2. 请再把课文认真快速浏览一遍，看看你有什么新发现？

（转述学生的话：你发现了第一个规律：老虎的位置总是在下方，贼的位置总是在上方。）还真有这个规律呢！在故事开头老屋的时候、逃跑的时候、遇到老树的时候，都是这样。

你还有发现？

（转述学生的话：这第二个规律是老虎和贼互相认为对方是"漏"。老虎认为贼是"漏"，贼认为老虎是"漏"。）

3. 相信大家掌握了这两个规律，复述起故事来会更简单。如果想把故事讲得更生动，可以记住更多故事的细节，在讲的时候表演出来，那样会让复述更精彩！（板书：找规律）

4. 布置作业：今天回家之后，把这个故事讲给爸爸妈妈听！

【要点提示：此环节为总结环节，用时 2 分钟。这个故事情节比较复杂，学生在复述全文的时候会遇到较大的困难，除了给学生图示支架，按顺序复述之外，这个环节旨在帮助学生概括规律，在每次故事地点、情节发生变化时，依据规律进行复述，降低复述的难度。最后请学生回家将故事复述给爸爸妈妈听，既是对习得能力的巩固，也是增进亲子交流的举措。】

四、板书设计

漏

复述　认角色
　　　分块说
　　　按序说
　　　找规律

⑭

统编版四年级下册

《乡下人家》

邓倩倩　执教

一、扫描文本

　　《乡下人家》是统编版小学语文四年级下册第一单元的第二篇精读课文，这是一篇优美的写景散文。读着课文，我们仿佛被作者牵领着走过房前院后，经历春夏秋季，漫步白昼黑夜。这里的一切是那么自然质朴，那么亲切祥和，让人不禁吟诵起"黄四娘家花满蹊，千朵万朵压枝低"，抑或"一水护田将绿绕，两山排闼送青来"。远离喧嚣，回归自然，多么美好又充满诗意的乡村生活，让人身体沉浸，更让人心灵沉静。热爱生活的乡下人家，用自己勤劳的双手装点家园，更装点了美好的生活。

二、教学速构

（一）教学内容

课文 1~4 自然段。

（二）教学目标

1. 会认"藤、檐"等 6 个字，区别多音字"率"，学会写"率"。

2. 有感情地朗读课文，感受乡村生活的美好。

3. 学习抓住关键词句，体会作者通过描写与乡下人家生活紧密相关的景与物，表达对乡村生活的热爱与向往。

（三）教学重难点

1. 有感情地朗读课文，感受乡村生活的美好。

2. 学习抓住关键词句，体会作者通过描写与乡下人家生活紧密相关的景与物，表达对乡村生活的热爱与向往。

三、教学流程

（一）移步换景，走近美

1.（板书：乡下）同学们，读一读这个词，你仿佛看到了什么，听到了什么，又想到了什么？

（转述学生的话：①你看到了依山傍水；②你听到了鸡犬相闻；③你想到了炊烟袅袅。）

2. 是呀，作为城里上学的孩子，见多了高楼林立、车水马龙、灯火辉煌，乡下似乎离我们很远。从你们的描述里，我感觉到了乡下是静谧的，是清新的。你们想知道作家陈醉云笔下的乡下人家是什么样吗？（想！）（板书：人家　静——）

3. 请跟我走吧！现在就出发！全体起立，音乐响起（播放音频《快乐老家》，边跟随背景音乐播放图片"城市慢慢转换到乡间"，边做动作）。

4. 我们到啦，你们瞧……哇！这就是《乡下人家》。

【要点提示：此环节为导入环节，用时 2 分钟，现在的学生大多生长在城市，为了让他们有身临其境之感，教师可以配着旋律做出漫步乡间的动作，勾起学生的好奇心，拉近他们的内心与乡村的距离。】

（二）梳理画面，感知美

1. （课件出示：四幅图。）刚才，踏着乡间小路，哼着乡间小曲，看着乡间掠影，你们最喜欢哪一处？（转述学生的话：①你喜欢房前瓜果；②你跟他的想法一样。有不同的吗？③你喜欢屋前种花。）

2. 你们猜猜，作者最喜欢的风景是哪一处？

（转述学生的话：①你猜是竹林春笋；②你猜是河中戏鸭；③你认为乡间所有的风景都是作者的最爱。）

3. 哈哈，你是怎么知道的？因为文中写到（课件出示：乡下人家，不论什么时候，不论什么季节，都有一道独特、迷人的风景。）

4. 全班齐读这句话，这里的独特是什么意思？

（转述学生的话：你说是独一无二的。）那迷人呢？（转述学生的话：你觉得是让人无限陶醉的。）

5. 真的如作者所说的这样吗？那么，乡下人家的一道道风景，到底独特、迷人在哪儿呢？一起去文中找找答案吧。

【要点提示：此环节为过渡环节，用时1分钟，"猜"是小学生的天性，教师与其刻板地让学生去找中心句，不如用多彩的图画，结合课前预习，让孩子去"猜"，初步感受作者笔下描绘的乡下人家。】

（三）品读文字，找寻美

1.（课件出示）请同学们自由朗读第1自然段，画出描写乡下人家独特、迷人的词句。同桌交流，从圈画的词句中你体会到了什么？

2. 清楚要求了吗？开始自学。

3. 谁先来汇报你找到的那些独特、迷人的词句？

（1）你找到了这一句，（课件出示：青、红的瓜，碧绿的藤和叶，构成了一道别有风趣的装饰，比那高楼门前蹲着的石狮子或是竖着两根大旗杆，可爱多了。）

（2）说说你的感受。

（转述学生的话：①你从"青、红的瓜，碧绿的藤和叶"感受到了颜色美；②你从这句中还读出了运用了对比，是把石狮子、大旗杆跟瓜果、藤叶来比较。）

（3）石狮子、大旗杆，大家一定不陌生，咱们学校旁的广场上就有。可为什么作者要将它们拿来作比较？

（转述学生的话：你想到石狮子和大旗杆都是立在那儿不动，可藤叶在悄悄生长，然后开花结果，一直都充满生命力。）

（4）（板书：动——）你可真是个留心观察生活的同学，说得很好。就请你读一读这句话。

（5）大家闭眼想象一下，如果你们家也用这瓜果藤叶进行装饰，觉得怎么样？

（转述学生的话：①你期待每天发现藤叶的生长，看它们攀爬；

②你在想妈妈炒菜前，随手摘下成熟的瓜果，不出家门就能体验到采摘的乐趣。）

（6）门前的瓜架如此特别，又那样可爱，能通过朗读表现出来吗？谁来试试。一句"可爱多了"，读出俏皮的感觉。

4. 小结：这段话，我们联系生活，想象了画面；还对比感悟了瓜藤攀爬的独特、迷人。

5. 乡下人家，不仅有风趣的瓜架，还有许多令人眼前一亮的风景。（齐读合作探究的要求，课件出示：运用学法，默读课文第 2~4 自然段，感受乡下人家房前院后风景的独特、迷人；四人小组，交流讨论圈画词句。）

6. 以四人小组为单位，前后桌展开讨论，用独特的方式来汇报。

7. 你们小组打算以什么样的形式来汇报自学成果？

8. 交流汇报，这个小组的汇报形式是："考一考"。

（1）来到乡下人家的房前屋后，我们看到了他们种花种竹，你们可知这花和竹中，也藏着许多小秘密？你们发现了吗？（转述学生的话：你发现它们依着时令，按序开放。）

（2）你知道什么是时令？

（转述学生的话：你想起我们曾学过的《花钟》一课，将不同时间的花种在一起，就能按时间顺序依次开放。）

（3）花开的时令你还想补充？

（转述学生的话：你查过资料，芍药在 4~5 月开花，凤仙在 6~8 月开花，鸡冠花在 7~12 月，大丽菊则在 6~7、9~10 月开花。）

（4）这么看来乡下人家一年四季都有鲜花陪伴，如果你是乡下人家，心情如何？

（转述学生的话：①推开家门，即可赏心悦目；②看花开，闻花香，天天都开心。）

（5）都说女子貌美如花，先请一个女生把乡下人家快乐的心情读出来吧！

（课件出示："有些人家，还在门前的场地上种几株花，芍药，凤仙，鸡冠花，大丽菊，它们依着时令，顺序开放，朴素中带着几分华丽，显出一派独特的农家风光。"）

（6）要想欣赏这些花，我们的脚步要慢下来，语速也放慢些，请全体女生都来读一读这句。这一遍好多了，尽管这些花没有华丽的包装，但在老乡们用心装点下，依时令绽放出了独特的美。

（7）绕过小屋，走向竹林深处，你们可找到了藏在竹林里的秘密？

（转述学生的话：许多鲜嫩的笋，成群地从土里探出头来。）

（8）原来啊，竹林里藏着生长的秘密。谁来读读这句？

（课件出示：几场春雨过后，到那里走走，常常会看见许多鲜嫩的笋，成群地从土里探出头来。）

（9）听你的朗读，我仿佛看到了好奇的小笋探头探脑的样子。你也想读？呀！这"小笋"是带着激动之情探出头来的。还可以怎么读？我听出来了，这"小笋"对外头的世界充满了渴望，真可爱。（引述：这些笋儿就像淘气的娃娃，在跟我们玩捉迷藏呢！）

（10）我看见有很多同学着急举手想读，就像这小小的"春笋"，一起带着你们迫切的心情来读读吧，全班齐读。

9.过渡：乡下人家房前屋后的植物生机勃勃，别有风趣。动物们也悠闲自得，各有姿态，你们瞧谁来啦？

10.这个小组汇报的形式是"演一演"。

（1）（一个学生读旁白，几个学生进行角色扮演）一边儿是房前"母鸡"率领"小鸡们"觅食；一边儿是场地前"公鸡"竖尾大踏步走来走去。（课件出示：从他们的房前屋后走过，你肯定会瞧见一只母鸡，率领一群小鸡，在竹林中觅食；或瞧见耸着尾巴的雄鸡，在场地上大踏步地走来走去。）

（2）同学们，他们演得怎么样？下面我们也扮演小老乡夸夸这些小动物，谁来夸？

（转述学生的话：①你说母鸡真慈爱；②你说公鸡特别尽职尽责。）

（3）演得确实不错，动作和表情很到位，惹人捧腹。现在请男女比赛读这一段，女生读母鸡这句，男生读公鸡这句。看看男生与女生哪边读得生动有趣。

（4）男生与女生都不甘示弱，读得都非常好，但你们发现了吗？这句话里还藏着个多音字呢！手举得真快！

（转述学生的话：你说是"率"！）你真是个火眼金睛，能带着大家读一读这个字吗？（课件出示：shuǎi 率领；lǜ 效率）

（5）会学习的同学，不仅会观察，还要会写呢。想把这个字写好，还要注意三点。（课件出示：三点图示法）

（6）跟着老师一起书空。

（课件出示）　上部紧凑

↑

率 → 左点提、右撇点不粘连

↓

下横宜长

（7）现在你们在书上空白处写一个。

（8）课后，我把同学们的字收集一下。看一看，比一比，谁写的字最美观。

（9）除了公鸡和母鸡，乡下人家还会养些什么动物呢？

（播放视频：画面内容"一群鸭子游戏水中，不时地把头扎到水下去觅食。即使附近的石头上有妇女在捣衣，它们也从不吃惊"。）你们瞧，这些动物和乡下人家一起，是多么和谐呀！（板书：静）

【要点提示：此环节为重点段落教学环节，用时10分钟，经典的作品总是在字里行间蕴藏着"语言的秘密"，让学生怀着好奇之心探寻语文知识、语言规律，指导学生入情入境地朗读，进一步感受作者心中向往的乡下人家。】

（四）发挥想象，创造美

1. 无论是"瓜藤攀爬，别有风趣"，还是"鲜花轮放，朴中有华"；无论是"雨后春笋，探头探脑"，还是"鸡鸭觅食，自在和谐"，乡下人家处处美如画，句句情如诗，时时恬如梦。（板书：画　诗　梦。）

怪不得作者会感叹——（全班齐读）乡下人家，不论什么时候，不论什么季节，都有一道独特、迷人的风景。

2. 同学们，你有没有想要赞美的一处独特风景呢？或许它淳朴、平凡，但在你的眼里却是独特、迷人的。课后拿起你手中的笔把它的美描绘出来吧。（课件出示：仿照课文的1~4段，可从不同方面加以具体描述，用一段话写下来。）

【要点提示：此环节为读写迁移教学环节，用时2分钟。乡下人家的质朴里有声有色，有静有动。在感受了作者如诗般的表达后，引导学生用善于发现的眼睛和勤快的笔头去描绘属于自己心中的醉美风景。】

四、板书设计

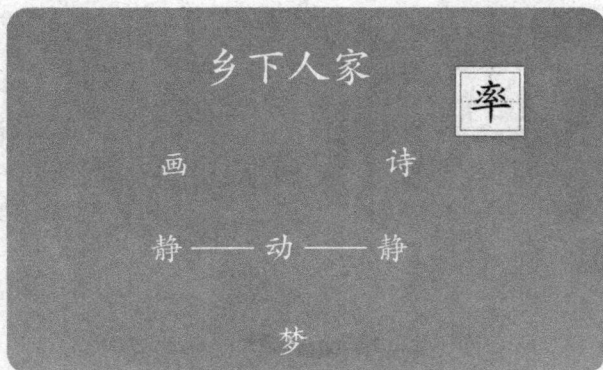

15

统编版四年级下册

《天窗》

林辰靓　执教

一、扫描文本

　　《天窗》是统编版小学语文四年级下册第一单元的第三篇精读课文，这是一篇回忆性散文。文章以作者童年生活为背景，既写了乡下房子开天窗的原因，也写了天窗带给孩子们的欢乐。在雨天里，狭小屋子中的天窗成了孩子们新的猎奇之地。天窗外的世界本没有什么特别，但正是由于这个四方框的"世界"，给了孩子们一个独特的想象空间。作者通过对孩子们顽皮可爱的动作、神态的描写突出天窗带给他们的兴奋，体现了天窗带给人的乐趣与慰藉，也表达了对纯真童年的怀念之情。

二、教学速构

（一）教学内容

课文 5~8 自然段。

（二）教学目标

1. 认识生字"慰、藉"。

2. 默读课文，理解天窗是孩子们"唯一的慰藉"的原因。

3. 能抓住重点词句，发挥想象，理解从天窗里从"无"中看出"有"，从"虚"中看出"实"的深层含义，体会天窗带给作者童年的快乐与自由。

（三）教学重难点

1. 默读课文，理解天窗是孩子们"唯一的慰藉"的原因。

2. 结合语句合理想象，理解句子中"无""有""虚""实"的含义。

三、教学流程

（一）认识天窗

1. 同学们，老师今天给大家带了一个字，看！这是什么字？窗户的窗。

2. 你们见过天窗吗？想看看什么样子吗？这就是——天窗。（出示图片，板书：天窗）小小的天窗就像通行证，连接着里外两个世界，充满神奇。今天，让我们一起跟随茅盾爷爷去看看天窗世界。（板书：茅盾）齐读课题。

【要点提示：此环节为导入环节，用时 1 分钟，教师通过由"窗"字想字义，然后出示图片引导学生认识天窗，从而走进文本。】

（二）看窗猜景

1. 下面请同学们默读课文，找找天窗给作者带来了什么。

（转述学生的话：①你说天窗带给人欢乐；②你说可以看见稀奇的东西；③你发现这句"小小的天窗是你唯一的慰藉"。）

2. 细心的同学还发现，这个句子出现了两次，可见它非常重要。

（转述学生的话：你昨晚查字典时发现这个词表示安慰的意思，你还发现"慰"字底下一颗心，慰藉就是用心的安慰。）观字形、查字义是我们理解词语的好方法。（板书：慰藉）

【要点提示：用时 2 分钟，引入本课重点句"小小的天窗是你唯一的慰藉"，理解"慰藉"的意思，过渡到下文学习。】

（三）窗中寻趣

我们发现"慰藉"这个词表示用心的安慰，下面请同学们默读课文 5~7 自然段，想一想在什么样的情况下，天窗成了孩子们内心里唯一的慰藉呢？

1. 下雨被关在家中时（板书：下雨时）

（转述学生的话：①你觉得是下大雨的时候；②你发现"扫荡"这个词说明外面如同战场一样，十分危险，雨很大、很急、很快，雷雨交加，突出屋内的安静，让我们可以平静地观看这场风雨之战；③你认为"扫荡"这个词是彻底、清楚的意思，说明这雨、这雷、这风的威力特别大。）（板书：风雨雷电扫荡）带着你的感受读出这种风雨交战的气势来。

这个"扫荡"换成"拍打"可以吗？（课件进行换词）大家想想看。老师在这里也给大家带来了两幅图，看！

（转述学生的话：你觉得不行，你感受到"扫荡"突出雨特别大、特别急，要彻底清除一个东西。"拍打"只是雨水滴在窗户上的样子，无法突出风雨雷电的威力很大。）

那你能读读这种紧张的场面吗？（学生读）这雨还不够大，你来试试。（学生读）

刚才他把这几个词读得特别快，关注了逗号的停顿，突出了下雨的急。

（转述学生的话：你还从他的朗读中发现"扫荡"这个词给人风雨肆虐的感觉，但是天窗却是最好的一层保护。）

多么有趣！让我们一起再把这句话齐读一遍，读出这种风雨雷电扫荡千军的气势。（齐读：你想象到这雨，这风，这雷，这电，怎样猛厉地扫荡了这世界，你想象它们的威力比你在露天真实感到的要大十倍百倍。）

2.被逼休息的时候（板书：睡觉前）

（转述学生的话：你发现睡觉前天窗也成了最好的安慰。）睡前的天窗中到底有哪些不为人知的小秘密呢？下面请同学们默读课文7自然段，用横线画出孩子们从天窗中看到的画面，用波浪线画出他们自己想象的画面。

（转述学生的话：①你发现孩子们在天窗中看到的是一粒星，一朵云，一条黑影（板书：星、云、黑影）；②你发现作者想到了无数的星、无数造型奇特的云彩（板书：无数星云）；③你觉得作者有火眼金睛，还看到了蝙蝠、夜莺和猫头鹰（板书：动物）。）

为何看似普通的夜景在作者心中却能变成无数闪闪烁烁可爱的星，变成许多夜行的动物？

（转述学生的话：①你觉得此时他太无聊了，是被家人"逼着上床'休息'"，所以他把自己想看见的景象都投在天窗上；②你发现作者内心还是自由的，遨游于云间。）（板书：自由畅想）心有所想，"窗"有所成。躺在床上的孩子们，看着天窗，思绪飞得好远好远。

当他们看到一粒星，想到的却是——（学生读：无数闪闪烁烁可爱的星。）

当他们看到一朵云，想到的却是——（学生读：无数像山似的、马似的、巨人似的奇幻的云彩。）

当窗前掠过一条黑影，想到的却是——（学生读：也许是灰色的蝙蝠，也许是会唱歌的夜莺，也许是霸气十足的猫头鹰。）

孩子们的想象是丰富的，从那夜空中零星闪耀的微光、漂浮的云团和那灵动轻快的黑影，幻想出了一个美丽神奇的天窗世界。总之——（学生读：夜的美丽神奇，立刻会在你的想象中展开。）

天窗就像一个万花筒，随时会变化出令人惊喜的画面，那现在我们也拨动想象的万花筒，一起来想想作者在睡前又在天窗里看到了什么？

用这个句式进行回答：

你会从那小玻璃上面＿＿＿＿＿＿＿，想象到＿＿＿＿＿＿，

＿＿＿＿＿＿＿，＿＿＿＿＿＿。

（转述学生的话：①你会从那小玻璃上面的一朵厚厚的云，想象到这也许是陪伴嫦娥的玉兔，也许是陪唐僧西行取经的白龙马，也许就是那个大闹天宫的孙猴子；②你会从窗前的一棵杂草，想象到它刚发芽时的青嫩纤弱，它在暴风雨中的顽强生长，它成长中散发出的馨香。）

你们和作者一样都有着天马行空的想象力。

天窗虽小却给我们带来了许多神奇与精彩，所以作者说——（一起读）小小的天窗又是你唯一的慰藉。

【要点提示：此环节为重点教学环节，用时约 10 分钟。在语句引导中发现作者先具体后想象的写作规律。引导学生自己进行想象创作，进一步体会"唯一的慰藉"。】

（四）窗中获启

1.屋外的一切本来都很普通，可是作者却看到了精彩，所以作者这样说，我们一起读：发明这天窗的大人们，是应得感谢的。因为活泼会想的孩子们知道怎样从"无"中看出"有"，从"虚"中看出"实"，比任何他看到的都更真切，更阔达，更复杂，更确实！

2.这"无"和"有"，"虚"和"实"到底是什么呢？可以和小组的同学交流你的看法。

（转述学生的话：①你觉得这"无"是作者在天窗中看到的实际景象，"有"是作者想象到的景象；②你认为"无"就是透过天窗看到的风雨雷电、一粒星、一朵云、一条黑影（板书：无），"有"则是风雨扫荡，还有那无数星、无数云彩以及各种动物）（板书：←→有）；③你还觉得无数星、无数云彩这些事物原本都是"虚"的（板书：虚），你还认为天窗给被逼休息的孩子一个没人打扰的空间，虚的东西在脑海中也变成了真实的样子。）（板书：←→实）这就是天窗神秘而又神奇的地方。

3.这时，天窗还是一个普通的小窗子吗？可以在书上批注。

（转述学生的话：①你觉得这个天窗是快乐的源泉；②你觉得这是思绪自由飞驰的天地。）总而言之，这就是一个想象的世界，给孩子们带来无限乐趣。（板书：无限乐趣）所以作者说（齐读）——这小小的天窗又是你唯一的慰藉。

4.天窗带给我们无限的想象，也打开了茅盾的文学世界，让他从水乡的孩子变成了中国著名作家。当他遭受挫折时，小时候的那扇天窗给了他一个短暂休憩的空间。回想起童年的天窗，怀念起童年的美好与纯真，他的内心又充满了力量。

5.当我们写作时遇到思路不畅的时候，就好比在一间没有窗户的屋子里。每个人心中都有一扇天窗，给自己插上想象的翅膀，打开它，你也能书写出一个神奇、美丽、精彩的想象世界。

【要点提示：在前文想象训练的基础上，学生找到了文章写作的规律，此时则更能够理解"无""有""虚""实"的含义，更能明白天窗带来的"慰藉"对作者的重要意义。】

四、板书设计

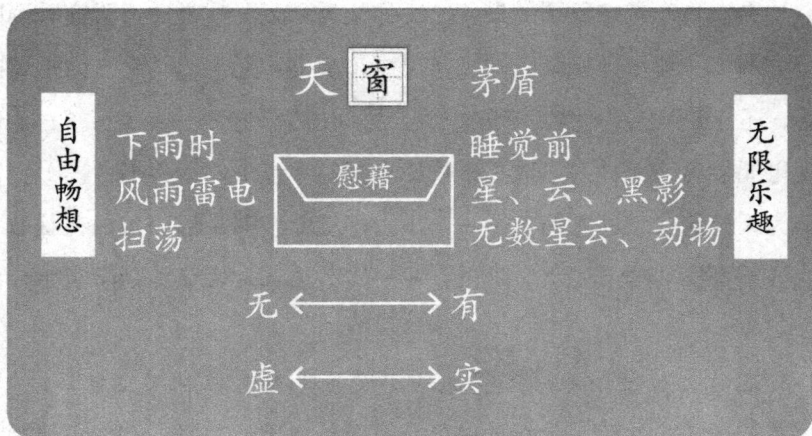

16

统编版四年级下册

《琥珀》

蒋伟　执教

一、扫描文本

　　《琥珀》是统编版小学语文四年级下册第二单元的第一篇精读课文。关于科学知识的介绍，理性较重的说明文多一些。可德国作家柏吉尔写的这篇说明文，由一块稀世珍宝琥珀，展开大胆合理的想象，采用生动传神的语言，推测并再现了这块少见的琥珀的形成过程，非常具有现场感和故事性，读来兴味盎然。

二、教学速构

（一）教学内容

课文 1~12 自然段。

（二）教学目标

1. 阅读时提出不懂的问题，在了解这块琥珀的形成过程及作者想象的依据中，尝试解答问题。

2. 感受课文细腻传神的语言、大胆合理的想象和逼真的故事情节，能用自己的语言条理清楚地介绍琥珀的样子及形成过程的依据。

（三）教学重难点

了解这块琥珀的形成过程及作者想象的合理性。

三、教学流程

（一）图片导入，识其珍贵

（课件展示）看，今天老师给大家带来了许多神奇美丽的珍稀化石，他们的名字叫——琥珀（板书课题）请同学们观察这两个字，都是什么部首？都是斜玉旁。再读读这一组带斜玉旁的词，发现他们都有什么相同或相似的特点？汉字的偏旁大多都是表义的，可见琥珀也是比较珍贵、稀奇的事物。

【要点提示：此环节为导入环节，用时 1 分钟。由图片导入课题，通过认识斜玉旁的词语，初步感知琥珀的珍贵。】

（二）质疑问难，知其条件

1. 这是什么体裁的文章？既然是科学小品文，就应该有科学性。（板书：科学小品文）

2. 通过预习，你能提出哪些与琥珀相关的问题？

（转述学生的话：①琥珀要在什么情况下才能形成？是怎么被发现的？有什么作用？②为什么从那块琥珀，我们可以推测发生在几万年前的故事的详细情形？……）

3. 同学们真会动脑筋，"琥珀要在什么情况下才能形成？"这个问题只要读读课后链接，就可以找到答案了。（指名读课后链接）

4. 说说看，你们读后的收获。

（转述学生的话：①松柏树等树干上分泌出来的松脂是琥珀的前身；②树脂球演化成琥珀需要很长时间；③天然琥珀的形成可以简单分成三个阶段：树脂→硬树脂→琥珀；④树脂是流动的，带着浓浓的香味；⑤树脂变成硬树脂必须被砂泥等沉积物掩埋；⑥硬树脂必须在高温和高压的持续作用下才能最终石化形成琥珀。）

5. 同学们真厉害，提取出这么多有用的信息。（课件出示）柏吉尔这位科学家给我们带来了一个这样的琥珀。大家仔细观察下，这块琥珀有什么不一样的地方？

（转述学生的话：①里面有苍蝇和蜘蛛，蜘蛛正在后面准备捉苍蝇；②它们的腿的四周显出好几圈黑色的圆环。）

6. 非常好，你们观察得非常仔细，这些细节都是科学家推测的重要依据。现在就请同学们打开课文，随着作者的推测，一起走进这块琥珀形成的传奇故事吧！（板书：这块琥珀）

【要点提示：此环节用时 3 分钟。"阅读时能提出不懂的问题，并试着解决"为本单元的语文要素之一。鉴于学生对琥珀并不熟识，所以在上课伊始，用琥珀的图片激起学生的好奇心，提出不懂的问题。同时，尊重学生的个性阅读体验，引导学生从文本、课后链接中捕捉文本信息，总结出形成琥珀的几个基本条件，为下文理解科学家所推测故事的合理性，做好知识的储备。】

（三）品析过程，找齐依据

1. 接下来我们一起来当当科学家，看看为什么从这块琥珀，我们可以推测发生在几万年前的故事的详细情形。请同学们自由读课文的1~9自然段，看看第一个阶段——松脂球的形成过程，哪些推测合理，画出相关的语句，并想想为什么，完成下面的任务单。（板书：详细情形　松脂球形成）

松脂球的形成过程

合理推测（语句）	为什么

学生汇报，自主完成任务单。

（1）文中第一次出现了"太阳，阳光是松脂融化的原因，也是形成琥珀的第一个条件"，环境描写为故事的发展埋下了伏笔。

（2）前6个自然段有几处描写太阳，各是怎样描写的，气温的变化体现在哪几个词上？

共有3处：①太阳暖暖地照着；②太阳照得火热；③晌午的太阳热辣辣地照射着整个树林。气温的变化是："暖暖""火热""热辣辣"，表明天气越来越热，为下文的松脂滴落做铺垫。

（3）"小心"一词恰当地写出了蜘蛛捕食的状态——慢慢地靠近猎物。"划动""沿着""爬"写出了蜘蛛的动作，这些动词表现了蜘蛛一心一意地想把苍蝇当作一顿美餐，同时交代了它们为什么离得那么近，推动了故事的发展。

（4）"蜘蛛刚扑过去，突然发生了一件可怕的事情。一大滴松脂从树上滴下来，刚好落在树干上，把苍蝇和蜘蛛一齐包在里头。""刚好"一词生动地写出了琥珀形成的机缘巧合。就在蜘蛛还没来得及扑住苍蝇，而苍蝇也没来得及飞走的一刹那，一大滴松脂从树上滴下来，把它们一起包在里头，促成了这块奇异的琥珀的形成。

（5）"松脂继续滴下来，盖住了原来的，最后积成一个松脂球，把两只小虫重重包裹在里面。"从这个琥珀的大小来看，松脂必须是继续包裹才能形成足够大的松脂球。

2. 根据刚才的阅读，柏吉尔这位科学家给我们带来的这块琥珀的前身——松脂球的形成需要哪些条件？谁能总结出来？

（转述学生的话：①松树林；②夏天，天气炎热到松树流出松脂；③凑巧，蜘蛛和苍蝇在一起；④松脂不断往下滴。）

这位同学的手举得高高的，你有什么问题？

（转述学生的话：在1~6自然段里，除了松树林，还写了一个环境：海在很远的地方翻腾怒吼。这跟松脂球的形成好像没关系，为什么要写这个？）

你真会动脑筋，学贵有疑，有疑问就应该像这位同学这样大胆地提出来。谁能解答？

（转述学生的话：因为最后琥珀是在海边发现的，这里的环境，是为后面想象陆地渐渐沉下去，海水渐渐漫上来，逼近那古老的森林，最终淹没森林，为下文埋下伏笔。）

对，陆沉水漫是松脂球被掩埋地下的必备条件，你懂得联系上下文来理解，真会读书。

松脂球的形成过程

合理推测（语句）	为什么
时间：很久很久以前、几万年前	树脂需要经过漫长的岁月，才能形成琥珀
天气：一个夏日①太阳暖暖地照着；②太阳照得火热；③晌午的太阳热辣辣地照射着整个树林	夏天晌午，火热的太阳是松脂融化的原因，是首要条件。气温的变化是："暖暖""火热""热辣辣"，表明天气越来越热，为下文的松脂滴落做铺垫
环境：许多高大的松树	松树林是必要条件之一，因为只有在松树林里才有可能有老松树，只有老松树才有厚厚的松脂，才有可能从树干渗出大滴的松脂，一下子把苍蝇和蜘蛛全包住
环境：海在很远的地方翻腾怒吼	这里为最后琥珀在海边被发现埋下伏笔
情节：苍蝇停在一棵大松树上、它飞了大半天、身上沾满了灰尘	苍蝇只有停在大松树上，才可能被松脂滴到。飞了大半天，说明它很累了，所以后面才没发现蜘蛛的靠近。它身上沾满了灰尘，是因为琥珀中它们腿的四周显出的圆环是黑色的
情节：划动、沿着、爬	蜘蛛小心翼翼地靠近，这些动词表现了蜘蛛一心一意想把苍蝇当作一顿美餐，同时交代了它们为什么离得那么近，推动了故事的发展
情节：刚扑过去、刚好、一齐	"刚好"一词生动地写出了琥珀形成的机缘巧合。就在蜘蛛还没来得及扑住苍蝇，而苍蝇也没来得及飞走的一刹那，一大滴松脂从树上滴下来，把它们一起包在里头，促成了这块奇异的琥珀的形成
情节：它们前俯后仰地挣扎了一番，终于不动了	因为琥珀中它们腿的四周显出圆环，说明他们很可能挣扎过
情节：松脂继续滴下来，盖住了原来的，最后积成一个松脂球，把两只小虫重重包裹在里面	从这个琥珀的大小来看，松脂必须是继续包裹才能形成足够大的松脂球

3. 接下来我们快速小声地读课文的 10~12 自然段，对故事中松脂球石化过程中的推测有疑问的地方，用横线勾画出来，填写到下面的任务单中。（板书：松脂球石化）

（学生质疑，填写任务单）

松脂球的石化过程

疑问	依据
为什么要说树断绝了生机，慢慢地腐烂了，剩下的只有那些松脂球，淹没在泥沙下面	
为什么要说几十年，几百年，几千年，又是几千年过去了	

谁能来当当小科学家，说说这样推测的依据是什么？给他们解疑，填入任务单。

松脂球的石化过程

疑问	依据
为什么要说树断绝了生机，慢慢地腐烂了，剩下的只有那些松脂球，淹没在泥沙下面	因为树脂只有被砂泥等沉积物掩埋后，地下深处的高温和高压，导致树脂中的有机物挥发，树脂才能变成硬树脂
为什么要说几十年，几百年，几千年，又是几千年过去了	因为这些树脂必须经过漫长的岁月，才能最终石化，形成琥珀

这些依据都是松脂球石化的必备条件，我们来提炼一下。

（转述学生的话：①时间漫长；②陆沉水漫；③松树腐烂；④泥沙掩埋。）概括为一点，就是——（漫长的地壳运动。）

4.读完整个故事，同学们发现了吗？文中这块琥珀的形成和被发现，一个"巧"字贯穿了始终。想想都巧在哪儿。

（转述学生的话：①森林的远处有海；②小苍蝇落在老松树上；③蜘蛛刚好爬过来；④一大滴松脂正好把两只小虫子包住；⑤水把森林淹没，松脂球埋在泥沙里；⑥波涛把琥珀卷到岸边；⑦孩子赤着脚踩到琥珀；⑧孩子的爸爸正好认识琥珀。）

5.谁能根据这个示意图，用自己的话来说说这块琥珀形成的过程。（课件出示）（学生复述）

滴----▶包----▶积---▶埋

↑　　　　↑　　　↑　　　↑

夏日炎热　苍蝇　松脂球　地壳变化
渗出松脂　蜘蛛

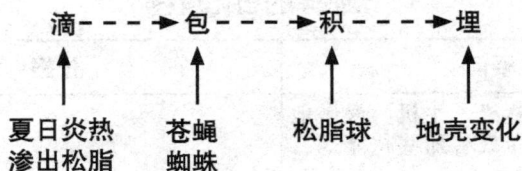

【要点提示：此环节为重点段落教学环节，用时 15 分钟。"用自己的话说说这块琥珀形成的过程""联系琥珀形成的过程，说说推测的依据"为本课的语文要素。为落实此训练点，教学中抓住琥珀形成的两个阶段：松脂球的形成、松脂球石化的过程，从扶到放，引导学生根据第二环节中获取的有关琥珀形成条件的知识，品析两个阶段推测过程的合理性及依据，从中发现这块琥珀的形成和被发现是一个"巧"字贯穿始终，最终总结出形成这块特殊琥珀的必备条件，水到渠成地完成复述，体会故事想象的合理性、推测的严密性，感受科学小品文的科学性、艺术性、严谨性。】

（四）体悟特点，迁移运用

1. 学到这里，老师也有几个疑问，谁能来帮忙解决？（课件出示）

（1）文中的故事是真实的吗？为什么？

（转述学生的话：文中的故事不是真实的，最后一段提到是"推测"的。）

（2）为什么大家觉得自己刚才复述的故事像真实的一样呢？

（转述学生的话：本文语言生动形象，且作者推理严密，推测的情形合情合理，想象和推测有科学依据，不是凭空瞎想。）（板书：合理严密）

（3）文章中哪些内容是真实的，哪些内容是推测的？

（转述学生的话：琥珀的形成是推测出来的，琥珀的发现和样子及其科学价值是真实的。）（板书：真实 推测）

2. 总结：几万年前的情景真的是这样吗？不一定。这是科学家根据琥珀的样子进行的推测、想象。如果让你推测，你会想象出怎样的故事？不一定是"蜘蛛吃苍蝇"，也可能是……展开你们的想象，开始推测吧。老师希望同学们做一个爱自然、爱科学的孩子。另外，本文是根据德国科学家、科普作家柏吉尔的《乌拉·波拉故事集》中的一篇改写的。《乌拉·波拉故事集》是集科学知识与想象情节于一体的可读性非常强的科普读物，一共有 15 个有趣的故事，涉及范围相当广泛。有兴趣的同学可以去读一读。

【要点提示：语文教学要注重开发学生的创造潜能，促进学生持续发展。此环节用时 1 分钟。在熟知课文介绍琥珀内容的基础上，分辨真实的描写和想象的描写，体会科学小品文语言的严谨性、推理的科学性。一方面从写作角度激发学生的兴趣，重新推测琥珀的形成过程；一方面通过学习方法迁移和阅读柏吉尔的《乌拉·波拉故事集》，激发学生阅读的兴趣，使课外阅读不流于形式。】

四、板书设计

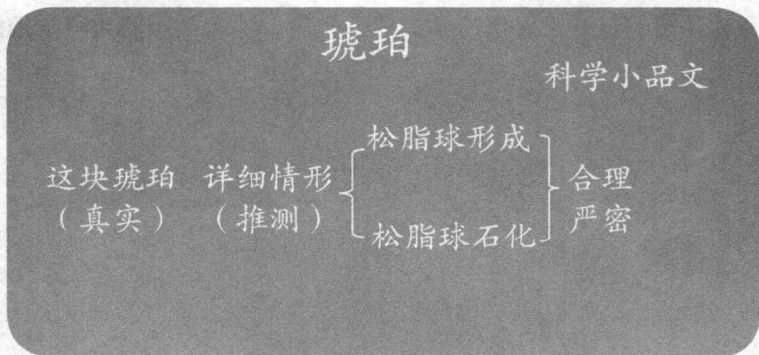

17

统编版四年级下册

《飞向蓝天的恐龙》

赖艳红　执教

一、扫描文本

　　《飞向蓝天的恐龙》是统编版小学语文四年级下册第二单元的第二篇精读课文，是一篇科普文章。课文向我们介绍了科学家们根据研究恐龙和鸟类的骨骼和化石之后，提出了一种假说：鸟类不仅和恐龙有亲缘关系，而且很有可能就是一种小型恐龙的后裔。接着具体叙述了恐龙是如何向鸟类演化的。文章既揭示了科学家们在古生物研究方面的重大发现，又为孩子们打开了一扇科学的探索之门，唤起孩子们对科学的浓厚兴趣。

二、教学速构

（一）教学内容

课文 4 自然段。

（二）教学目标

1. 正确、流利、有感情地朗读课文，体会作者用词的准确性。
2. 抓住关键词句，学会简明扼要地介绍恐龙飞向蓝天的演化过程。
3. 学习作者先总写，再分别举例说明的写作手法。

（三）教学重难点

学习作者先总写，再分别举例说明的写作手法。

三、教学流程

（一）填空复习，激趣导入

1. 上节课我们知道了科学家们根据研究恐龙和鸟类的骨骼和化石之后，提出了一种假说，（出示课件）填空：鸟类不仅和恐龙有（亲缘）关系，而且很有可能就是一种（小型恐龙）的后裔。

2.（出示图片），现在来填一填。

（　　）的恐龙　　（　　）的鸟类

3. 庞大的恐龙是如何变成轻盈的鸟类飞向蓝天的呢？这节课就让我们穿越时空隧道，访问中生代的地球，看一看这一演变过程吧！（板书课题：飞向蓝天的恐龙）

【要点提示：此环节为复习和导入环节，用时2分钟。既帮助学生复习、明确了本文的观点，又通过画面的对比，激发学生的求知欲望，以及阅读文本的兴趣。】

（二）品读课文，体会"准确"

1. 默读课文第四自然段，找出描写时间的词语并画出来。从这些词语当中你体会到了什么？

（转述学生的话：①从这些时间中，你知道了恐龙到鸟类经历了一个相当漫长的演化过程；②你还发现了作者是按照时间顺序来介绍恐龙的演化过程的，真了不起。）

2. 我们再来看看这两个描写时间的词语，作者在"两亿四千万年前"还加了一个词语"大约"，而"数千万年后"这个词语中的"数"究竟是多少？为什么没有一个准确的时间呢？

（转述学生的话：你发现了看似不准确的时间，却恰恰显示出了作者语言的准确性，这些时间都只是科学家的推测，谁也不能将其确定下来。）

3. 你还能在这一段找到类似的词语吗？谈谈你的感受。

（转述学生的话：你还找到了"可能"这个词语，从这个词语中你体会到了恐龙的一支转移到树上生存，这也是科学家的推测，并不能证实。）

4. 小结：两亿四千万年前和数千万年后都只是推测，恐龙的一支转移到树上生存也只是假说。所以"大约"和"可能"这样的词语使句子更准确，这也是科普文章、说明性文章最重要的特点——语言的准确性。

【要点提示：此环节从时间入手，让孩子们通过抓关键词"大

约""可能",体会文章语言的准确性,明确科普文章的语言特点。用时 4 分钟。】

(三)梳理过程,学习写法

1.在这一漫长的演化过程中,恐龙发生了哪些变化呢?再读课文,抓关键词理清过程,注意我们也要学习作者用词准确哦。

2.(交流句子,引导概括)说说恐龙演化需要经历几个阶段。读读有关句子,如学生读完第一句,请他找出句子中最关键的一个词来概括这一阶段,并把这个词圈出来。(板书:第一种恐龙)其他三个阶段同桌合作依照此方法概括。

(板书:庞大家族 猎食性恐龙 飞向蓝天)

(1)第一种恐龙长什么样?像我们现在的哪种动物呢?

(转述学生的话:原来第一种恐龙像狗一般大,后腿粗壮有力,可以支撑起整个身体呢。)

(出示课件)瞧,这就是"第一种恐龙"。

(2)经过数千万年的繁衍,它的后代演变成形体各异的庞大家族,这个家族里有怎样的成员?它们又有什么特点?四人小组完成下列表格。

	特点	说明角度
庞大家族 (形态各异)	有些恐龙像它们祖先一样用两足奔跑	行走方式
	有些恐龙则用四足行走	
	有些恐龙身长几十米,重达数十吨	形体特征
	有些恐龙则身材小巧,体重只有几千克	
	有些恐龙凶猛异常,是茹毛饮血的食肉动物	性格特征
	有些恐龙则温顺可爱,以植物为食	

(3)师生合作,分类朗读。

（师引读）数千万年后，它的后代繁衍成一个形态各异的庞大家族，它们的行走方式不同——（学生：有些恐龙像它们祖先一样用两足奔跑，有些恐龙则用四足行走。）体形多样——（学生：有些恐龙身长几十米，重达数十吨；有些恐龙则身材小巧，体重只有几千克。）性情不一——（学生：有些恐龙凶猛异常，是茹毛饮血的食肉动物；有些恐龙则温顺可爱，以植物为食。）

（4）（出示课后小练笔内容）我们再来读一读这一段，通过列表和朗读，你发现作者的写作密码了吗？

（转述学生的话：①我发现作者先总写了恐龙家族的庞大，然后又分别写了有哪些形态各异的成员；②我还发现作者连用了6个"有些"组成了一组排比句；③我还要补充一点：这段话中加点的部分都是作者举的例子。）

（5）小结：同学们，你们真了不起，一下就发现了作者的写作奥秘。结构上，作者采用的是总分的形式。句式上作者用了"有些……有些……"组成了一组排比句；说明方法上，作者从三个方面进行了举例说明。（出示下图，帮助孩子理解）

（6）大显身手，大家也来练一练。（出示图片，引导学生从鸟类的身形、嘴巴、羽毛颜色等方面进行仿写）

湿地公园的鸟真是形态各异！有些（　　），有些则（　　）。有些（　　），有些则（　　）。有些（　　），有些则（　　）。

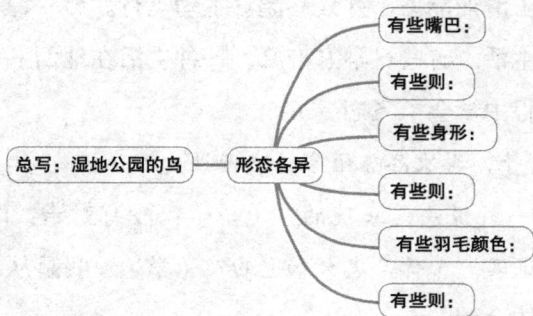

（7）小结：同学们，利用具体事例，从事物的不同方面，清楚明白地说明自己的观点，可以让读者更好地理解你要表达的意思。这种写作手法也可以运用到自己的作文中。

【要点提示：此环节为本段的一个重点教学环节，这一环节把课后的小练笔放入课内，让孩子们在自行发现、分析作者写作方法的基础上，进行实践操练，化难为易。用时8分钟】

3. 这个庞大的恐龙家族都演化成鸟类了吗？（学生：只是一些猎食性恐龙）作者又是从哪些方面写猎食性恐龙的变化的呢？

（1）用"＿＿＿"画出猎食性恐龙身体上的变化。

（根据学生回答，出示课件：其中，一些猎食性恐龙的身体逐渐变小，越来越像鸟类；骨骼中空，身体轻盈；脑颅膨大，行动敏捷；前肢越来越长，能像鸟翼一样拍打；体表长出美丽的羽毛，不再披着鳞片或鳞甲。）

齐读句子，强化中心，难怪科学家们会提出这样的假说：鸟类不仅和恐龙有（亲缘）关系，而且很有可能就是一种（小型恐龙）的后裔。

（2）对于飞翔能力的获得，科学家的假设是一致的吗？有哪些假设？

（根据学生回答，出示课件：它们中的一些种类可能为了躲避敌害或寻找食物而转移到树上生存。这些树栖的恐龙在树木之间跳跃、降落，慢慢具备了滑翔能力，并最终能够主动飞行。另一种看法是，飞行并非始于树栖生活。有些科学家推测，一种生活在地面上的带羽毛的恐龙，在奔跑过程中学会了飞翔。）

（3）读句子，再次品味语言的准确性。

你认为哪一种说法是正确的？（学生：没有对错，两种说法都只是推测，还没证实。）你是怎么知道的？（学生：我是从"可能""推测"这些词中体会到的。）

如果去掉"可能""推测"，句子的意思会有改变吗？

小结：虽然关于恐龙如何获得飞翔能力的过程还没有确切的说法，但毋庸置疑的一点是：原本不会飞的恐龙变成了鸟类。

（四）学会取舍，解说过程

1. 这一段，作者用了这么大的篇幅来写，假设你是一个解说员，你会选取哪些关键点来简明扼要地介绍恐龙飞向蓝天的演化过程呢？

（学生1：我认为时间很关键，要讲清楚，这样介绍才有序。）

（根据回答板书：两亿四千万年前、数千万年后。）

（学生2：我觉得恐龙家族的庞大不用一一介绍，只要抓住其中的一支猎食性恐龙来具体介绍就行。学生3：我认为猎食性恐龙的身体变化和飞行能力应该重点介绍。）（根据回答板书：身体变化、飞行能力。）

小结：同学们，简明扼要地介绍要学会取舍，抓住关键点，还要注意表达顺序。

2.（出示演化图片）请你根据图片和板书，试着介绍恐龙演化成鸟类的过程。

两亿四千万年前，第一种恐龙和（狗）一般大小，数千万年后，它的后代繁衍成了一个（形态各异）的（庞大家族）。其中一支（猎食性）恐龙，身体逐渐（变小），越来越像（鸟类）。它们中的一类开始在（树上）生存，慢慢具备了（滑翔）能力，并最终能够主动（飞行）。另一种生活在地面上的（带羽毛）恐龙，在奔跑过程中，也学会了（飞行）。最终，恐龙的一支演化为（鸟类），变成了（天之骄子）。

【要点提示：此环节为本段的一个难点教学环节，只有当学生们充分了解课文内容后，才能更好地进行介绍。同时还要明确：简明扼要地介绍不同于复述，要引导孩子们抓关键词句，学会总结概括，有顺序地介绍。出示图片和填空内容，图文结合，帮助学生们降低难度。用时6分钟】

四、板书设计

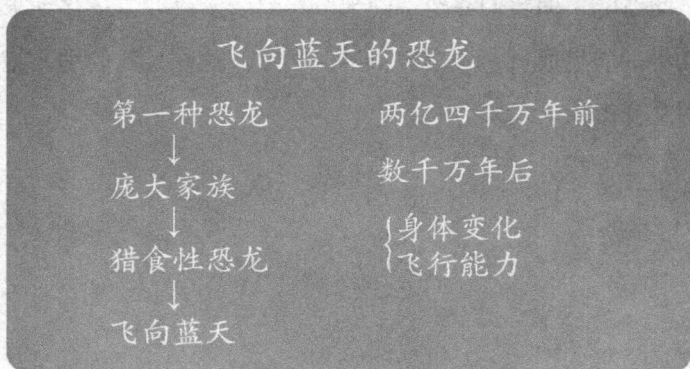

18

统编版四年级下册

《纳米技术就在我们身边》

赖艳红　执教

一、扫描文本

　　《纳米技术就在我们身边》是统编版小学语文四年级下册第二单元的第三篇精读课文，是一篇说明性文章。作者以大胆的想象、通俗易懂的语言，向我们介绍了纳米技术的神奇，展示了纳米技术在应用上的美妙前景。文章除了向我们介绍"纳米"等科学术语外，还将纳米技术在社会生活中的应用通过想象表现得淋漓尽致。这样大量的举例使枯燥的科学说明文变得生动起来。

二、教学速构

（一）教学内容

课文 2~3 自然段。

（二）教学目标

1. 正确、流利、有感情地朗读课文。

2. 抓住关键语句，了解纳米技术的有关知识；根据文章内容提出不懂的问题，并试着解决。

（三）教学重难点

培养学生通过各种方式收集信息的能力，领会纳米技术的作用及神奇之处。

三、教学流程

（一）视频导入，感受神奇

1.（播放视频）同学们看，科学家们发明了一种神奇的机器人，这个机器人就像《西游记》里钻进铁扇公主肚子里的孙悟空一样，可以钻进人类的肚子，勘测人类的五脏六腑。这些机器人长约 3 纳米，它们能自我复制，消灭人体内的有害病毒。视频上这个纳米机器人，正在清理血管中的有害堆积物。由于纳米机器人可以小到在人的血管中自由地游动，对于像脑血栓、动脉硬化等病灶，它们可以非常容易地予以清理，不必再进行危险的开颅、开胸手术。你们想认识这种小而神奇的机器人吗？

2. 这机器人叫——纳米机器人。今天我们就共同走进纳米技术，感受纳米技术神奇的力量。齐读课题——《纳米技术就在我们身边》。

【要点提示：此环节为导入环节，用时 1~2 分钟。教师边模拟播放视频，边用生动的语言介绍纳米机器人，激发学生认识纳米技术的兴趣。】

（二）提出问题，引发思考

同学们，看到这个课题，你们有什么疑问？

（转述学生的话：①什么是纳米？②什么是纳米技术？③我们身边有哪些纳米技术？）

古人云：学贵有疑，小疑则小进，大疑则大进。让我们带着疑问到书中寻找答案吧。

【要点提示：此环节为片段的过渡环节，用时 1 分钟。教师心中要有培养学生学会质疑的意识，通过质疑课题，让学生产生阅读期待，让学生带着问题走进文本，让学习的目的性更明确。】

（三）认识纳米，了解纳米技术

1. 请同学们自由朗读课文 2、3 自然段，边读边试着解答疑问。

2. 同学们，读完了 2、3 自然段，你现在知道了什么是"纳米"了吗？（板书：纳米）

（转述学生的话：你知道纳米是非常非常小的长度单位，1 纳米等于 10 亿分之一米。）

3. 你从文中提取了纳米的关键语句，知道了它是一种长度单位。（板书：长度单位）这个长度单位的特点是——（生：非常非常小）。是的，

作者连续用了两个"非常"来说明它的小。（板书：小）

这句话作者还用了什么说明方法来说明纳米小的特点？

（转述学生的话：还用了列数字的说明方法。）

同学们，请看黑板上的这两个句子，作者运用了列数字的说明方法，有什么好处？

①纳米是非常非常小的长度单位，1纳米等于10亿分之一米。

②纳米是非常非常小的长度单位。

（转述学生的话：①让读者更清楚明白纳米有多小；②运用列数字的方法，准确具体地描述纳米的长度。）

4.是的，从对比中，我们就能清楚感受到纳米的具体大小了。同学们，在第二自然段中，你们还发现了哪些说明方法？

（转述学生的话：你们通过抓关键词——相当，还发现了文章用了作比较的说明方法，真棒！）

（出示课件：如果把直径为1纳米的小球放在乒乓球上，相当于把乒乓球放在地球上，可见纳米有多小。）

在这句话中，你们发现作比较这种说明方法的好处了吗？

（转述学生的话：①纳米是我们不熟悉的事物，而乒乓球是我们常见的东西，拿不熟悉的东西和熟悉的东西进行对比，可以让我们更清楚具体地了解事物的特点；②通过这个作比较的说明方法，头脑中就有了纳米大小的概念了。）

5.小结：同学们说得真好，在说明文里运用恰当的说明方法，可以使文章说明对象更准确、具体、生动，可以使我们对不熟悉的物体有更形象的认识。

6.刚才我们通过两种说明方法，知道了纳米是一种非常非常小的长度单位，不仅肉眼看不到，就是普通的光学显微镜也无能为力。你们有什么想说的？

（转述学生的话：①你觉得不可思议，纳米竟然小到普通的显微镜都看不到。②科学家们太厉害了，这么小的机器人都能发明出来。）

7. 读到这里，你还解开了什么疑问？

（转述学生的话：你知道了纳米拥有许多新奇的特性，纳米技术就是研究并利用这些特性造福于人类的一门学问。）

8. 小结：很好，会读书的同学懂得提出疑问，并试着去解决。同学们，刚才我们带着问题读文章，然后在文章中寻找答案，但是有些不懂的问题，有时文章并没有全部告诉我们，那我们应该怎样做呢？

（转述学生的话：①可以请教家长、老师；②还可以在家长的帮助下，一起利用电脑查找答案。）

9. 接下来，请同学们齐读第三自然段，边读边想，这个自然段告诉了我们什么？

（转述学生话：这个自然段第一句是中心句，本段是围绕第一句来写的，写了纳米技术就在我们身边的事例。）（板书：纳米技术）

如何理解纳米技术在我们身边？（学生：纳米技术与我们的生活息息相关。）（板书：息息相关）

10. 现在我们都是纳米科技的研究人员，一起去研究纳米技术在生活中的运用。第三自然段分别列举了哪些例子说明纳米技术和我们的生活息息相关？哪位研究员跟大家解说一下？

（转述学生的话：冰箱纳米涂层、碳纳米管、纳米吸波材料）

11. 同学们，你们还搜集到纳米技术在生活中的哪些应用？

（转述学生的话）

①用纳米材料制成的自行车，重量只有几公斤。

②将防水防油的纳米材料涂在大楼表面或窗户玻璃上，大楼不会沾

油污。

③用防污的纳米材料可以织成免洗涤的衣物。

④纳米技术用于制药，可以制成导弹型药物，循着导引的方向直达病灶，疗效大大提高。

12.同学们真会学习，从课外搜集了这么多资料来丰富课文内容。我们不得不夸纳米技术真是一项神奇的技术。（板书：神奇）纳米技术的应用方便了我们的生活。

13.如果让你利用纳米技术，你会把它应用到生活的哪些地方？发挥想象说一说。

（转述学生的话：①你想利用纳米技术减轻书包的重量。②你想利用纳米技术发明防水保暖的衣服，下雨的时候就省去穿雨衣的麻烦。这个创意好。③你还想利用纳米技术发明防晒隔热窗帘，到了夏天就不用一直开着空调避暑了。）

【要点提示：此环节为重点段落教学环节，用时12分钟。让学生在阅读文章时能提出不懂的问题，并试着解决。"让学生展开奇思妙想"为本单元语文要素之一，为落实此训练点，让学生带着疑问走进课文，尝试着在文中寻找答案并展开丰富的想象——利用纳米技术发明什么，可以更方便我们的生活？】

（四）总结全文，课外延续思考

1.同学们的想象力真丰富，我们想象着，也期待着纳米技术更广泛应用在我们的日常生活，让纳米技术常伴我们身边。

2.通过不同的渠道再去了解"纳米技术"的相关知识，可以做简单的调查报告，下次我们再进一步分享。

四、板书设计

纳米技术就在我们身边

| 纳米 | 长度单位 | 小 |

| 纳米技术 | 息息相关 | 神奇 |

19

统编版四年级下册

《猫》

陈瑾　执教

一、扫描文本

　　《猫》是统编版小学语文四年级下册第四单元的第一篇精读课文。《猫》是老舍创作的一篇状物散文，发表于《新观察》1959 年 16 期。老舍先生用朴实而传神的语言、贴切精当的修辞手法，通过一组组充满生活情趣的画面，生动形象地写出了猫的"古怪"性格，表达了自己对猫的喜爱之情。

二、教材速构

（一）教学内容

课文 1~2 自然段。

（二）教学目标

1. 正确认读生字词，学会正确书写"凭"字。

2. 有感情地朗读课文，感受老舍笔下的"猫"的形象，体会作者的爱猫之情，并背诵自己喜欢的段落。

3. 通过默读、想象，理解猫的性格特点，体会老舍遣词造句的表达效果，初步感受老舍语言的"京味儿"。

（三）教学重难点

通过默读、想象，理解猫的性格特点，体会老舍遣词造句的表达效果，初步感受老舍语言的"京味儿"。

三、教学流程

（一）谈话导入，聊"印象"

1.（板书：猫）猫是大家非常熟悉的一种小动物，咱们就先来聊聊它。（板书：聊）

2. 同学们，谁养过猫，请举手。有不少同学都有养猫的经验啊！如果让你用文字来介绍你家的猫，你会介绍猫的哪些方面呢？

（转述学生的话：①猫的外形特征；②猫的生活习性；③猫与你之间发生的事儿。）

3. 老舍先生怎样向我们介绍他家的猫呢？一起走进老舍笔下的猫，学习语言大师是如何写猫的。来，齐读课题。

4. 自由轻声地读课文，读准字音，读通句子。边读边思考：老舍先生写了他家猫的哪些方面？

好的，谁来说说？哦，不仅写了他家的大猫、小猫，还写了大猫的古怪，小猫的可爱。

（板书：大　古怪　小　可爱）

5. 真会读书呀！这么长的课文，大家就读成了这几个关键词，一下子就理清了文章的脉络。

【要点提示：此环节为导入环节，用时 1~2 分钟。教师一开始就抓住本文语言的特色——聊，用老舍先生那种"聊"的方式与学生打开话题，引出猫，并理清了文章结构。】

（二）对比读词，聊"古怪"

1. 我们先和老舍爷爷聊聊他家猫的"古怪"吧！　同学们，问题来了，你喜欢别人说你"古怪"吗？你呢？你呢？

2. 是呀，大家都不喜欢别人说自己古怪？老舍先生居然说他家的猫"古怪"？老舍先生到底喜不喜欢他家的猫呢？

3. 做道有意思的选择题吧？（课件出示选择题：老舍对猫的感情是 A. 喜欢；B. 讨厌；C. 说不清。）

你觉得是喜欢，从文中找找依据：老舍夸他家的猫（课件出示：老实、尽职、勇猛、温柔可亲。）是呀，你有反对意见？老舍还批评他家的猫（课件出示：贪玩、胆小、不高兴时一声不出。）

看来，真的是既喜欢又讨厌，给读者一种"说不清"的感觉。选 C 的同学请举手，果真大家都有这样的感受。

4. 好吧，大家看，根据你们所找的依据，也就是文中的一些关键词，我们这么一摆，仔细读读，说说你发现了什么？

5. 是的，像大家发现的那样，老舍先生正是用这些相反的词语写出了猫矛盾的性格，来表现猫的"古怪"。

【要点提示：此环节为过渡环节，用时2分钟。让学生通过一道有趣的选择题展开思考，文中的老舍先生究竟是爱猫还是讨厌猫。抓住文章表达的特色，以充满童趣的方式激起学生阅读的兴趣。】

（三）品味语言，聊"喜爱"

1. 这种爱又不像爱，说不清道不明的感觉真有意思！带着这样的感觉继续默读课文的2~4自然段，可以在你有感受的地方写下自己的体会。

2. 好的，咱们来交流一下大家读后的感受。

（转述学生的话：你觉得"贪玩"是猫的本性，是一种很可爱的举动，不代表作者不喜欢它。）你家的猫贪玩吗？哈哈，咬拖鞋、扯毛线、弄坏花草，是呀，联系自己的生活经验一读，就会有不同的感受。

（转述学生的话：你从"屏息凝视""一连""非……不可"读出了老舍爷爷家猫捉老鼠时候的专注、坚持。几个小时一动不动地等待，你都做不到，猫能做到，真厉害！）瞧，联系生活经验，对比阅读，就会感受到文字背后作者所表达的意思与情感了。

真好，同学们会利用学过的阅读方法，走进语言，从一个字、一个词、一句话中读出感受。

3. 有句话说得好："爱要大胆说出来！"你看，这里有两位名家笔下的猫，我们一起来读读——

①它一身白毛像雪似的，中间夹着数块墨色的细毛，黑白相间，白的显得越白，而黑的越发显得黑了。脸一半儿白，一半儿黑，两颗小灯泡似的眼睛在脸中间闪呀闪，见我低下头看它，它也一个劲儿地盯着我。（周而复）

②小猫白玉似的毛色上，黄斑错落得非常明显。当它蹲在草地上或

蹦跳在凤仙花丛里的时候，望去真是美丽。每当附近四邻或路过的人，见了称赞说"好猫"的时候，妻脸上就现出一种莫可言说的得意，好像是养着一个好儿子，或是好女儿。（夏丏尊）

快速默读，说说你们的发现。

4.是的，两位作家通过描写猫的外形、动作，很直接地传达出了对猫的喜爱之情。但是老舍先生呢，却有一种对猫说不清的感觉。让我们再仔细读读2自然段中的这两段话，一定会有新的发现。

（课件出示）

①说它老实吧，它的确有时候很乖。它会找个暖和的地方，成天睡大觉，无忧无虑，什么事也不过问。可是，它决定要出去玩玩，就会出走一天一夜，任凭谁怎么呼唤，它也不肯回来。

②说它贪玩吧，的确是呀，要不怎么会一天一夜不回家呢？可是，它听到老鼠的一点儿响动，又是多么尽职。它屏息凝视，一连就是几个钟头，非把老鼠等出来不可！

对比地读一读，说说你的发现？

（转述学生的话：你们发现了，就是表达上都用了"说它……可是……"。）

（1）请一位同学先来读读这句话：

可是，它决定要出去玩玩，就会出走一天一夜，任凭谁怎么呼唤，它也不肯回来。

这句话中有一个词"任凭"什么意思？（学生：无论、不管）请看"凭"字，"任"字跑到了"几"字上面。"任"在古代表示劳动工具，"几"在古代表示桌子，工具靠在桌子上，所以"凭"沿用到今天有"依、靠"，再进一步就是"依据"的意思。在书写上，注意观察老师写，"任"字变成了"凭"字上半部分，就要写得小一点，太大可要把桌子压坏了。读——任凭。

把这个放回文中，读读——可是，它决定要出去玩玩，就会出走一天一夜，任凭谁怎么呼唤，它也不肯回来。家里的奶奶呼唤它——（学生：不回来）；姐姐呼唤，它——（学生：也不回来）；弟弟呼唤，它——（学生：还不回来）；哈哈，感觉像什么？（学生：像一个顽皮的孩子。）

读着读着，你讨厌它吗？你呢？是的，猫的可爱就在于它的灵活，它的贪玩，它的淘气。假如说猫哪儿都不去，一天到晚呆呆的、静静的、傻傻的，你喜欢吗？

（2）再看第二个"可是"的后面。发现了什么？

是的，猫的可爱就在于擅长捉老鼠。可见，老舍先生喜爱猫，他的喜爱已经暗暗地透露在文字里面了。这么一读，谁发现了这两个句式表达的秘密呢？

是的，在"可是"的后面才是作者表达的重点，张明同学太胖了，可是，（他很灵活！）奶奶年纪大了，（可是手脚还很麻利！）这就是咱们中国人说话的一大特点啊！

看来，多读一读，多想一想，就会发现语言大师表达的秘密了。一起读读这段话吧！

（3）这样读没读出味儿，听老师读，对比对比，你就会读出味儿了。这么多只手举起来了，有发现啦？

你说——是呀，老舍先生哪里是在写猫，分明是在写人哪！

你也说说——说得好，那只猫就是他的家人。

你来说——是呀，他就是用"闲聊"的口吻和我们聊他喜爱的猫呢！

5. 同学们，咱们也来当老舍爷爷，和你的朋友聊一聊这只古怪的猫吧！和同桌互相读读。

大家从课前班级空间的作者简介中得知：老舍是正儿八经的老北京，生在北京，长在北京。所以，读老舍的作品会感到他的文字富有北京韵味。穿行在北京的胡同里，家家户户就像亲人一样，特别亲近，经常搬张小凳子，坐在家门口"唠家常"。瞧，这就是老舍爷爷住过的小院儿，他呀，又在和朋友聊他家的猫啦！（音乐，图片）

【要点提示：此环节为重点段落教学环节，用时 12 分钟。这个部分是片段教学的重点部分，教师在演绎的过程中要和学生像"聊天"似的，边聊边抓住关键的词句，品读理解，再通过朗读感受老舍先生与众不同的语言魅力。】

（四）迁移阅读，聊"动物"

1.还有这么多的同学想聊，这样吧，回家后和爸爸妈妈接着聊，还可以学着老舍爷爷，也用闲聊的口吻尝试着和家人、朋友聊一聊你养过的其他小动物。

2.（课件：音乐响起，出现图片）同学们，看，冰心爱猫！看，叶圣陶爱猫！看，老舍爱猫……很多作家都爱猫。在班级空间里，老师放了许多名家写猫的作品，赶快去读一读，感受一下他们不同的语言风格，感受他们各自对猫的那份深情吧！

【要点提示：此环节为迁移总结部分，用时 1 分钟。教师再次演绎聊天的方式，与学生聊起他们喜爱的动物，再次激发起学生爱动物的情感，从而走近其他作家笔下的猫，感受从文字中表达情感的乐趣。】

四、板书设计

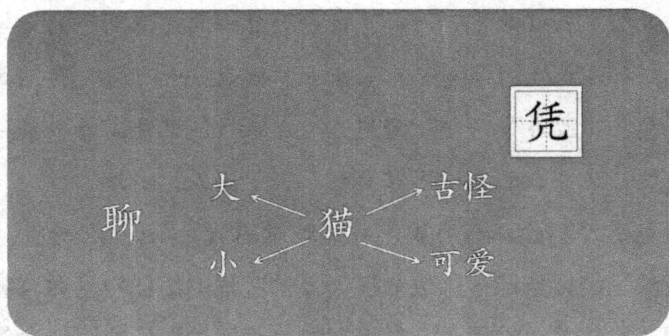

20

统编版四年级下册

《白鹅（前半部分）》

高研颖　执教

一、扫描文本

　　《白鹅》是统编版小学语文四年级下册第四单元的第三篇精读课文，是著名的漫画家、文学家丰子恺先生描写动物的一篇佳作。在这篇课文中，作者抓住白鹅的叫声、步态、吃相这三个方面，为我们塑造了一只"高傲"的白鹅。文章语言率真质朴、活泼诙谐，字里行间透露着作者对白鹅的喜爱之情。

二、教学速构

（一）教学内容

课文 1~4 自然段。

（二）教学目标

1. 正确、流利、有感情地朗读课文，学写"促"字。
2. 了解白鹅的特点，体会语言的趣味，感受作者对白鹅的喜爱之情。

（三）教学重难点

了解白鹅的特点，体会语言的趣味，感受作者对白鹅的喜爱之情。

三、教学流程

（一）诗歌引题，走进课文

1. 同学们，你们还记得这首诗吗？"鹅，鹅，鹅，曲项向天歌。白毛浮绿水，红掌拨清波。"写的是什么动物？是的，写的就是鹅。

2. 抗战期间，人们生活艰苦不堪，著名的漫画家、文学家丰子恺先生为了排解苦闷，在院子里种豆、养鹅，他还特地为鹅写了一篇文章呢！请同学们伸出手跟着老师一起写课题。（板书：白鹅）

3. 今天，我们一起来学习这篇课文，走近丰子恺笔下的白鹅。

【要点提示：此环节为导入环节，用时1~2分钟。教师用古诗引出写作对象——"鹅"，激发学生的学习兴趣，同时结合作者的资料自然地引出课文，让学生对此文的写作背景有初步的了解。】

（二）初读课文，理清脉络

1. 请同学们自由放声朗读课文，注意读准字音、读通句子，边读边思考：这是一只怎样的白鹅？

（转述学生的话：这是一只高傲的白鹅。）（板书：高傲）

2. 哪一句直接点明了它的特点，你们能找出吗？

（转述学生的话：好一个高傲的动物！）

你们感受到了什么？

（转述学生的话：作者看了它的姿态情不自禁发出感叹。）

是的，全班一起读出对它的感叹！（齐读：好一个高傲的动物！）

3. 鹅的高傲体现在哪儿呢？

（转述学生的话："鹅的高傲，更表现在它的叫声、步态和吃相中。"）

是的，你找了这句话，这是一句中心句。鹅的高傲体现在三个方面——（板书：叫声、步态、吃相）

【要点提示：此环节为过渡环节，用时2分钟。教师引导学生边读课文边思考，找出鹅的主要特点及相关句子，通过找出中心句引导学生理清文章脉络。】

（三）精读课文，感受喜爱

1. 请同学们默读课文3~4自然段，拿起笔用横线画出体现白鹅的高傲的词或句子，在旁边写下你的批注。

2. 谁来分享你找到的体现白鹅高傲的词或句子？

3. 句①"鹅的叫声，音调严肃郑重，似厉声呵斥。"

（转述学生的话：我从"厉声呵斥"这个词体会到它的高傲，我通过查字典了解这个词的意思是大声地训斥对方。）

真棒！查字典是个很好的学习方法。想象一下，它会训斥什么？

（转述学生的话：①它会说："快走开！快走开！"②它会叫道："不要挡着我的路！"）全班一起把这句话再读一读，读出它的高傲。

4. 句②"凡有生客进来，鹅必然厉声叫嚣；甚至篱笆外有人走路，它也要引吭大叫，不亚于狗的狂吠。"

（转述学生的话："吭"是喉咙的意思，"引吭大叫"的意思就是扯着嗓子大声叫唤，从这里你能感受到鹅的高傲。）

还有一个词，也是形容它叫声的高傲，是哪个？（学生：厉声叫嚣）

它在什么情况下会厉声叫嚣、引吭大叫呢？

（转述学生的话：遇到生人，有不认识的人经过的时候。）

请两个同学上来演一演。大家评价，他们演得如何？还不够高傲，不够凶！全班一起读一读，读出鹅的高傲。

（转述学生的话：这句话还用了对比的手法来体现鹅的高傲，把鹅的叫声与狗的狂吠进行对比。）

狗的狂吠是什么样的？

（转述学生的话："你家就养了一只小狗，它狂吠起来声可大了，而且很凶恶，会吓走陌生人。）

很好！你联系了生活，善于联系生活才能更好地理解文本。

5. 句③"鹅的步调从容，大模大样的，颇像京剧里的净角出场。"

（转述学生的话：这里用了比喻的修辞，把步调从容、大模大样的鹅比作净角。）

大家见过净角吗？我们一起来看一段视频，请看大屏幕。你们瞧，净角出场是什么样的？

（转述学生的话：大气，大开大合……）

全班一起模仿着走一走。瞧，这样威风，这样高傲！全班一起来读一读。

6. 句④"大体上与鸭相似，但鸭的步调急速，有局促不安之相。"

（转述学生的话：这句话把鹅与鸭进行对比，鸭的步调急速，局促不安，而鹅的步调从容，可见鹅的自信、高傲。）

什么样叫"局促不安"？

（转述学生的话：慌乱，着急……）大家带着画面感一起读一读吧！

7. 局促不安的"促"是这节课要会写的生字。请同学们伸出手跟着老师一起书空。"促"——左右结构的字，左窄右宽，左边是一个单人旁，右边是一个足字。（板书：促）现在请你们把这个字工工整整地写在你们的生字格里。

【要点提示：此环节为重点段落教学环节，用时 10 分钟。教学中引导学生品词析句，用查字典、拆字法、联系生活、想象等方式加深对词语的理解，进一步感受鹅的高傲，同时，通过赏析句子中的比喻、对比等修辞，体会作者是如何写鹅的高傲的。】

（四）品读语言，体味写法

1. 同学们，你们瞧，作者在文中用了这几个词"厉声呵斥""引吭大叫""厉声叫嚣"等，分明是在嗔怪白鹅，你们觉得作者喜欢鹅吗？

（转述学生的话：①喜欢，虽然表面在怪它，但作者已经把它当成了自己的家人；②正是因为喜欢，作者才观察得那么细致，并没有心生厌烦。）

2. 同学们，像这样正话反说的手法，就叫反语。看似在讨厌它，实则是喜欢它，这就是本文语言的特别之处。你们有什么收获吗？（板书：反语）

（转述学生的话：①原来写动物，文字里不一定要有"喜欢"二字，可以用各种各样的方法写喜欢；②用反语的方法写喜欢，让人感觉喜欢的程度更深了，我明白了写自己喜爱的动物可以这么写。）

3. 小结：是的，这就是丰子恺的语言——风趣幽默，看似在怪鹅，实则字里行间都流露出对鹅的喜爱。我们再来一起读一读这段话吧！读出作者对它的喜爱！

【要点提示："体会作家是如何表达对动物的感情的"为本单元的语文要素之一，为落实此训练点，从词句段落到篇章，引导学生感悟作者写动物的奥秘所在。写喜爱也可以用反语，能让喜爱更特别、更亲近。】

（五）课后阅读，延伸拓展

1.今天我们学习了作者是如何通过描写鹅的叫声、步态体现鹅的高傲，课后继续阅读鹅的吃相部分，并写下批注。

2.你们也有自己喜欢的小动物吧？回去也试着写一个片段，下节课我们一起来交流。

【要点提示：此环节为课后延伸环节，用时1分钟。让学生课后练写一段自己喜欢的小动物，并在下节课交流，这为本单元导读中的习作要求"写自己喜欢的动物，试着写出特点"做了准备。】

四、板书设计

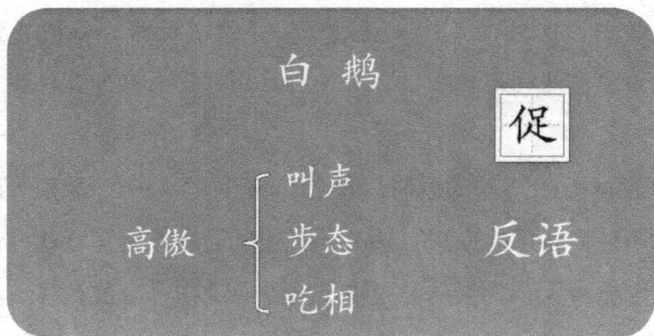

21

统编版四年级下册

《白鹅（后半部分）》

陈瑾　执教

一、扫描文本

　　《白鹅》是统编版小学语文四年级下册第四单元的第三篇精读课文。本单元组的文章均是描写动物的名家名篇，语言风格各具特色。《白鹅》是从丰子恺先生的同题回忆性散文中节选而来的。原文描写了丰子恺与白鹅在重庆沙坪坝庙湾处自建的小屋中相处的情景。节选出的课文，重点描写了白鹅高傲的特性，语言幽默风趣，生动形象，运用了"对比""明贬实褒"的表达方法，把鹅高傲之态刻画得入木三分，颇具"丰氏"语言特色。本单元以名家笔下的动物为阅读内容，旨在体会作家是如何表达对动物的感情的，从中学习表达方法，迁移运用于写动物的习作训练中。

二、教学速构

（一）教学内容

课文 5~6 自然段。

（二）教学目标

1. 正确认读"伸长头颈、左顾右盼、厉声呵斥、厉声叫嚣、引吭大叫、大模大样、步调从容、架子十足"等词语，学会正确书写"蹲"字。

2. 在文字中展开联想，加深感悟，个性化、有感情地朗读课文。

3. 在画面与文字、读与想象中感悟白鹅高傲的特点，体会作者幽默风趣、生动形象而富有个性的描写方法。

（三）教学重难点

在画面与文字、读与想象中感悟白鹅高傲的特点，体会作者幽默风趣、生动形象而富有个性的描写方法。

三、教学流程

（一）"漫画"导入，引出课题

1. 同学们，喜欢看漫画吗？（板书：漫画）漫画有什么特点？

（转述学生的话：是的，漫画简单、易懂。漫画还很形象、幽默风趣。）

2. 瞧，这幅漫画，你看到了一只怎样的鹅？

（转述学生的话：哇，你们都觉得这是一只高傲的鹅啊！）（板书：高傲）你是怎么看出的呢？

3. 是的，就是这么简简单单、寥寥数笔就让一只高傲的白鹅跃然纸上了！这位了不起的艺术大师究竟是谁啊？

4. 他就是我国著名的漫画家、散文家丰子恺先生。（板书：丰子恺）丰子恺先生不仅擅长画动物，还擅长写动物，今天，我们就一起来学习他写的这画上之物，（板书课题）齐读课题——白鹅。

【要点提示：此环节为导入环节，用时 1~2 分钟。教师用聊天的语气，自然地打开话匣子，与学生展开轻松、愉快的对话。以"漫画"为话题，引出文中插图，引导观察插图，初步感受丰子恺的语言特色，从而导出课题。】

（二）情境学词，读中感傲

1. 你们看，课件上的这幅漫画，画面是静止的，但白鹅"高傲"的神韵已表露无遗啊！丰子恺爷爷的画工确实过硬，而他的文字更是神奇。

2. 瞧！文中的这组词，让画中之"鹅"动起来啦，谁来读？

（第一组词语：伸长头颈、左顾右盼）什么是"左顾右盼"？谁来模仿白鹅的这个动作？

（第二组词语：厉声呵斥、厉声叫嚣、引吭大叫）好的，谁来读这组词语，让画中之"鹅"叫起来？同样是叫，它们的叫声一样吗？"呵斥"是大声斥责。"嚣"从字形上我们就可以看出，有四张嘴巴都在叫，可吵闹了。"吭"又是指哪个部位呢？是的，就是喉咙，引吭大叫就是伸长脖子大声叫嚷！

（第三组词语：大模大样、步调从容、架子十足）高傲的"鹅"走起来啦，谁来读？哇，这姿态特别高傲，特别神气！

【要点提示：学词环节用时 2 分钟。教师要在教读词语中，引导学生联系生活中的画面，让学生既理解了词语的意思，又感受到了作者风趣的表达。】

（三）读中联想，品味语言

1. 丰子恺先生用词确实妙，读着读着，漫画上的白鹅高傲的姿态就越发形象、有趣了！难怪有人说"丰子恺先生的文字中总有漫画的味道"。（板书：文字）

2. 真的是这样吗？打开书，自由读课文，边读边想：你从哪些文字中看到了有趣、生动的画面？

（1）有的同学找到了这句话，我们一起读一读。

（出示句子：凡有生客进来，鹅必然厉声叫嚣；甚至篱笆外有人走路，它也要引吭大叫，不亚于狗的狂吠。）

读着读着，你的脑海里浮现出了一幅怎样的画面？

（转述学生的话：①你说你看到了家里有人来，白鹅就挥动着双翅，伸长了脖子，不停地叫着，叫声响彻四方；②你说你也看到了这样的画面：门外有人走过，白鹅立刻大声叫起来，仿佛在说："这是我的地盘，不许往这儿走！"）

同学们，句中的"不亚于"这个词是什么意思？

（转述学生的话：你说意思是"看家的本领不比狗差"。原来，傲慢的鹅老爷抢了狗的看家本领啦！狗要下岗喽！）

你能给这么有趣的画面起个题目吗？

（转述学生的话：你觉得这个画面写的是凶鹅看门，真有趣！）

（2）你还读出了哪些有趣的画面呢？

（出示句子：它常傲然地站着，看见人走来也毫不相让；有时非但不让，竟伸过颈子来咬你一口。）

我们先来读读。读着读着，你的脑海里又浮现出了一幅怎样的画面？

（转述学生的话：你看到了一只大白鹅扑闪着两只大翅膀冲向路人，还张大嘴咬住了路人的衣角。）

俗话说："人不犯我我不犯人！"而我们高傲的鹅老爷却是"人不犯我，我还犯人"，霸道十足啊！

你也来给这个画面起个题目。

（转述学生的话：你给这幅漫画起的题目是——凶鹅咬人。）

（3）你找到了这个画面。

（出示句子：鹅老爷偶然早归，伸颈去咬狗，并且厉声叫骂。）

读一读，你的脑海里又浮现出了一幅怎样的画面？是啊，有意思！鹅居然和狗较量上了！

你也给这幅画面起个题目。

（转述学生的话：鹅狗暗战，这个题目有意思！）

3. 瞧，大家这么仔细一读，由文字展开想象，就读到了这么多逗趣的画面，就像在读一本漫画册，让我们回味无穷啊！

【要点提示：此环节为过渡环节，用时3分钟。教师从文中选择富有画面感的句子，激发学生在阅读中想象的兴趣，演绎时语言要富有童趣，讲出画面感。】

（四）聚焦画面，个性朗读

1. 对照文字，想想画面，比一比，这里哪个"画面"爆笑指数最高？

2. 我们走近鹅吃饭的画面吧。一起研究一下，丰子恺是如何做到用文字营造这么生动、有趣的画面的。

3.要走进"鹅狗争食"这场暗战，先得了解白鹅是怎么吃饭的。能用文中的一个词来概括吗？（生：三眼一板）

（1）三眼一板也叫一板三眼，在我国的戏曲里，通常把拍子叫作"板、眼"，"板"是重拍，"眼"是弱拍。

（2）词语一旦改变了语言环境，它又会有什么不一样的表达效果？联系上下文，说一说在文中"三眼一板"指的是什么？（出示句子：鹅吃东西时，总是先吃一口冷饭，再喝一口水，然后再到别处去吃一口泥和草。）

（3）孩子们，鹅老爷上场吃饭喽！谁来读？

是呀，它从不改变食物，总是——请你读：先吃一口冷饭，再喝一口水，然后再到别处去吃一口泥和草。

它也从不改变顺序，总是——你来读：先吃一口冷饭，再喝一口水，然后再到别处去吃一口泥和草。

哪怕其他的家畜来骚扰它，它还是——一起读：先吃一口冷饭，再喝一口水，然后再到别处去吃一口泥和草。

（4）不管遇到什么情况，它的吃法从不改变，这样的吃法便是——（三眼一板）。

这样呆板、一丝不苟的吃法难怪引起了一场鹅狗大战（出示第6自然段）。

4.请同学们自由朗读这段，边读边想象文字背后的画面。

5.闭上眼睛，来听听老师朗读。在老师朗读时你又想象到哪些有趣的画面呢？

6.大家来说说，听着朗读，你看到了一只怎样的鹅，一只怎样的狗呢？

（转述学生的话：①你看到了一只凶神恶煞的白鹅，一只胆小如鼠的狗；②你看到了一只凶巴巴的白鹅，看到了一只像小偷一样的狗。）

7.这真是一对冤家啊！下面，请同桌合作来读读，一个人读描写鹅的语句，一个人读描写狗的语句。自由练习吧！

8.让我们带上自己的体会用朗读来演绎这部"鹅狗暗战"的精彩大片吧！哪一组同桌愿意来展示一下自己的朗读？

9.作者是怎么写出这样精彩、逗趣的画面的呢？

（1）（出示文中插图）回到这幅漫画，正如大家说的，就是这样的一笔，让白鹅抬起头，就这么一笔让白鹅翘起尾巴，这么一笔让白鹅迈出脚蹼，白鹅高傲的姿态就显露出来了。这些在画作中称为"点睛之笔"啊！而文字中也有"点睛之笔"。这些语句中，少了哪些字或词，你觉得这个画面就不生动、不那么有趣了？请大家分别组成四人小组合作学习，一起讨论：哪些字词用得"妙"？"妙"在哪儿？

（2）好的，我们来分享各组的学习成果。第一小组来汇报。

（转述学生的话：你们说"鹅老爷"中"老爷"一词用得妙！）

（3）我们用"还原法"去掉"老爷"一词，来对比地读读。这么一读，我们发现没有了"老爷"两字，似乎这只白鹅就不那么有趣了。同学们，老爷是谁啊？是一家之主，在旧社会可是家里最有权威的人啊！啥事儿都得他说了算！这里作者妙把白鹅当人写，凸显出了白鹅的高傲之态！（板书：妙当"人"写）

（4）（转述学生的话：你们组觉得描写狗和白鹅的一些动作词特别妙。）

快把它们读出来：躲、窥伺、跑、逃、蹲、静候；伸长、厉声叫骂、昂首大叫。这些动作词把白鹅和狗抢食的姿态描写得活灵活现！（板书：妙用"动"词）

（5）同学们，"蹲"字是一个形声字，左边的足字旁是形旁，（足）＋（尊，弯腰屈膝敬拜）。从"蹲"字看出了什么？是的，一个总是偷偷摸摸；一个总是傲慢无礼。

（6）老师就纳闷了，明明题为"白鹅"，写的是白鹅啊，为什么要写狗呢？是不是很多余？

（转述学生的话：你说一个好似故事里的主角儿，一个好似故事里的配角儿，用狗这个配角儿的猥琐来衬托出主角儿白鹅的高傲。）（板书：妙以"狗"衬）

【要点提示：此环节为重点段落教学环节，用时8分钟。以师生对话式互动为主要形式，学生在教师语言的引导下，参与到读、思、演、议多角度的语文实践活动中，课堂气氛活跃，学生学得兴趣盎然。】

（五）总结方法，布置练笔

1. 同学们，丰子恺爷爷把鹅当成人来写，用了生动形象的动作词，并找来了狗陪衬，他的文字画面感就更强了，文中白鹅"高傲"的姿态就更形象了！

2. 这高傲的白鹅可是处处树敌啊！你们瞧，这段视频又记录了它与大公鸡的一场恶斗，仔细看，看完以后，尝试着用今天学到的描写方法写一段"鹅鸡大战"。

【要点提示：此环节为收尾环节，用时1分钟。教师总结板书上的学法，将学法迁移至片段练笔中，达到学以致用的目标。】

四、板书设计

白　鹅　丰子恺

蹲

漫画　　高傲　　文字 ┌ 妙当"人"写
　　　　　　　　　　　├ 妙以"狗"衬
　　　　　　　　　　　└ 妙用"动"词

22

统编版四年级下册

《记金华的双龙洞》

陈学娟　执教

一、扫描文本

　　《记金华的双龙洞》是统编版小学语文四年级下册第五单元的第二篇精读课文，是叶圣陶先生写的一篇游记。作者按游览的先后顺序，先写了去双龙洞途中的风光，接着写双龙洞洞口的景色，再写怎样通过孔隙来到内洞，最后写出洞，融情于景，表达了作者对祖国秀丽山河的热爱之情。

二、教学速构

（一）教学内容

　　课文 1~5 自然段。

（二）教学目标

1.正确、流利、有感情地朗读课文，学写"窄"字。

2.了解课文是怎样按游览顺序记叙了作者游双龙洞的所见所闻的。

3.了解金华双龙洞的奇特景观，激发学生热爱祖国美好山河的思想感情。

（三）教学重难点

了解金华双龙洞的特点，领会作者是怎样按游览顺序有条理地记叙双龙洞的所见所闻的。

三、教学流程

（一）谈话导入，引出课题

1.同学们，告诉你们一个振奋人心的消息：明天我们要去春游啦！看到你们咧开嘴笑了。不过，游玩之后我们要写一篇游记哦！呀，马上眉头皱起来了。那今天我们就来学一学如何写游记。（板书课题）请读课题——记金华的双龙洞。

2."记金华的双龙洞"，初读到这个题目的时候，你知道了什么？

（转述学生的话：①你很细心，从这个"记"字了解到这是一篇游记；②你知道了这个景点是在浙江省。）

3.读了这个课题，你们想知道什么？

（转述学生的话：①为什么要起名为双龙；②不得了，你很会思考，你想知道叶圣陶爷爷是怎么写游记的；③金华除了双龙洞还有什么值得游览的地方。）

4.看来你们的兴致一点也不亚于叶圣陶爷爷，有了疑问就有了阅读的兴趣，带着疑问与探究的兴趣赶紧走进课文吧！

【要点提示：此环节为导入环节，用时1~2分钟。通过谈话的方式，激发学生的学习兴趣。教师心中要有培养学生见课题产生疑问的意识，通过质疑课题，让学生产生阅读的兴趣，带着问题走进课文，引发进一步的思考。】

（二）梳理全文，板画理思

1.请同学们自由读全文，边读边想：作者都游览了哪些地方呢？谁来说说？

（转述学生的话：作者从金华出发到罗店，来到洞口，进入外洞，再由孔隙来到内洞，最后出洞。）（一边转述一边板画。）

2.你从老师的板书中看出了什么？是的，这就是作者的游览顺序。

【要点提示：此环节为梳理全文的环节，用时1分钟。让学生通过朗读对课文有初步的了解，通过提问，梳理全文，板书示意，初步点出本单元的语文要素：了解课文按一定顺序写景的方法。】

（三）聚焦文段，体验阅读

1.刚才我们走马观花，现在我们再读课文，想一想哪一处的景物让你印象深刻？

（转述学生的话：①你喜欢外洞；②看来孔隙让你们感受很深。）（板书：外洞　孔隙）

2.同学们，现在我们听着流淌的小溪（课件播放溪水声音）缓缓前行来到了洞口。请看洞口，你有什么感觉？

（转述学生的话：特别大，特别高。）

3. 你从哪里看出来的？（学生：突兀森郁），这是什么意思？（学生：指的是山峰高耸的样子）你真会抓关键词，请你来读一读，读出外洞突兀森郁的感觉来。

4. 我们全班一起读一读。真好，读出了它的气势。同学们，进入外洞又有什么感受？请从文中找到相应的句子。

（转述学生的话：①非常宽敞，八百个人开会都不觉得挤；②"走进去仿佛来到一个大会堂"说明很大。）（板书：高、宽、大）这么大的外洞，我们要好好读一读。从你们的朗读中，让人感受到外洞大到不可思议。

5. 我们继续跟着作者乘小船来到了孔隙。看来这段内容给很多同学留下了深刻的印象。请你们说一说从这段中你知道了什么？

（转述学生的话：①孔隙是一个很小的裂缝；②孔隙很小很小。）

6. 孔隙是什么意思？大家都认为孔隙很小，对吗？可是，文中有这么一句："虽说是孔隙，可也容得下一只小船进出"。它还小吗？（学生：不小）

7. 那为何又称它为孔隙呢？它到底是大还是小？

（转述学生的话：称它是孔隙，是与外洞进行比较，外洞像一个大会堂，而孔隙却只能容下一艘小船进出，相比之下，就显得特别小。）

8. 你可真会读书，知道从文中找到蛛丝马迹，通过联系上文来理解内容，值得大家学习。从这段话中你们还知道了什么？

（转述学生的话：过孔隙要乘小船，小船只能容纳两个人并排仰卧。）那什么叫作并排仰卧呢？我请两位同学上台来做个示范。说明什么呢？（学生：孔隙很窄）

9. （板书：窄）"窄"字是本节课的生字，写的时候注意上下结构，注意比例，上收下放。现在请你们在课本"窄"字田字格旁也写一个"窄"，注意头正、肩平、腰直、足安。

10. 老师有个疑问，这里明明是写孔隙，为何又先写小船呢？

（转述学生的话：①小船越窄，说明孔隙也越窄；②这里是通过写小船的窄来突出孔隙的窄。）

11. 除了"窄"这个特点之外，还有什么特点？

（转述学生的话：从"我怀着好奇的心情……撞破额头，擦伤鼻子"，这些语句中感受到孔隙的矮。）

这句话中的哪些词体现了它的特点？（学生：贴）

可以用其他词代替吗？如"靠""挨"？

（转述学生的话：①不能，"贴"说明了是刚刚好，不偏不倚，说明孔隙的矮；②你还要补充，你觉得挤压也能感受到孔隙的矮。）

挤压是什么意思呢？从左右向中间用力叫——（学生：挤），从上向下用力叫——（学生：压）山石真的会向人挤压过来吗？——（学生：不会，文中是用了"似乎""感觉"）此刻如果你是作者，你的心情是怎样的呢？（学生：紧张、担心）

12. 是啊，你说得真好，挤压这个词，写出了孔隙的矮、险，又写出了作者过孔隙时的真实心情。（板书：矮、险）

13. 现在请你读读，把作者过孔隙时的心情读出来。如何才能读好呢？不急，我们来看看游人过孔隙的视频。（播放）你能再来读一读吗？你告诉大家，你是怎么读得如此绘声绘色呢？

（转述学生的话：把自己当成作者，仿佛自己在过孔隙一样。）

是啊，把自己放到文本中，一边读一边想象过孔隙的画面，你真会读书，学着他的样子也来读一读。

【要点提示：此环节为重点段落教学环节，用时10分钟。"了解课文按一定顺序写景的方法"是本单元的语文要素之一，为进一步落实此训练点，教学中主要通过引导学生深入了解作者是怎么通过抓住景物的特点，把景物有条理地记录下来。知道作者是怎样按游览顺序有条理地记叙双龙洞的。在教学中引导学生深入思考，想象画面，带领学生入情入境。】

（四）回顾写法，延续思考

回到课前我们谈到的，如何写一篇游记呢？谁来说说？

（转述学生的话：①按照一定的游览顺序，按照自己行走的路线来记录；②把感受最深的景点通过抓住其特点重点记录下来。）

看来今天的课你们收获满满，期待明天你们写的游记。

通过品读，抓关键词，联系上下文，我们知道了作者的游览顺序、外洞和孔隙的特点，那么内洞又是怎样一番别有洞天呢？下节课我们继续学习。

【要点提示：此环节为总结延伸，用时 1 分钟。教师在此环节要总结板书内容，并提炼学法，将课延伸到课后。】

四、板书设计

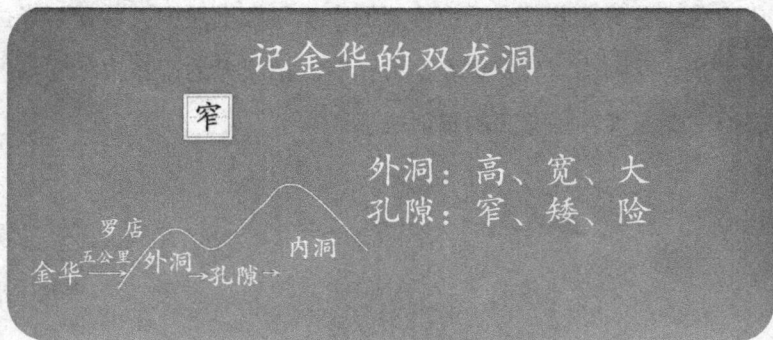

23

统编版四年级下册

《宝葫芦的秘密》

俞卉　执教

一、扫描文本

　　《宝葫芦的秘密》是统编版小学语文四年级下册第八单元的第一篇精读课文，是童话大师张天翼笔下的一篇名作。阅读此文，你会情不自禁地跟随主人公王葆走进离奇的故事情节中，走进幻想的世界里，感受童话的神奇魅力。故事语言简练，想象丰富，情节曲折，文章到最后才把"秘密"揭示出来，告诉小读者们在学习和生活中，一定要经过不断努力才能获得成功，不要想着不劳而获。用浅显的语言揭示深刻的道理，这是一篇极富教育意义的童话故事。

二、教学速构

（一）教学内容

课文 4~19 自然段。

（二）教学目标

1. 认识"矩、撵"等 8 个生字，学写"矩"字。

2. 默读课文，了解王葆想得到宝葫芦的原因，感受宝葫芦的神奇，体会人物的形象。

（三）教学重难点

默读课文，了解王葆想得到宝葫芦的原因，感受宝葫芦的神奇，体会人物的形象。

三、教学流程

（一）视觉享受，引出"宝葫芦"

1. 同学们，今天，老师请来了一位新朋友。瞧，它是什么？读——葫芦。（板书：葫芦）

2. 它可不是一个普通的葫芦，它可是有秘密的宝葫芦。（补充板书：宝葫芦的秘密）

猜猜看，它里面装着什么秘密？猜不着吧，让我们一起看一段电影片段（播放：《宝葫芦的秘密》）

3. 这部电影很有趣吧，这段视频就是根据今天咱们要学习的课文改编的。还等什么？赶快打开课本，到文中看看吧。

【要点提示：此环节为导入环节，用时 1~2 分钟。教师用一段精彩的视频将"宝葫芦"很自然地引出，给学生一种美妙的视觉体验，激发学生的求知欲望，不知不觉地走进了文本。】

（二）读题质疑，体会"秘密"

1."宝葫芦的秘密"，初读这个题目的时候，你有什么疑问？

（转述学生的话：①到底是什么秘密呢？②这个秘密和谁有关系？）

2. 带着疑问与探究的兴趣赶紧走进课文吧！

【要点提示：此环节为过渡环节，用时 1 分钟。教师要有培养学生疑问的意识，通过质疑课题，让学生产生阅读的兴趣，带着问题走进课文，引发进一步的思考。】

（三）朗读对话，品味情感

1. 通过初读课文，我们知道王葆是故事的主人公，他是怎么知道宝葫芦的"秘密"的？请大家细读课文 4~19 自然段，试着用自己的话进行概括。

2. 看到你高举的小手，一定知道答案了。

（转述学生的话：①每次奶奶要王葆做事情之前，都要给王葆讲一个故事；②这可是奶奶和王葆之间的秘密，也是他们立下的规矩。）

3. 你们都有一双火眼金睛，一下子就找到答案了。这里的"规矩"是什么意思？

（转述学生的话：规则、做法。）

4. 遇到不理解的词语，能借助工具书，是学习词语的好办法。

"矩"是这一课的生字，（出示课件："矩"字的金文。教师手指课件讲解）这是古代的"矩"字。大家看，像不像一个人手里拿着一把尺子？其实，"矩"的本义是画直角或方形用的曲尺，也指法则，规矩。让我们一起动笔写一写这个字。

5.我们的生活中，哪些地方要讲规矩？

（转述学生的话：①班级公约就是每个班的规矩；②坐公交车要讲规矩；③外出旅游也要讲规矩。）

6.原来，有这么多地方都得讲规矩。俗话说：没有规矩，不成方圆。王葆和奶奶是一对祖孙，他们之间有没有要守规矩的地方呢？你说有，证据在哪儿？

（转述学生的话：①你从他们之间的对话中看出来；②答案就在文中9~14自然段。）

这可是一个重大的发现！请同学们同桌互相练习对话，等会儿再请一对"祖孙"来演一演。刚才老师看到同学们都读得很投入，谁愿意扮演这一对祖孙？

请最角落的一组同桌来试试。（稍作停顿）不错，看得出来他们的感情深厚。还有哪一组同学再来演一演，看看能不能赛过他们。请第二组第三排，（用手做邀请的姿势）一个是疼爱孙子的奶奶，一个是调皮可爱的孙子，这样的祖孙情真让人羡慕。

现在，我把祖孙俩对话的旁白删掉，女生读奶奶说的话，男生读王葆说的话，再体会一下。

（出示课件）

"乖小葆，来，奶奶给你洗个脚。"

"我不干，我怕烫。"

"不烫啊。冷了好一会儿了。"

　　"那，我怕冷。"

　　"你爱洗就让你洗，你可得讲个故事。"

　　"好小葆，别动。"

　　"让我给你剪一剪……"

　　"那，非得讲故事。"

　　这段话与文章中的对话进行对比，你有什么发现？文中的旁白主要是"我"和奶奶的动作描写，去掉后有什么不同？哪一种语言表达得更好呢？

　　（转述学生的话：①你说文中的对话更加生动、幽默、风趣；②加上动作的对话更有画面感；③文中的语言更能体现奶奶和王葆之间感情深厚。）

　　7.刚才，同学们都各自发表了自己的看法。的确，这就是童话故事语言的突出特点：幽默、风趣、富有想象力。（板书：幽默　风趣　富有想象力）

　　就这样，十多年过去了，奶奶为了让王葆听话，给王葆讲了许多宝葫芦的故事。奶奶真可谓是"故事大王"，每次讲的故事都各具特色，让人百听不厌。奶奶都讲了哪些故事呢？请大家用跳读的方法，到课文中去寻找答案吧。

　　（转述学生的话：①你找到了奶奶上次讲的是张三撞见神仙，得到宝葫芦；②李四龙宫游玩得到宝葫芦；③王五肯让奶奶换衣服，得到一个宝葫芦；④赵六掘地时得到了一个宝葫芦。）

　　（板书：张三　李四　王五　赵六）

　　大家发现了吗？张三、李四、王五、赵六这四个人得到宝葫芦的方法都——（稍作停顿）不一样。他们得到宝葫芦后，发生了什么？请最后一排的女生来说。

（转述学生的话：①张三想吃水蜜桃，马上出现水蜜桃；②李四想要一条大花狗，就有一条大花狗。）

8.你们能从课文中快速提取关键信息，很不错。故事中，不管张三也好，李四也好，一得到这个宝葫芦，可就——

（引读：幸福极了。）

是啊，得到宝葫芦就代表过上了幸福的生活。这是一件多么神奇的事啊！让我们一起读读奶奶说的宝葫芦的故事，品味作者的语言魅力。（引读：张三——，李四——，王五——，赵六——。）

9.每一个故事都各不相同。老师觉得文中的故事还不够具体，咱们一起展开想象的翅膀，给每一个故事都加上一些细节，使故事变得更加生动、形象。下面，请大家在学习小组内交流一下。

看到大家讨论得热火朝天，我都不忍心打断你们。今天，就让我们一起开展一次"故事大王"比赛吧。（邀请三个学习小组进行展示）

刚才，有的小组加上人物对话进行创编，有的小组加上人物的动作和神态进行创编。看来，大家都是创编故事的高手，不仅改得好，而且讲得妙。语言流畅，语调抑扬顿挫，做到了声情并茂。你们个个都是故事大王，不分伯仲。

10.一晃十多年过去了，奶奶不知给王葆讲了多少宝葫芦的故事。听着听着，王葆长大了，他常常联系到自己，要是也有一个这样的宝葫芦，该多好啊！

【要点提示：这一环节是学习课文的重头戏，用时 10 分钟。"感受神话的奇妙，体会人物真善美的形象"为本单元的语文要素之一，为落实此训练点，教学中运用对比读、分角色朗读，体会祖孙之间的深厚情感，用创编故事的方式，调动学生的多种感官，体会童话语言的魅力。】

（四）总结全文，延续思考

同学们，这节课我们跟随作者走进神奇的童话，感受张天翼爷爷幽默、风趣的语言风格，发现奶奶讲的宝葫芦的故事情节各异，但它们的结果都一样，拥有宝葫芦就拥有幸福。大家通过创编故事，感受童话丰富的想象力。那一个个有趣的故事带领我们走进主人公王葆的心灵，走进宝葫芦的神奇世界。难怪王葆对宝葫芦充满了无穷无尽的幻想，渴望得到它。那么，王葆的幻想到底能不能实现呢？我们留着下节课学习。

【要点提示：此环节为总结延伸，用时 1 分钟。教师在此环节要总结板书内容，提炼学法，将创编故事延伸至今后的学习中，引发学生的阅读期待。】

四、板书设计

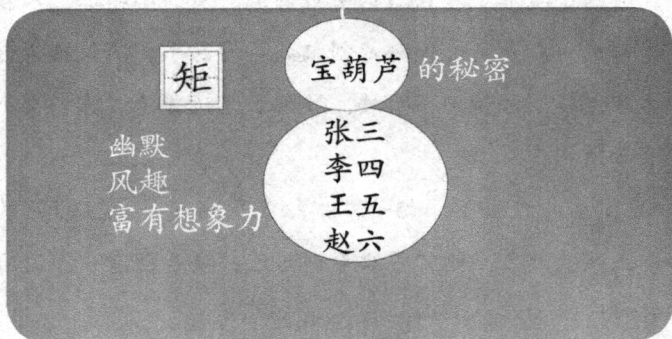

24

统编版四年级下册

《巨人的花园》

林威 执教

一、扫描文本

　　《巨人的花园》是统编版小学语文四年级下册第八单元的第二篇精读课文，是一篇充满奇妙想象与美好情感的童话。在作者王尔德的笔下，原本冷酷蛮横的巨人，最终变成了心地善良的人，和孩子们一起分享花园，享受快乐……文章充满童话的趣味性，通过描写巨人和孩子们的言行和花园产生的变化，揭示了"分享才能真正获得快乐"这一深刻主题。

二、教学速构

（一）教学内容

课文 10~15 自然段。

（二）教学目标

1.正确、流利、有感情地朗读课文，学写"砌"字。

2.边读边思考花园的景色为什么会发生变化，小男孩给巨人带来的变化。

3.品味童话的奇妙，体会人物真善美的形象。

（三）教学重难点

品味童话的奇妙，体会人物真善美的形象。

三、教学流程

（一）回顾"砌墙"，承上启下

1.同学们，刚才我们已经学习了课文的1~9自然段，知道巨人做了一件什么事？对了，就是砌墙。（板书：砌）巨人砌了一堵墙，把孩子们挡在了花园之外，这也给巨人的花园带来了神奇的变化。这就是童话，情节奇妙，充满想象。

2.大家请注意，这个"砌墙"的"砌"字可是本课的生字，请同学们伸出手，跟着老师一起来书空这个砌字。左边是石字旁，左右结构的字，注意要写得左窄右宽，右边的切字不要写错笔画。好了，请在课本的空白处，试着写一写吧。

3.巨人砌了一堵墙，把孩子们挡在了花园的外头，接下来会发生什么奇妙的事情呢？让我们继续来学习。

【要点提示：此环节为过渡环节，承接前面1~9自然段的教学，用时大概1分钟，并在此处引出文本结构中的第一层：砌墙。加上结合

"砌"字的生字练写,自然地完成识字写字任务。点明童话"奇妙"的文体特点,为接下来的教学做铺垫。】

(二)细读"钻墙",感受变化

1.下面请同学们读课文的10～13自然段,边读边思考,围绕着这一堵墙,又发生了什么奇妙的事?

(转述学生的话:你觉得,这一段说的是孩子们从墙的破损处钻进来,结果又给花园带来了春天。)

2.是呀,前面的故事,说的是"砌墙",在这里,对着这堵墙。如果我们也用一个动词来概括,那就是"钻墙"。(板书:钻墙)巨人砌墙,孩子钻墙。这一钻墙啊,又发生了很多奇妙的事情。再仔细地读一读,勾画出你发现的奇妙之处,说一说。

3.你来说说。(转述学生的话:他抬头望去,一缕阳光从窗外射进来。好几个月没见过这么明媚的阳光了。巨人的花园已经好几个月都像冬天一样严寒,但今天却突然布满阳光,十分奇妙。)是啊,奇妙的事情就这样发生啦!

4.你也说说。(转述学生的话:巨人激动地跑到花园里,他看到花园里草绿了花开了,有许多孩子在欢快地游戏,他们大概是从围墙的破损处钻进来的。)多么美妙,把这句话再读一读,读出草翠花开的美,读出孩子们游戏的欢快。

5.还有吗?(转述学生的话:花园又被冰雪覆盖了。因为孩子们看到巨人很害怕,纷纷逃出了花园,花园又回到了冬天的样子。)是啊!孩子们逃走了,花园又发生了改变,你读一读,全班齐读。

6.你看,孩子们钻墙进入花园,顿时阳光明媚,花红草绿,欢声笑语,等到孩子们逃走后,冰雪覆盖。前后的变化形成了鲜明的对比。

7. 花园前后的景色，为什么会发生如此巨大的变化呢？

（转述孩子的话：①你觉得是因为孩子，孩子来了，就给花园带来了春天，孩子走了，春天又不见了；②有孩子的地方才有春天，通过联系上下文，你发现了问题的答案。）

【要点提示：此环节为教学主环节之一，用时 5 分钟，旨在通过朗读的训练，了解"钻墙"的奇妙情节，通过朗读指导，读出巨人的花园再次产生不同景色的变化，并且思考和体会花园的景色为什么会发生变化的原因。】

（三）品味"拆墙"，体悟道理

1. 在 11 自然段的结尾，我们发现有一个小男孩留在了花园里。这个小男孩的身上又将发生什么神奇的事情呢？仔细读 13 自然段，边读边思考一个问题：这个小男孩是个怎样的孩子？

2. 都读完了吧？谁来说说看，你觉得这个小男孩是个怎样的孩子？

（转述学生说的话：你觉得这个小男孩是个心地善良的孩子，因为"小男孩伸手搂住巨人，亲吻着他的脸颊。"）

是呀，这个小男孩是个亲切善良的孩子。正是因为他，才让巨人明白了一个道理。（出示课件）齐读——没有孩子就没有春天。

3. 孩子的魔力，对花园来说，是什么？（给花园带来了春天。）

4. 孩子的魔力，对巨人来说，是什么？（融化了巨人任性、冷酷的心。）

5. 所以，在孩子的感化下，巨人最终做了一个决定，那就是"拆墙"。（板书：拆墙）他拆除了围墙，把花园给了孩子们。

6. 小结：从一开始巨人"砌墙"，把孩子和春天都挡在了花园外；到后来，孩子们"钻墙"，再一次让花园有了春天；到最后，巨人受到了感化，终于"拆墙"，花园从此成了孩子们的乐园。这堵神奇的墙，见证了花园的变化，也见证了巨人的变化。多么奇妙的一堵墙啊，这就是童话的特点。

【要点提示：此环节为教学主环节之一，用时5分钟，通过品味小男孩的言行和他给巨人带来的变化，体会到巨人明白了道理，概括出"拆墙"这一大意，从而梳理板书，围绕着"墙"，从砌，到钻，到拆，是整个故事的流程。在这堵神奇的墙的故事中，体会童话奇妙的特点，感受人物真善美的形象。】

（四）升华"心墙"，联系生活

1. 同学们，让我们一起齐读课文的14自然段。（从此以后，巨人的花园又成了孩子们的乐园。孩子们站在巨人的脚下，爬上巨人的肩膀，尽情地玩耍。）

2. 想一想，孩子们和巨人在花园里，都会玩些什么呢？

（转述孩子们的话：①你觉得，他们会在巨人的胳膊下荡秋千。真可爱；②你猜孩子们会躲在巨人的背后玩捉迷藏。有意思；③你认为，他们可能还会把巨人庞大的身躯当滑滑梯来玩。可真是有想象力呀。）

3. 是呀，巨人就这样，和孩子们尽情地玩耍，感到无比的幸福。你们觉得，此时，巨人还是巨人吗？其实，他也已经成了一个——孩子。

4. 巨人变成了孩子，这一切，都是从拆除了这堵墙开始的。这堵墙，不仅仅出现在这则童话故事里，其实这堵墙也常常出现在我们的现实生活里，它就是人与人之间的隔阂，其实是一堵"心墙"。当我们与人交往时，只要放下多余的防备，拆除任性、自私、冷漠的"心墙"，多和他人分享，就能获得幸福和快乐。

【要点提示：此环节梳理板书，总结收尾，升华本课的主旨和中心，用时 2~3 分钟，此处，让孩子们展开想象，想想巨人和孩子们将会如何幸福地生活，将贯穿全文的线索"墙"上升为"心墙"，呼吁学生在生活中拆除"心墙"，在生活中学会与人真心、融洽地交往，将本课语文教学的工具性与人文性统一。】

四、板书设计

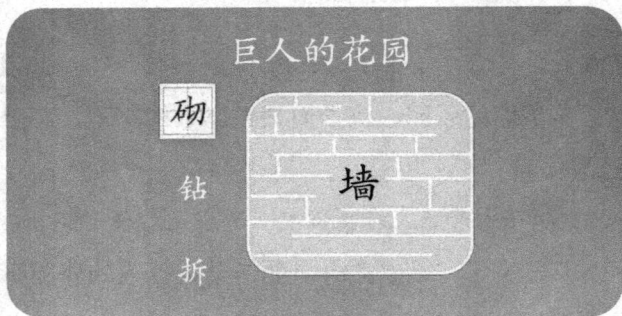

25

统编版五年级下册

《祖父的园子》

王琼 执教

一、扫描文本

《祖父的园子》是统编版小学语文五年级下册第一单元的第二篇精读课文，节选自作家萧红的自传体长篇小说《呼兰河传》。本单元以"童年往事"为主题，课文描写了"我"童年时代跟随祖父在园子里劳动的情景，表现了祖父的园子是"我"童年自由的乐园，表达了对童年生活的眷恋和对祖父的怀念。

二、教学速构

（一）教学内容

课文 16 自然段。

（二）教学目标

1. 正确、流利、有感情地朗读课文。

2. 理解课文内容，感受作者在园子中快乐、自由的生活，体会出作者对童年生活的眷恋。

3. 领悟借物抒情的表达方式，感受作者当时的自由。

（三）教学重难点

1. 感受作者在园子里充满乐趣、自由自在的生活。

2. 领悟借物抒情的表达方式，感受作者当时的自由。

三、教学流程

（一）入自由之境

1. （板书：祖父的园子）同学们，通过前面的学习，我们知道了祖父的园子是一个花园、果园，也是一个菜园，那么它还会是什么园呢？一起来听一听、看一看吧！（播放园子里鸟儿飞翔、蝴蝶飞舞、瓜果飘香的画面，同时播放 16 自然段的朗读录音，把学生带入情境中。）

2. 自由读一读，感受一下，祖父的园子还是一个什么园呢？

3. 谁来跟大家分享一下你的想法？

（转述学生的话：①你觉得这是一个自由园；②你觉得这是一个乐园。）是啊，合在一起，就是一个自由的乐园。（板书：自由）

4. 下面我们就一起走进萧红笔下这个自由的乐园。

【要点提示：此环节为导入环节，用时 2 分钟，能够激发学生的兴趣，活跃学生的思维，让学生初步感受到这还是一个自由的乐园。】

（二）赏自由之景

1.同学们，你是从哪里感受到祖父的园子是一个自由的乐园的呢？读一读、画一画你找到的句子。

2.你们找到了哪些句子呢？（转述学生的话）

①你找到了"花开了，就像睡醒了似的。鸟飞了，就像在天上逛似的。虫子叫了，就像虫子在说话似的。"

②你找到了"一切都活了，要做什么，就做什么。要怎么样，就怎么样，都是自由的。"

③你找到了"倭瓜愿意爬上架就爬上架，愿意爬上房就爬上房。黄瓜愿意开一朵花，就开一朵花，愿意结一个瓜，就结一个瓜。若都不愿意，就是一个瓜也不结，一朵花也不开，也没有人问它。玉米愿意长多高就长多高，它若愿意长上天去，也没有人管。"

④"蝴蝶随意地飞，一会儿从墙头上飞来一对黄蝴蝶，一会儿又从墙头上飞走一只白蝴蝶。它们是从谁家来的，又飞到谁家去？太阳也不知道。"

3.那大家能不能概括一下我们刚才找到的句子都是描写什么的呢？（转述学生的话：描写景物的，你概括得特别准确。）（板书：景）现在请把这段写到的景物按顺序圈起来，一个都不能少。

同学们，你们圈了哪些景物呢？

（转述学生的话：你圈了"花"，"鸟""虫子"，"倭瓜"，"黄瓜"，"玉米"，"蝴蝶"。嗯！你太棒了，找得非常全面。）

4.那么，作者是用什么方法把园子里的一切事物都写得那样自由自在的呢？（让学生体会表达的妙处，自由交流。）

（转述学生的话：①你认为运用了拟人的手法，花活了，就像睡醒了似的；鸟活了，就像在天上逛似的；虫子活了，就像在说话似的；（板书：拟人）②你认为这3句还运用了排比的手法，把一切都写活了，你真厉害；（板书：排比）③你认为对"倭瓜""黄瓜""玉米"的描写也运用了排比和拟人。）

5. 朴素的文字，普通的景物，处处传达着自由与快乐，带着这样的感受齐读这段。

【要点提示：此环节为重要环节，用时3分钟。教师要引导学生自主发现作者表达的妙处，提升学生的审美能力和表达能力。】

（三）悟自由之情

1. 同学们，萧红为什么要把这些植物、动物，写得这么自由自在？（转述学生的话：①你认为因为萧红在园子里玩，她自己也是自由的。她自己很自由，所以她看到周围的一切也都是自由的；②你认为写动植物自由是为了表达自己当时的自由，抒发情感。老师同意你们的观点。）（板书：自由　情）

2. 借助景物来表达情感，这种表达方式叫什么呢？（转述学生的话：借景抒情。）（补充板书：借　抒）

3. 作者把园子里的一切事物写得那样自由自在，我们可以通过朗读的方式来体会。比如写花、鸟的这两句话，你怎么读让人觉得这花、鸟确实很自由，自己试试看。（学生先自由读描写"花""鸟"的句子，再指名读，谈对这三句话的理解，对大家的理解予以肯定与表扬。）

4. 作者下面还对倭瓜、黄瓜、玉米、蝴蝶进行了描写，老师与你们合作读，老师读停顿了，你们立马接上读，同时还要与老师的朗读节奏保持一致哦。

5. 这段话中，哪一个字出现的频率最高？"就"，非常准确。

数一数，"就"字一共出现了几次？（学生：11 次）

作者是不经意写的，还是特意写的？（学生：特意写的。）

作者为什么特意这么写，你们猜猜看？（学生：为了强调这些事物是自由的。）是的，这就是萧红的文字魅力，这种自由通过一连串的排比句式"愿意……就……"表达出来，真是想干什么就干什么。

6.我们还可以把自己当成园子里的一只蝴蝶或者一朵花，或者一棵树，来表达你的快乐和自由，一起读——（引读 16 自然段）

【要点提示：此环节为难点段落教学环节，用时 8 分钟。"体会课文表达的思想感情"为本单元的语文要素之一，教学中以有感情地朗读、把自己想象成文中的角色、分析景物描写等策略，落实教学目标，使学生掌握体会思想感情的方法。】

（四）感自由之爱

1.同学们，萧红为什么可以这样自由自在呢？

（转述学生的话：正因为有这么一位宽容、慈爱的祖父，萧红才可以在园子里为所欲为。前面很多地方写祖父怎么样，萧红就怎么样。）

祖父戴一顶大草帽	我戴一顶小草帽
祖父浇花	我也浇花
祖父铲地	我也铲地
祖父……	我也……

2.总而言之，祖父干什么，萧红就干什么，祖孙俩形影不离，那画面好温馨啊！慈祥的祖父给萧红带来了无比的幸福，祖父的园子给予萧红无穷的快乐。祖父宽容的爱给了萧红心灵的自由，所以，在萧红眼里园子里的一切都是自由的。祖父、萧红、园子就这样紧紧地联系在了一起，不可分割。

（五）拓自由之园

1. 萧红在《呼兰河传》中这样说——

就这样，一天一天的，祖父，后园，我，这三样是一样也不可缺少的了。

祖父教我的有《千家诗》，并没有课本，全凭口头传诵，祖父念一句，我就念一句……

2. 原来，祖父的园子还是一个校园，祖父的园子还会是一个什么园呢？小时候自由奔放的萧红，长大后是不是还会继续拥有这样自由快乐的生活呢？

（出示资料，学生自由读：成年后的萧红过得并不如意，很少有人的生活像她一样坎坷。18 岁的时候，祖父去世了，20 岁的时候，她为了反抗包办婚姻，离开了自己的家，流浪在外。她的生活从此陷入了困顿，起码的吃、住都没有着落，她一生也没有拥有一个幸福安定的家。《呼兰河传》就是萧红在逃亡过程中写下的一本回忆录。茅盾曾这样评价《呼兰河传》的艺术成就："它是一篇叙事诗，一片多彩的风土画，一串凄婉的歌谣。"）

3.《呼兰河传》中还有很多关于这个园子的描写，希望同学们课后可以读一读这本书。

【要点提示：此环节为拓展延伸，用时 4 分钟。教师在此环节设置悬念，激发学生继续去了解萧红，引发学生阅读整本书的热情，全面提升学生的语文素养。】

四、板书设计

祖父的园子

借（自由）景

排比　　　　拟人

抒（自由）情

26

统编版五年级下册

《梅花魂》

王剑燕　执教

一、扫描文本

　　《梅花魂》是统编版小学语文五年级下册第一单元的第二篇略读课文，作者通过对童年时代的回忆，讲述了外祖父思念祖国的故事。通过对略读提示的研读，确定这篇课文的学习要点是：尝试概括、体会感情、理解题意。结合本单元的语文要素——体会课文表达的思想感情，以及《祖父的园子》《月是故乡明》两篇文章方法的习得，《梅花魂》这一课重在习得方法的运用。

二、教学速构

（一）教学内容

课文 12~16 自然段，勾连 2 自然段。

（二）教学目标

1. 正确、流利、有感情地朗读课文。
2. 品读课文，体会外祖父思念家乡、眷恋祖国的情怀，领悟梅花魂。

（三）教学重难点

品读课文，体会外祖父的思乡恋国情怀，领悟梅花魂。

三、教学流程

（一）赏梅入文，初探梅花魂

1. 都说梅开百花之先，不为争春只为报春，从古至今，许多文人墨客们都赞颂它高洁的品格。此时，大家应该会想起这些诗词：

墙角数枝梅，凌寒独自开。

已是悬崖百丈冰，犹有花枝俏。

2. 读着诗句，我们可以感受到梅花愈是寒冷，风欺雪压，就愈是秀气。刚才我们通过对课文内容的梳理，概括出文章写了"教诗词落泪""爱惜墨梅图""难归而痛哭""赠予墨梅图""送梅花手绢"这五件典型事例。还发现了在文章的开头、中间、结尾都有流泪的画面，像这种反复出现的细节画面，最值得我们关注。

3. 你们有没有发现文章中还有事物是反复出现，一直藏在文章中的？对了，就是梅花。写外祖父的事例一直都和梅花相关联，到底是为了表达外祖父怎样的思想感情呢？让我们一起走进事例中，寻找答案吧！

【要点提示：赏梅入文，既能过渡教学环节，又能勾连梅花文化，有助于学生对梅花精神的理解。用时2分钟。】

（二）品事入境，再探梅花魂

1. 同学们都关注到了写梅花有三个事件："爱惜墨梅图""赠予墨梅图"和"送梅花手绢"。先请同学们默读"爱惜墨梅图"段落，想一想，这里表达了外祖父怎样的思想感情？（出示文段）

2. 你说表达了外祖父对墨梅图的喜爱之情。（板画：爱心）

3. 你是怎么理解的呢？（转述学生的话：你发现了文章采用对比的写法，对于不少价值不菲的古玩，无论"我"怎么摆弄，老人都不甚在意，足以见得对外孙女的疼爱；唯独那幅墨梅图，他分外爱惜，不小心弄脏了，顿时拉下脸来，第一次训斥女儿。）

4. 你很会发现，这前后的对比、态度的变化着实让人猜不透。

5. 你还有发现？哦，外祖父用刀片轻轻刮去污迹，又用细绸子慢慢抹净。想象一下，假如你就是这个五岁的外孙女，你会体会到什么？是啊，外祖父那么疼爱我，连价值不菲的古玩被我摆弄都不在意，但为什么唯独对这普普通通的墨梅图不一样呢？看来墨梅图在他心目中占据着非常重要的地位。通过前后的对比以及神态和动作等细节描写表达了外祖父对墨梅图的爱惜和看重！

6. 既然外祖父对墨梅图这么爱惜和看重，为何在临行前又赠送给外

孙女呢？很好，大家都关注到了这段话，和老师一起朗读。（聚焦13自然段）（配乐朗读）

7. 原来，在老人的心中，他珍爱的不是名师佳画，而是画中所画的梅花。因为它是最有品格、最有灵魂、最有骨气的。他不但爱梅花，更热爱那些像梅花一样有气节的人。那么"气节"是什么意思呢？什么是"有气节"的表现呢？

（转述学生的话：你很会引经据典，看来平时很爱阅读，举了岳飞精忠报国的事例来告诉我们什么是有气节的表现。）

8. 还有人补充？

（转述学生的话：①你想起了苏武牧羊那忠贞不渝的故事；②你想起了文天祥大义凛然、宁死不屈的英雄事迹。）

9. 他们的事迹，他们的气节，用文中的一句话概括就是：（引读：不管历尽多少磨难，不管受到怎样的欺凌，从来都是顶天立地，不肯低头折节。他们就像这梅花一样。一个中国人，无论在怎样的境遇里，总要有梅花的秉性才好！）

10. 可以说，外祖父珍爱梅花图，是为了让自己保持梅花的秉性，也就是保持中国人的气节。（板书：梅花秉性　中国气节）

在外祖父的心目中，爱梅花和爱祖国是统一的，因为他把梅花作为中华民族的象征。在外祖父的心目中，中华民族的精神就如这梅花一般。（再引读：不管历尽多少磨难，不管受到怎样的欺凌，从来都是顶天立地，不肯低头折节。他们就像这梅花一样。一个中国人，无论在怎样的境遇里，总要有梅花的秉性才好！）外祖父将墨梅图送给外孙女，也是希望外孙女能葆有梅花的秉性，葆有热爱祖国的一颗赤子心。

【要点提示：在典型事例的基础上，再抓外祖父的言行细节描写，将情感体会落实在语言文字中，引导学生对比、联想。用时8分钟。】

（三）联想悟情，三探梅花魂

1. 了解本文作者陈慧瑛的经历后，你就会发现，她也是那朵顶天立地、不肯低头折节的梅花。（出示课件）

陈慧瑛，著名归侨女作家，出生于新加坡，在陈慧瑛十三岁那年，经过七天七夜的航行，同母亲一起回到了故乡——厦门。回国后的她非常努力，成绩非常优异。但是在二十世纪六七十年代，由于出身华侨家庭，二十一岁那年，她被发配到穷苦的山西太行山区。她睡土窑，吃糠窝窝，喝雪水，一待就是六年，吃了很多苦。远在国外的亲人知道情况后屡次劝她离开祖国，回南洋发展，她一次又一次拒绝了，最后在文化界闯出了自己的一片天。

因为，她牢牢记住了外祖父临行前对她的嘱咐：

"一个中国人，无论在怎样的境遇里，总要有梅花的秉性才好！"

2.（出示课件）看着傲雪怒放的梅花，此时此刻，你会想起谁呢？是啊，想起最美的逆行者：他们是抢救人民于水火、脸烧得像焦炭一样黑的消防队员；他们是与死神较量、与时间赛跑的白衣天使；他们是无怨无悔保卫边疆、只能啃干粮喝雪水的边关战士……他们是让国人可以依靠的一座座山。他们不正是陈慧瑛笔下的梅花吗？他们不正传承着中华民族的精神和英雄魂吗？请记住，他们的样子，就是中国的样子。相信明天，你们也会成为他们的样子！

3. 同学们，咱们现在再读读课题，此时，你又会有怎样的感悟与思考呢？是的，梅花是物，魂是精神，（板书：精神）作者通过典型事例和细节描写让我们感受到了外祖父对祖国的眷恋和思念，感受到了作者对民族精神的弘扬和传承。（板书：传承）梅花有魂，人亦有情，外祖父就是那千千万万侨居在海外的游子的缩影。那份对祖国的真挚情感影响了自己的孙辈，也将不断鼓舞着我们每一个人。你，我，他，作为中国人，我们都要有——（齐读课题）梅花魂。

【要点提示：通过引入作者陈慧瑛的经历，感受梅花精神的传承。再结合现实生活的例子，情感升华，悟题深刻。用时3分钟。】

四、板书设计

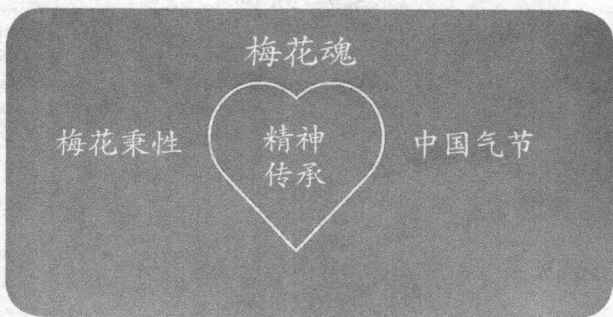

27

统编版五年级下册

《军神》

俞卉 执教

一、扫描文库

    《军神》是统编版小学语文五年级下册第四单元的第二篇精读课文，讲述的是刘伯承在担任护国军将领时，不幸负伤后，到一家外国人开的诊所里做眼部手术时，拒绝使用麻醉剂，为他动手术的外国医生沃克被其精神所感动，称赞他是"军神"的故事。读着课文，我们情不自禁地被刘伯承钢铁般的坚强意志所感染，从而走进一个无产阶级革命家的内心世界，感受刘伯承元帅的崇高品质。

二、教学速构

（一）教学内容

课文 1~15 自然段。

（二）教学目标

1.认识"诊、龄、匪"等 6 个生字，会写"匪"字。

2.默读课文，理解沃克医生的一番话，体会军神的含义，并从中受到理想主义教育。

（三）教学重难点

默读课文，理解沃克医生的一番话，体会军神的含义，并从中受到理想主义教育。

三、教学流程

（一）谈话导入，引出"军神"

1.同学们，你们看老师写一个字，猜猜是什么字？（板书：神）平时，你们在哪儿听说过它？（神话故事里）什么样的人称之为"神"？

（转述学生的话：你说神不是人，而是有超能力的神仙，知天文晓地理，能预知未来。）

2.今天，我们学习的这篇课文，题目叫（板书：军神）他跟神仙有关吗？（无关）这里的"神"指的是？

（转述学生的话：①勇敢的军人；②品质高尚的军人。）

3.看来，同学们都有自己的理解。"军神"该有多威风啊，一起读读课题吧！

【要点提示：此环节为导入环节，用时 1~2 分钟。教师用一段精彩的对话将"军神"很自然地引出，唤醒学生的记忆，激发学生的求知欲望，不知不觉地走进了文本。】

（二）读题质疑，体会"军神"

1."军神"，初次读到这个题目的时候，你有什么疑问呢？

（转述学生的话：①他是谁？②为什么被称为"军神"？）

2.你们知道军神是谁吗？（刘伯承），你认识他吗？

（转述学生的话：①中国十大元帅之一；②伟大的无产阶级革命家、军事家、军事教育家。）

同学们能利用课外资料了解刘伯承，很不错。这是高年级的孩子必须掌握的学习方法，以后会经常用到。

3.刘伯承为什么会被称为"军神"呢？带着疑问与探究的兴趣赶紧打开课本，到文中寻找答案吧！

【要点提示：此环节为过渡环节，用时 1 分钟。教师心中要有培养学生质疑的意识，通过质疑课题，让学生产生阅读的兴趣，带着问题走进课文。】

（三）朗读对话，品味"军神"

1.初读课文，思考：课文讲了一件什么事？

（转述学生的话：刘伯承在重庆临江被土匪打伤了眼睛，动手术时拒绝使用麻醉剂。）

厉害，能运用抓人物和事件的方法进行概括，把一篇文章读成了一句话。同学们，刘伯承的眼睛真的是土匪打伤的吗？

（转述学生的话：不是，你从课外资料了解到是袁世凯的部队打伤的。）

是啊，那可是刘伯承的敌人。在刘伯承的眼里，他们就是一群强盗、土匪。"土匪"的"匪"是本课的生字。本义是盛物的竹器，所以是"匚"字旁。写的时候要注意，先写"非"，再写"匚"。来，跟着老师一起写。

2. 请大家快速浏览课文，边读边想：沃克医生怎么评价刘伯承？

3. 你有一双慧眼，一下子就找到了。

（出示课件：沃克医生惊呆了，大声嚷道："你是一个真正的男子汉，一块会说话的钢板！你堪称军神！"）

谁愿意来读一读？请最后一排的女生，（稍作停顿）你把"钢板、军神"重读，为什么？哦，是想强调沃克医生对刘伯承的（敬佩）。第三组第二桌的男生，你也想试试？请你来读。（稍作停顿）你关注到了标点：两个感叹号，语气要加重。

是啊，小小的标点也能告诉我们朗读的奥秘。让我们一起怀着敬佩之情读读沃克医生的话。

4. 刚才，我发现有的同学在这段话的后面画了个问号，这也是老师的疑惑。大家想一想：沃克医生为什么称刘伯承是一个真正的男子汉，一块会说话的钢板？请同学们默读课文 11~15 自然段，用波浪线画出相关句子。

（出示课件：沃克医生正在换手术服，护士跑来，低声告诉他病人拒绝使用麻醉剂。）

哦，你有一双火眼金睛，找到了这一句。你们知道麻醉剂有什么作用吗？

（转述学生的话：手术时，打了麻醉剂可以防止疼痛。）

不用麻醉剂就面临着要忍受什么？刘伯承为什么要拒绝麻醉，联系上下文思考一下？

（转述学生的话：①不麻醉就要忍受手术的痛苦；②因为刘伯承需要一个清醒的大脑。）

作为一名护国军的将领，刘伯承要用清醒的大脑做什么？

（转述学生的话：①抵挡袁世凯的追兵；②统率大军，指挥战斗，冲锋陷阵。）

5. 是啊，有了清醒的大脑，刘伯承才能率领千军万马。这一点，他怎么会不知道？此时此刻，刘伯承可能会想——

（转述学生的话：眼睛离大脑最近，麻醉眼睛就有可能麻醉大脑。不行，我的大脑不能有丝毫损伤。）

想到这里，他平静地回答：（齐读）

（出示课件："沃克医生，眼睛离脑子太近，我担心施行麻醉会影响脑神经。而我，今后需要一个非常清醒的大脑。"）

6. 听到病人的回答，沃克医生什么反应？噢，你找到了这一句。

（出示课件：沃克医生再一次愣住了，竟有点儿口吃地说："你，你能忍受吗？你的右眼需要摘除坏死的眼球，把烂肉和新生的息肉一刀一刀地割掉！"）（板书：再一次愣住了）

7. 同学们，沃克医生可是一名很有经验的医生，文中就有提到。请快速浏览课文 1~10 自然段，找一找答案吧。

（转述学生的话：①沃克医生站起身，熟练地打开病人右眼上的绷带。你从"熟练"这个词看出来。②"你是军人！"沃克医生一针见血地说，"我当过军医，这么重的伤，只有军人才能这样从容镇定。"）

什么是"一针见血"？

（转述学生的话：能抓住要害，这里指沃克医生抓住刘伯承从容镇定的特点进行判断。）

8.你能联系上下文理解词语，这是个好办法。是啊，只有见过许多军人的沃克医生，才能看出刘伯承也是一名军人。然而，正是这样一位富有经验的医生，面对拒绝使用麻醉药的病人，（引读：沃克医生再一次愣住了，竟有点儿口吃地说："你，你能忍受吗？你的右眼需要摘除坏死的眼球，把烂肉和新生的息肉一刀刀地割掉！"）

9.同学们，你们有没有被小刀割破手指的经历？最后排的女生，你说有，疼吗？我们的手如果被小刀割破皮都会很疼。请大家闭上眼睛想象一下，用手术刀一点点地割掉烂肉和新生的息肉，那是怎样的感受啊？

（转述学生的话：①剧烈的疼痛，一定大汗淋漓；②眼皮上的肉本来就少，一定比割破手指疼上百倍。）

还能体会到什么？（刘伯承的勇敢和坚强。）（板书：勇敢　坚强）

是啊，这样的疼痛，眼前的这位病人真的能忍受吗？那可是常人无法忍受的剧痛啊！沃克医生表示怀疑。所以——

（引读：沃克医生再一次愣住了，竟有点儿口吃地说："你，你能忍受吗？你的右眼需要摘除坏死的眼球，把烂肉和新生的息肉一刀刀地割掉！"）

10.可是，如此剧烈的疼痛，刘伯承却轻描淡写地回答——"试试看吧。"这看似简单的回答背后，是一个护国军将领——

（转述学生的话：①想要保持清醒头脑的决心；②忍受剧痛的胆量；③超乎常人的顽强。）

难怪，沃克医生这样称赞他——

（引读："你是一个真正的男子汉，一块会说话的钢板！你堪称军神！"）

11. 刚才，我们通过人物之间的对话体会到沃克医生的富有经验、刘伯承的勇敢坚强。这是文章的写作特色：透过语言体会人物形象。（板书：语言）下面，让我们一起分角色朗读 1~15 自然段，感受人物的品质。

读着读着，大家发现了吗？沃克医生的神态发生了变化，请快速圈画出这些词。

（板书：沃克　冷冷　愣住了　目光柔和　眉毛扬了起来，生气）

你们都有一双慧眼，能迅速捕捉到表示神态的词。沃克医生对刘伯承的态度为什么会发生变化？

（转述学生的话：①你是说开始时，沃克医生不知道病人是军人所以"冷冷地问"；②你有补充，发现伤情后"愣住了"，猜测病人是军人后"目光柔和"了，后来听到病人拒绝使用麻醉剂动手术"眉毛扬了起来"，很"生气"，表示不理解；③听了病人的一番话后"再一次愣住了"，表示惊讶、佩服。）

12. 小结：同学们，你们从人物的神态的背后读出了沃克医生对刘伯承的敬佩，真了不起。（板书：神态）

【要点提示：这一环节是学习课文的重头戏，用时 10 分钟。"通过课文中动作、语言、神态的描写，体会人物的内心"为本单元的语文要素之一，为落实此训练点，教学中运用个别读、引读等有梯度的朗读训练，体会沃克医生态度的变化是由刘伯承引起的。带学生走进人物的内心，感受人物的高尚品质。】

（四）小结学法，铺垫下文

同学们，刚才我们通过朗读，了解到沃克医生的态度变化是由刘伯承引起的。一个个丰富的表情，一次次坚定的话语，都让我们感受到刘伯承在手术前的勇敢和坚强。这节课，我们通过抓住人物的神态、语言，走进人物的内心世界，感受刘伯承的高尚品质。下节课，我们还要继续运用同样的方法，感受刘伯承在手术中的坚强意志。

【要点提示：此环节为总结延伸，用时 1 分钟。教师在此环节要总结板书内容，提炼学法，紧紧抓住人物的语言和神态，感受人物的崇高品质。】

四、板书设计

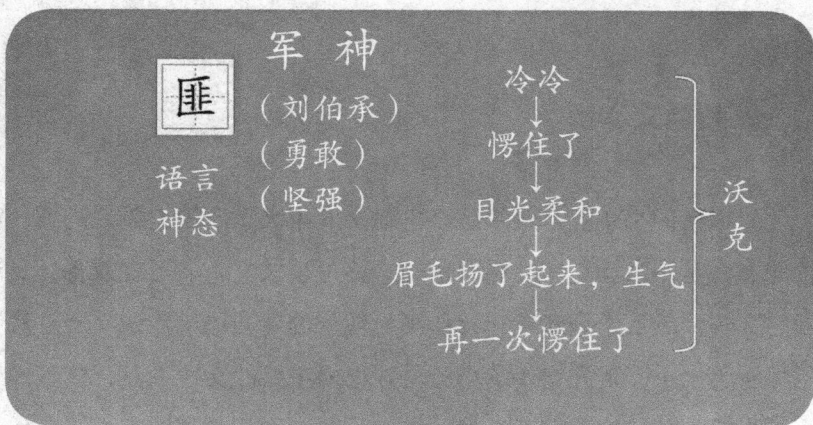

28

统编版五年级下册

《威尼斯的小艇》

林威　执教

一、扫描文本

　　《威尼斯的小艇》是统编版小学语文五年级下册第七单元的第一篇精读课文，是作家马克·吐温撰写的一篇写景散文，以形神兼备、灵活多变的文句，展示了小艇的独特作用与瑰丽的异国风情。课文从"我"的所见所感入手，首先交代了小艇是威尼斯主要的交通工具，接着详细介绍了小艇独特的构造特点，然后讲述了船夫高超的驾驶技术，最后总结小艇与人们的日常生活息息相关。抓住事物特点并把人的活动同景物、风情结合起来进行描写，是课文的主要特点。

二、教学速构

（一）教学内容

课文 1~4 自然段。

（二）教学目标

1. 正确、流利、有感情地朗读课文，学写"尼、斯、艇"等字。
2. 边读边品味课文优美的语言，感受景物的静态美和动态美。

（三）教学重难点

边读边品味课文优美的语言，感受景物的静态美和动态美。

三、教学流程

（一）化身"游客"，入情境

1. 同学们，你们喜欢旅游吗？今天，就让我们一起当一回游客，去一个神奇的地方旅行。请看！（出示课件：水城威尼斯的图片）你看出了什么？有什么感受？

（转述学生的话：①你觉得这个地方非常有特色，不但很美，而且整座城市是建在水上的；②你知道了这个地方就是欧洲著名的水城威尼斯。预习工作做得很足，不错；③你特别想去水城威尼斯玩一玩，尤其是想坐一坐著名的威尼斯小艇。）

2. 是呀，这就是水城威尼斯，一座建设在水上的城市，而这里最出名的交通工具，就是小艇。（板书：威尼斯的小艇）今天的课题里，就有三个要学写的生字，请大家伸出手，跟着老师一起书空课题。尼字，注意笔画笔顺和间架结构；斯字，不要把右边的斤字写错；艇字，是舟字旁的字，这样的字，都和船有关系。会写了吗？请在书本课题的下方再练习写一遍。

3. 齐读课题——威尼斯的小艇。请问，是哪里的小艇？（威尼斯的。）说明了什么？

（转述学生的话：①你觉得，作者强调这是威尼斯的小艇，可见它与其他地方的小艇不一样；②你认为，威尼斯的小艇与众不同，有着自己的特色。）

不错，这不是别处的小艇，而是威尼斯的小艇。

4. 再读课题——威尼斯的小艇。请问，是威尼斯的什么？小艇。又说明了什么？

（转述学生的话：①你觉得，作者不写威尼斯的其他事物，而是写小艇，可见小艇是威尼斯最有代表性的事物；②你认为，小艇最能体现威尼斯这座水城的特色，可以说是威尼斯的名片和标志，因此作者才要写威尼斯的小艇。）

是的，威尼斯最有特色的，便是这些小艇。

5. 说了这么多，各位小游客们，你们一定非常期待了。到底威尼斯的小艇是什么样的，又有什么特点呢？接下来，就让我们一起打开课本，请大家默读课文，边读边思考，课文从哪几个方面介绍了威尼斯小艇的特点。开始吧。

6. 谁来说说看？（转述学生的话：你认为，课文介绍了威尼斯小艇的地位、外形、乘坐时的感受、船夫的驾驶技术，以及人们坐着小艇过的一天的生活。）

是的，作者围绕着小艇，写了它的方方面面。

【要点提示：此环节为导入环节，用时 3 分钟。教师先用直观的图片来充分吸引学生，激发学习兴趣。板书课题，完成生字教学任务，并通过对"威尼斯"和"小艇"两个词语的强调，让学生体会到作者写作的目的和初衷，并通过初读课文，了解文章大致介绍了威尼斯的小艇哪几个方面的特点。这部分的教学，入情入境，让学生化身游客，不仅启发学生的思维，调动积极性，而且让学生自然而然地走进文本。】

（二）化身"读者"，品外形

1. 文章哪一句话，一下子让我们明白了威尼斯小艇的地位。（出示课件）你看，在威尼斯这座世界闻名的水上城市里，小艇成了主要的交通工具，等于大街上的汽车。可见，威尼斯的小艇，很常见，很普遍。课文开头的一句话，就让我们明白了威尼斯的小艇对于这座城市居民的重要性。（板书：地位　高）

2. 那么，这个小艇到底长什么样呢？请一位同学来读一读课文的第二自然段。他在读的时候，其他同学认真听，看看威尼斯的小艇在外形上到底有什么特点。

3. 读得真不错，字正腔圆，流畅通顺。那么，其他同学来说一说，读了这段话，你觉得小艇都有哪些特点？

（转述学生的话：①你觉得，小艇很长，足足有二三十英尺长。嗯，这是你发现的第一个特点，作者用列数字的方式，交代了小艇的长；②你觉得，小艇又窄又深，有点儿像独木舟。作者找了个我们熟悉的事物，进行类比，让我们明白了小艇的造型；③你认为，小艇的外形很独特，船头和船艄向上翘起，像挂在天边的新月。哇，这里用上了比喻，让我们眼前出现了小艇的样子，很有画面感；④行动轻快灵活，仿佛田沟里的水蛇。这里也是比喻，把小艇比成了水蛇，这是在写小艇的动态美。）

4. 你看，写小艇的外形，作者既写了小艇的长、窄、深，也写了小艇造型独特，还告诉我们小艇动起来像水蛇一样迅速。既写了静态，又写了动态。总而言之，这小艇的外形，一个字来概括——奇。（板书：外形　奇）

5. 在这一段描写小艇的外形的句子中，我们发现了两组比喻。请看！（出示课件）一个是说小艇像"挂在天边的新月"，一个说小艇仿佛"田沟里的水蛇"。仔细读一读这两句话，谁来说说有什么不同？为什么作者要用两种不同的比喻？这两组比喻看起来有点矛盾和冲突，是不是不准确？

（转述学生的话：①你觉得，挂在天边的新月，是从小艇的静态造型进行比喻，生动形象地写出了小艇的外形特点。不错，很会读书；②你认为，作者又把小艇比喻成田沟里的水蛇，那是从小船行驶起来的动态进行比喻，让人一下就感受到了小船行驶时的那种快。）

6. 不错，同学们通过仔细读，发现了一个写作秘诀：原来，同样的事物，你想要描绘的特点不同，所使用比喻也可以不一样。让我们来练习一下。

（出示课件：秋天到了，树上的叶子变得金黄金黄的，像挂在树上的 _____，秋风一吹，叶子从树上飘落，仿佛 _____ 。）谁来试着用上不同的比喻。

（转述学生的话：①秋天到了，树上的叶子变得金黄金黄的，像挂在树上的一把把金黄的小扇子。不错，这是描写秋天树叶外形的静态美；②秋风一吹，叶子从树上飘落，仿佛一只只在风中翩翩起舞的黄蝴蝶。这是描写秋天树叶被风吹落时的动态美。）

7. 写作时，要写出事物的静态美和动态美。你可以用不同的比喻凸显动与静的不同。让我们再读一读课文的这句话，品味威尼斯小艇动静皆宜的美。

【要点提示：此环节为本课重要教学环节之一，用时6分钟。围绕着本课的教学目标和重难点，同时也是本单元最核心的语文要素——体会景物的静态美和动态美，通过读和品的形式，带着学生一起欣赏威尼斯小艇独特的外形，并体会到在描写外形时，作者用不同的比喻，以不同的角度，来形象地写出小艇外形特点的写作手法。让学生既能感受到小艇特点，又能由读到写，完成迁移训练，同时解决了重要的课后问题，并为进一步教授动静之别打好基础。】

（三）化身"作家"，品技术

1. 听说，威尼斯的小艇不但地位高，外形奇，而且船夫的驾驶技术还特别好。（板书：技术　好）下面请同学们读课文的第四自然段，边读边拿笔画出你觉得船夫驾驶技术高超的地方，我们一起来交流交流。

2. 好了，大家在读书的时候都能做到勤于动笔，非常会学习。谁来说说看？

（转述学生的话："行船的速度很快，来往船只很多，他操纵自如，毫不手忙脚乱。"）

这一句话里，你是怎么体会到船夫的技术好的？一个词：操纵自如，还有一个它的反义词：手忙脚乱。是啊，这一组反义词的对比，一下子就凸显了船夫技术的高超。操纵自如，毫不手忙脚乱。在来往船只很多的情况下，还能如此从容。来，你来读一读，读出这份自如。

（转述学生的话："不管怎么拥挤，他总能左拐右拐地挤过去。"）

从中，你如何体会到船夫的技术好？首先是，是这一组关联词："不管……总能……"，也就是说，无论怎么拥挤，都能挤过去。还从哪个词体会到？左拐右拐，是啊，这可是技术活，能操纵小船左拐右拐，厉害。最后，还有一个动词——挤。你看，不是驶过去，不是穿过去，而是挤过去。这说明什么？小船在行驶的过程中河道确实很拥挤，但船夫的驾驶技术也的确好，总能挤过去。一句话里，竟然藏着这么多玄机，处处都透着船夫驾驶技术的高超。来，全班一齐读这句话。

（转述学生的话："遇到极窄的地方，他总能平稳地穿过，而且速度非常快，还能急转弯。"

（转述学生的话："两边的建筑飞一般地倒退，我们的眼睛忙极了，不知看哪一处好。"）

这些描写，有的是直接举例子说明船夫的驾驶技术好，有的是通过写建筑的飞退和乘客的感受间接描写船夫的驾驶技术好。总而言之，作者用上了各种不同的方法，写出了船夫的驾驶技术——特别好。把威尼斯小艇的动态美写得淋漓尽致。

【要点提示：此环节为重点段落教学环节，用时5分钟，带领学生学习课文的重点段落第四自然段，并且站在作者的角度，以写法入手，引导学生品味作者通过哪些方法来刻画船夫的驾驶技术好，体会动态美的多种写法。】

四、板书设计

威 尼 斯 的小 艇

地位　高
外形　奇
技术　好

29

统编版五年级下册

《手指》

王剑燕　执教

一、扫描文本

《手指》是统编版小学语文五年级下册第八单元的第二篇精读课文，是丰子恺先生所写的一篇散文。文章语言风趣、幽默、诙谐，结构清晰明了，运用了多种表达方法，刻画出不同姿态与性格的五根手指，让我们联想到生活中相应的类似的人。

二、教学速构

（一）教学内容

课文 1~2 自然段。

（二）教学目标

1. 正确、流利、有感情地朗读课文，学习"秽"字。

2. 边读边感受语言的风趣，体会课文的表达特点。

3. 仿照课文的表达特点，从人的五官中选一个，写一段话。

（三）教学重难点

边读边感受文章语言的风趣，体会课文的表达特点。

三、教学流程

（一）趣说手指，引课题

1. 同学们，看这段视频，（出示短视频：不可思议的手指舞）神奇吗？就如魔术般，手指带来的变化不仅让人赏心悦目，还让人叹为观止。

2. 相比较于各种魔术道具，手指有更方便的特点：随时、随地、随身，永不离身。（出示词语，齐读）

3. 手指不只灵活多变，在它们的身上还藏着很多小秘密呢！这节课，我们一起探寻，揭开它的神秘面纱，一起破译丰子恺先生笔下的《手指》密码。（板书课题）一起读课题——手指。

【要点提示：此环节为导入环节，用时1分钟。教师用聊天式的语言将手指引出，从整体上表达手指的特点，同时也为下文讲述永不离身的手指是我们的好朋友，它有它的姿态，也有它的性格，埋下伏笔。】

（二）感知课文，点中心

1. 快速浏览课文，用笔画出文章的中心句。画好啦？哟，不约而同都说出了这一句，一起读："一只手上的五根手指，各有不同的姿态，各具不同的性格，各有所长，各有所短。"读着这句话，你有什么想说的？

（转述学生的话：①你觉得这个句子写得简单但又内容丰富。你看得很清楚；②你觉得这里的"姿态""性格"，仿佛把手指当作人来写了。哎哟，你很会思考，很有敏锐力，这都被你发现了。）

2. 是呀，一只手上的五根手指可不得了，它们（引读：各有不同的姿态，各具不同的性格，各有所长，各有所短。）

3. 五根手指，到底各有哪些不同的姿态？各具哪些不同的性格？（板书：姿态　性格）先请同学们默读课文第二自然段，找出作者所描写的大拇指的姿态和性格，并做圈画。

【要点提示：此环节从文章的总体结构上把握，简单过渡，直入第二自然段的具体学习。同时，也进一步将高段的篇章结构进行引导训练。用时1~2分钟。】

（三）学教合力，破密码

1. 大部分同学都停笔啦！谁来说说大拇指的姿态和性格？你的手举得最快，看来迫不及待啦，先请你说说看。

（转述学生说的话：从"形状实在算不上美""身体矮而胖，头大而肥，构造简单，人家有两个关节，他只有一个。"这些信息中，你觉得大拇指的姿态一般，甚至有些丑陋，与别人相比还少了一个关节。）

2. 你觉得作者对大拇指的姿态的态度是？（转述学生说的话：有点嫌弃、看不上。）那你带着这种感觉读一读。

3. 确实，姿态如此一般的大拇指，想来也并无啥用处。我们不要也罢！你们不同意？（表情做惊讶状）那我们来辩论辩论，大拇指到底有啥用处？请看，我所列出的这几条姿态，你有哪点看得上！你这么愤愤不平，你先来说！

（转述学生说的话：哦，有些道理！因为它矮而胖，有力气，所以能扶住琴身、扳住重东西。因为它头大而肥，所以能够快速地按住伤口不流血，能够死力抵住喷水口。因为它构造简单，所以翻书页、揿电铃都很快速。）

哇！孩子们，给自己掌声，条条都能反驳到位，还举了一个个例子让人不得不信服，这是一种非常重要的表达方法：举例。

4. 在文中，有运用到举例这一表达方法的句子，你能找出它的特点吗？（出示课件）你看到了"例如"和分号。你真会发现。我们发现用到分号时，前后两个分句之间是有一定关系的，这里是并列关系。

5. 丰子恺先生通过举例让我们了解了貌不惊人的大拇指却有着怎样的性格？对了，最肯吃苦的性格。一起读读这两句："但在五指中，确实最肯吃苦的。例如拉胡琴……进门，叫他揿电铃。"这种写作手法不禁让我们想到了丰子恺先生所写的另一篇文章《白鹅》，用的都是——先抑后扬的写法。这就是丰子恺先生语言运用的特点。

6. 看来，丰子恺先生语言的密码已经被你们破得差不多啦！在第二段中，你还能找到关于大拇指的其他性格特点吗？

（转述学生说的话：你认为大拇指非常谦虚，与其他四指相比，不会讨巧，默默无闻。）

所以，这里运用了另一种表达方法，那就是：对比。

7. 一个个都是破译语言的高手。真好，丰子恺先生就是通过举例、对比等表达方法，先抑后扬写出了大拇指的姿态和性格。（板书：举例对比　先抑后扬、板画。）

8. 读着读着，有没有感觉作者实际上是在写人呀？有着这样的姿态和性格的人，在我们身边，你们能想到谁？

（转述学生说的话：①你想到的是清洁工人，做着最苦最累的活，却不求光鲜亮丽的展示；②你想到的是家中的奶奶，最能吃苦，却又不贪领功劳。）

9. 是啊，丰子恺先生的文字就是有这样的魅力，既朴实又风趣，总能读出蕴含的哲理。不仅在这一段，在整篇文章中，先生都向我们娓娓道来五指的所长及所短。让我们合作读。

【要点提示：此环节为重点段落教学环节，用时 10 分钟。边读边破译语言密码，通过自我发现、辩论激发等策略让学生找到作者的表达方法，体会语言的风趣，感受大拇指的魅力。】

（四）小组学习，品密码

1. 现在请同学们以小组为单位，合作学习，从 3~5 自然段中找找丰子恺先生在描述其他手指的姿态和性格中所用的语言密码吧！

2. 这节课，我们畅游在丰子恺先生的语言世界中，从不同的表达方法中感受到了手指所具有的姿态和性格，透过他风趣的语言、形象的表达，我们感受到了手指代表的一个个鲜活的人。这就是语言的魅力。而这些表达都是丰子恺先生智慧的闪现。

（五）作业布置，用密码

我们也可以学习大家风范，仿照第二自然段的表达特点，从人的五官中选一个，写一段话。写出特点和深意。

【要点提示：此环节为总结延伸，用时 1~2 分钟。教师在此环节中总结板书内容，提炼表达特点，放手让学生在实践中运用习得的方法。】

四、板书设计

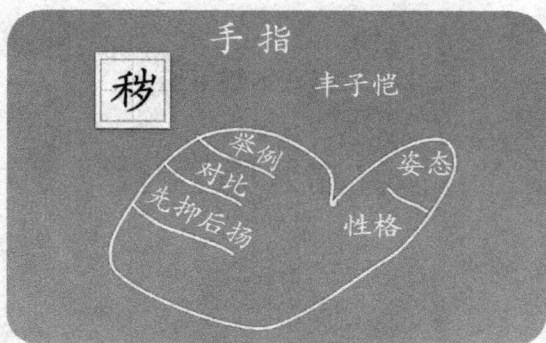

30

统编版六年级下册

《腊八粥》

郑骏姮　执教

一、扫描文本

　　《腊八粥》是统编版小学语文六年级下册第一单元的第二篇精读课文，是一篇充满乡土气息的小说。作者以腊八粥为线索，向我们展示了腊八节民俗的同时还呈现了一幅淳朴、温馨的图景。课文主要写了八儿等粥和喝粥这两件事，等粥是主要事件，作者用细腻平实的笔触写出了八儿期待吃腊八粥的欢喜心情。我们可以通过八儿的动作、语言、心理来感受他想吃腊八粥的急切心情、他那带着童真的小心思。

二、教学速构

（一）教学内容

课文 2~8 自然段。

（二）教学目标

1. 正确、流利、有感情地朗读课文。

2. 边读边想象八儿的馋样儿，感受八儿等粥的急切心情。明确作者如何详写等粥的过程，体会作者写法的妙处。

（三）教学重难点

感受八儿等粥的急切心情，体会作者写法的妙处。

三、教学流程

（一）了解传统，引入课题

1. 同学们，我们国家历史悠久，有许多传统节日。每个节日都有各自的习俗。你能举例说说吗？

（转述学生的话：①端午节吃粽子、插艾草、赛龙舟；②清明节扫墓、吃清明粿；③重阳节赏菊、登高。）

2. 你们对传统节日的了解真不少！有一个传统节日要喝粥，你知道是什么节吗？对，就是腊八节！农历十二月又称腊月，在每年农历腊月初八，古人有祭祀祖先和神灵、祈求丰收吉祥的传统，一些地区有喝腊八粥的习俗。

3.（出示课件）古往今来，许多文人以腊八粥入诗。我们熟悉的作家冰心、梁实秋等，也曾在自己的作品中提到腊八粥。

4.今天，我们要学习的课文《腊八粥》也是出自名家之手，这位名家就是沈从文。

【要点提示：此环节为导入环节，用时 1~2 分钟。以传统节日为话题，引出腊八节喝腊八粥的习俗， 课件展示古今文人与腊八粥相关的作品，引起学生的兴趣，为接下来的学习做铺垫。】

（二）了解作者，明确目标

1.沈从文，1924 年开始进行文学创作，撰写出版了《长河》《边城》等小说。沈从文的创作风格趋向浪漫主义，具有浓郁的地方色彩，凸现出乡村人性特有的风韵与神采，也被称为"中国乡土文学之父"。《腊八粥》写于 1925 年，是他早期的作品。

2.（出示课件：单元目标页面）请大家读单元目标，再自由读课文。这篇课文讲了两件事——等粥、喝粥。请你说说课文哪些段落写了等粥，哪些段落写了喝粥？哪部分写得详细，哪部分写得简略？

（转述学生的话：2~19 自然段写了等粥，最后两段写了喝粥。写得详细的部分是等粥。）

3.等粥是课文的主要部分，作者对其进行了细致的描写。我们一起看看作者是怎么详写主要部分的。

【要点提示：此环节为过渡环节，用时 1 分钟。主要目的是让学生了解作者、明确学习目标。通读课文，明确课文内容与结构，为接下来的片段细读做好铺垫。】

（三）品读片段，体味语言

1. 请同学们自由读 2~8 自然段，说说你感受到八儿怎样的心情？

（转述学生的话：感受到了八儿既欢喜又急切的心情。）

2. 作者对哪些方面的详细描写让你感受到八儿的心情呢？

（转述学生的话：作者描写了八儿的动作、语言、表情、想法。）

（板书）

3. 请你们小组合作，选择一个方面，在课文的 2~8 自然段中找出相应的描写，与小伙伴分享你的体会。

4. 请每个小组派一名代表来分享你们的成果。

（转述学生的话：课文说了八儿"一个人进进出出灶房"，这是对他的动作描写。我们可以感受到他对腊八粥的好奇和期待。他一定是很想早点吃上腊八粥的，一直进进出出体现了他急切的心情。）

你们抓住了动作描写的部分。

（转述学生的话：你们从八儿的语言里体会到他的心情。他想快一点吃上腊八粥。他用了个"才"字，证明他等不及了。他还对妈妈说饿了。我们平时想吃一样东西但是大人不让的时候也会这么做。说饿了让大人心疼。）

抓住大人心疼孩子的心理，我们管这种做法叫——撒娇。他是真的饿了吗？

（转述学生的话：不是的。课文里说了他的想法。他未必是真的饿了。只是"因好奇而急于想尝尝这奇怪东西罢了"。他就是好奇、嘴馋。想到可以吃腊八粥，他一早就喜得快要发疯了。）

你说出了他嘴馋。他的欢喜、好奇，迫切的心情都是因为——嘴馋。

（转述学生的话：他的表情也很有意思。他听到松劲的话，眼睛急红了。这是希望落空的表现。本来以为很快就能吃上腊八粥的。没想到要等到夜里。他撒娇的时候都快哭了，因为他很无奈。他太期待能够早点吃上腊八粥了。）

5. 从你们的分享中，我们看到了一个嘴馋的八儿。（板书：嘴馋）

6. 这腊八粥到底有多诱人呢？请你在 2~8 自然段当中画出相应的语句。你来说说。

（转述学生的话：①腊八粥似乎很美味。发出的声音就足够吸引八儿了；②作者还用了拟人的手法来写这锅粥，粥的叹气好像在与八儿互动。）

7. 我们一起读一读。（出示课件）

那一大锅正在叹气的粥

锅里的粥也像是益发浓稠了

锅中的粥，有声无力的叹气还在继续

那锅中正在叹气又像是在嘟囔的东西

看到那一大锅正在叹气的粥，读——碗盏都已预备得整齐摆到灶边好久了，但他妈总说是时候还早。

他妈正拿起一把锅铲在粥里搅和。锅里的粥也像是益发浓稠了。读——"妈，妈，要到什么时候才……""要到夜里！"其实他妈所说的夜里，并不是上灯以后。但八儿听了这种松劲的话，眼睛可急红了。

锅中的粥，有声无力的叹气正还在继续。读——"那我饿了！"八儿要哭的样子。"饿了，也得到太阳落下时才准吃。"

饿了，也得到太阳落下时才准吃。你们想，妈妈的命令，看羊还不够资格的八儿，难道还能设什么法来反抗吗？并且八儿所说的饿，也不可靠，不过因为一进灶房，就听到那锅子中叹气又像是正在呻吟的东西，因好奇而急于想尝尝这奇怪东西罢了。

【要点提示：此环节为重点段落教学环节，用时 10 分钟。"阅读时，分清内容的主次，体会作者是如何详写主要部分的"为本单元的教学目标之一，为落实此训练点，围绕着体会八儿等粥的急切心情展开教学活动，学生在合作学习中体会作者的写作方法。达成目标的同时也为剩余部分的学习奠定基础。】

（四）归纳小结，迁移延伸

同学们，通过刚才的学习，我们感受到了八儿嘴馋的样儿。沈从文对八儿的动作、语言、想法、表情进行了详细的描写，让我们感受到八儿等粥的急切心情。对腊八粥的描写从侧面体现了八儿迫不及待想吃粥的心情。接下来的内容，我们依然可以用上分析人物动作、语言、想法、表情的方法来体会作者详略得当的写法。（板书：语言 动作 想法 表情）

【要点提示：此环节为总结延伸，用时 1 分钟。教师在此环节总结板书内容，并提炼学法，将本课的学习方法延伸至课文后半部分的学习中，为接下来的学习提供便利。】

四、板书设计

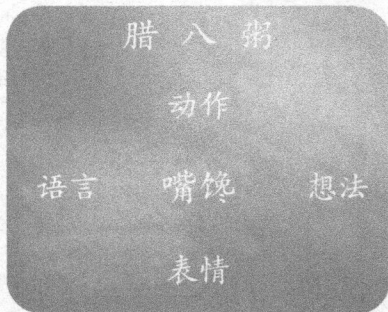